Fanita English,
Es ging doch gut – was ging denn schief?

FANITA ENGLISH

Es ging doch gut – was ging denn schief?

Beziehungen in Partnerschaft, Familie und Beruf

Mit einer Einleitung von Martin Koschorke

CHR. KAISER VERLAG

Deutsche Bearbeitung von
Ulrich Kabitz und Martin Koschorke

1. Auflage 1982 1.–6. Tausend
2. Auflage 1983 7.–10. Tausend
3. Auflage 1985 11.–13. Tausend

CIP-Kurztitelaufnahme der Deutschen Bibliothek

English, Fanita:
Es ging doch gut – was ging denn schief?: Beziehungen in Partnerschaft, Familie u. Beruf / Fanita English.
Mit e. Einl. von Martin Koschorke. [Dt. Bearb. von Ulrich Kabitz u. Martin Koschorke]. – München: Kaiser, 1982

3. unveränderte Auflage 1985

 ISBN 3-459-01338-9
NE: Kabitz, Ulrich [Bearb.]
 – Umschlaggestaltung und Umschlagfoto: Christa Manner, München. – Gesamtherstellung: Breklumer Druckerei Manfred Siegel. Printed in Germany

Inhalt

Fanita English: Wie es zu diesem Buch kam

Im Gedenken an
Jonathan Brian English,
geb. 2. September 1946,
gest. 26. Oktober 1977

Dieses Buch geht auf eine Anregung meines Sohnes Brian zurück. Er war ein junger Rechtsanwalt und interessierte sich weit mehr für Jura und Sport als für Tiefenpsychologie. Als ich einmal in Kalifornien, wo er wohnte, Vorträge hielt, kam auch er. Er wollte mir einen Gefallen tun. Vermutlich rechnete er jedoch damit, daß er sich langweilen würde. (Was kann man von seiner Mutter schon Neues erfahren – man hat doch als Kind bereits alles gehört, was sie zu sagen hat, und meist stimmte es nicht einmal!) Zu seinem Erstaunen stellte er fest, daß die Inhalte, die ich darstellte, von direktem Nutzen für ihn waren, sowohl für ihn persönlich, in den Beziehungen zu seinen Freunden als auch in beruflicher Hinsicht. So kam er mit seinen Freunden, denen er verschiedenes erzählt hatte, zu der Überzeugung, daß meine Theorien in weit größerem Rahmen Verbreitung finden sollten, als es in Kursen für Spezialisten möglich ist. Brian beschloß – und das entsprach genau seiner Art –, ich müsse ein Buch über Ersatzgefühle und Gefühlsausbeutung schreiben, das sich an »Laien« wendet. Und er begann – wiederum typisch für ihn –, mich regelmäßig anzurufen und gegen meine Faulheit anzukämpfen, bis ich etwa Dreiviertel dieses Buches im Entwurf geschrieben hatte. Inzwischen hatte er mir schon einen amerikanischen Verleger besorgt, und so sollte dieses Buch seinen Weg gehen.

Doch da geschah es, daß Brian ganz unerwartet einen Unfall hatte. Er kam beim Schwimmen ums Leben. Damit war auch dieses Buch für mich »er-

trunken«. Ich machte meinen Publikationsvertrag rückgängig und warf das Manuskript zum großen Teil in den Papierkorb.
Zufällig waren aber die bereits fertigen Kapitel vor Brians Tod Martin Koschorke zu Gesicht gekommen. Ich sollte nämlich zu den gleichen Themen an seinem Institut (dem Evangelischen Zentralinstitut für Familienberatung in Berlin) einige Kurse durchführen. Martin hörte, daß ich wegen Brians Tod dieses Buch nicht vollenden, ja überhaupt nichts mehr schreiben wollte, und nun stieg er ein – ein Beispiel von Anteilnahme und Mitgefühl, wie man es selten findet. Mit Entschiedenheit ging er gegen meine Interessenlosigkeit und Verzweiflung an. Er wollte, daß dieses Buch ins Deutsche übersetzt wird. Dazu nahm er Kontakt mit dem Chr. Kaiser Verlag auf. Dabei bewies dessen Leiter, Herr Manfred Weber, gleichfalls ein ungewöhnliches Vertrauen, als er mit mir den Vertrag abschloß. Denn es fehlte nicht an Anzeichen, daß die Vollendung dieses Buches immer wieder fraglich sein würde, da ich mich selbst überhaupt nicht mehr darum kümmern wollte.
Und nun betritt Ulrich Kabitz die Szene, zunächst verhältnismäßig unbelastet als Lektor. Doch bald wird ihm klar, daß für dieses Buch weit mehr aufgewendet werden muß, als normalerweise von einem Verleger – bei aller Gewissenhaftigkeit – zu erwarten ist. Man hätte den Vertrag auch ohne weiteres lösen können. Damit hatte ich schon fast gerechnet. Denn es gibt sicher viele Bücher, die das Licht der Welt nicht erblickten, weil sich ihre Autoren nicht weiter mit ihnen abgaben.
Aber dazu wollte es Ulrich nicht kommen lassen. Im Gegenteil, zwischen ihm und Martin Koschorke begann eine phantastische Zusammenarbeit. Dabei kämpften beide energisch gegen den Strom meiner negativen Einstellung und Interesselosigkeit an und brachten mich dazu, mir die Übersetzung des alten Manuskripts noch einmal anzusehen, hier und da auch neues Material einzufügen. Bis ich, von ihrem Enthusiasmus beflügelt, eines Tages begriff, daß mir die Niederschrift der neuen Partien (in schlechtem Deutsch, das von Ulrich immer von neuem korrigiert werden mußte) Freude machte, und daß ich das Zustandekommen dieses Buches nun selber wieder wünschte.
Es genügt aber nicht, Ulrich, Ihnen an dieser Stelle nur formell für Ihre Beiträge und für Ihre ständige intensive Arbeit zu danken. Trotz vieler alter und neuer Probleme haben Sie unentwegt darauf hingewirkt, daß die Arbeit an dem Buch weiterging, auch wenn mein Deutsch manchmal kaum verständlich war, ich bei meinen vielen Reisen auf dringende Fragen

wochenlang keine Antwort gab, Sie die Verantwortung für Termine im Verlag übernehmen mußten, die ich nicht einzuhalten vermochte, und so vieles mehr . . .
Schön ist auch, daß Sie Prof. Helmut Harsch zur kritischen Durchsicht der neuen Fassung gewinnen konnten. Denn ich schätze seinen Sachverstand und habe bei ihm mit Vergnügen Kurse mit seinen Seminaristen durchgeführt. Darum nehme ich gern diese Gelegenheit wahr, ihm für seine Mitarbeit zu danken.
Wie ist es möglich, Martin Koschorke zu danken? Was er getan hat, geht über all das hinaus, was man von Freundschaft und beruflichen Einsatz erwarten kann. Die Zeit und Energie, die er für dieses Buch aufgewendet hat, hätte er zum eigenen Schreiben nützen können, oder für seine liebenswerte Familie, Françoise, Anne und Miro. Tagtäglich nimmt ihn auch sein Institut in Anspruch. Stattdessen hat er mit Geist und Witz dem Buch zu seiner jetzigen redaktionellen Form verholfen (denn Ulrich war ja schon halbwegs Autor geworden!).
Der Titel dieses Buches besagt: Es geht nicht immer alles gut, obwohl man es sich erhofft. Bei seinem Zustandekommen in deutscher Sprache (denn bislang existiert ja keine englische Fassung) ist eigentlich das Gegenteil geschehen: es ging gut, obwohl es schief zu gehen drohte. So kann ich hier nur sagen, daß Martin Koschorke und Ulrich Kabitz mir weit mehr geholfen haben als dieses Buch zu schreiben. Sie haben in mir wieder Zuversicht zum Leben erweckt. Statt diese Blätter Brian folgend untergehen zu lassen, haben mir diese zwei Menschen bewiesen, daß es ein lebendiges Memorial für Brian sein kann. In seinem Namen hoffe ich, daß dieses Buch dem Leser so nützlich sein kann, wie ich es wünsche.

Martin Koschorke: Ein paar Worte, bevor es losgeht

Wie begrüßt man eine Weltreisende? Mit einer Tasse Tee im Englischen Garten? Oder einem Blick auf Brandenburger Tor und Mauer? Mit einem Besuch im Pergamonmuseum, in Dahlem? Oder Kaffee und Hörnchen in einem französischen Bistro am Ku-Damm?

1976 kam Fanita English zum ersten Mal nach Berlin. Ich hatte viel von ihr gehört – und ein ganz kleines Bild, um sie beim Abholen wiederzuerkennen. Dann konnte ich doch nicht selbst zum Flughafen fahren. Ich bat Françoise, meine Frau, für mich einzuspringen. Sie war auch bereit. Nur Fanita English schien die Idee nicht zu behagen, als ich sie noch einmal anrief. Warum, wurde mir erst später klar.

Fanita und Françoise verstanden sich gleich glänzend. Als ich sie später traf, hatten sie noch kein Wort Deutsch gewechselt, sondern sich nur Französisch unterhalten.

Mit den verschiedensten Sprachen vertraut, an vielen Ecken der Erde zuhause, immer wieder bereit, der Neugier folgend, unbekannte Menschen, fremde Dinge, neue Orte zu entdecken – das ist eine Seite von Fanita English, wie ich sie kenne.

Zuhause in der Sprache des Alltags, mit der wir uns in unseren Beziehungen verständigen und verstecken, vertraut mit den vielen Wendungen und Windungen, deren wir uns bedienen, um anderen etwas mitzuteilen oder ihnen mitzuspielen – das ist eine andere Seite von Fanita English. Ich sehe sie vor mir bei der praktischen therapeutischen Arbeit: freundlich, aufmerksam und voller Respekt für Persönlichkeit und Eigenart ihres Gegenübers, zugleich mit einem klaren Blick für die vielen kleinen Tricks, mit denen wir uns und unseren Partner zu bemogeln pflegen, indem wir immer ein wenig Eigenverantwortung abschieben und dem anderen ein bißchen mehr Verantwortung und Schuld zuschieben; mit unbeirrbarem Auge für die vielen kleinen Schliche, mit deren Hilfe wir uns bei anderen anschleichen, um sie ein bißchen auszunehmen oder auszubeuten. Gerade für solche Ausbeutungen, bei den Gefühlen und im Verhalten, hat Fanita ein feines Gespür. Darum war sie wohl auch so zurückhaltend gewesen, als ich meine Frau gebeten hatte, sie an meiner Stelle abzuholen.

Es ist sicher kein Zufall, daß sich Fanita English nach ihrer psychoanalytischen Ausbildung – und neben Gestalt – gerade für die Transaktionsanalyse entschieden hat. Transaktionsanalyse, kurz TA genannt, erklärt, was zwischen Menschen und in Menschen geschieht, wenn sie wütend, sachlich, freundlich, fleißig oder noch anders reagieren. Und TA tut das auf anschauliche Weise und mit allgemeinverständlichen Begriffen. »Haben Sie schon einmal ein Überich, ein Es oder ein Ich gesehen?« pflegen TA-Leute zu fragen. »Eltern, Kindern und Erwachsenen dagegen begegnen wir täglich.« Bei uns selbst können wir spüren, wie wir uns, oft in schnellem Wechsel, wie Kinder, Eltern oder Erwachsene verhalten.

TA basiert, wie manches andere wirkungsvolle therapeutische Verfahren der letzten 20 Jahre, auf Entdeckungen Freuds, der Tiefenpsychologie und Erfahrungen der Psychoanalyse. Freud erschloß der modernen Welt den Zugang zu unbewußten Vorgängen in und zwischen Menschen. Auf seinen Spuren haben seitdem Therapeuten und Wissenschaftler eine Fülle differenzierter Erkenntnisse über die Tiefen der menschlichen Persönlichkeit zusammengetragen. Das ist inzwischen auch bei uns fast Allgemeingut geworden: unbewußte Kräfte beeinflussen unser Fühlen, Denken und Handeln. Wir sperren uns längst nicht mehr so wie früher gegen diese Vorstellung. Das erleichtert uns den Weg zu uns selbst.

Die Transaktionsanalyse führt uns ja noch einen Schritt weiter: die Geheimnisse der Tiefe werden anschaulich. Selbsterkenntnis ist keine Geheimwissenschaft mehr, Therapie keine Geheimkunst. Einsichten, welche Kräfte mich bewegen, werden jedem zugänglich – zumindest kann ich erkennen, was beim anderen los ist. Kräfte aus der Tiefe sind nicht erst bei psychischer Krankheit am Werke und bei grundlegenden »Persönlichkeitsstörungen«. Sie wirken auch im alltäglichen Miteinander. Dort blokkieren sie uns, dort stimulieren sie uns. Dort lohnt es, sie anzuschauen.

Therapie braucht darum nicht ewig zu dauern. Auch die Ungeduld mit jahrelangen Therapien führte Fanita English zu TA (und Gestalt). Kleine Schritte helfen ebenfalls; außerdem ist Lebenszeit wertvoll. Da gibt es andere und lustigere Sachen als Therapie.

Es ist aber sicher auch kein Zufall, daß Fanita English über TA hinausgewachsen ist. An einigen Stellen hat sie TA weiterentwickelt und vertieft. So haben wir nach ihrer Auffassung an den Überlebensstrategien, auf die wir in früher Kindheit gekommen sind, meistens aktiv mitgewirkt, so klein wir auch waren. Damit ist ein jeder von uns – und sein Lebensskript – nicht mehr bloß Opfer seiner Eltern oder seiner Lebensumstände. Sondern jeder war beteiligt und ist in gewissem Umfang auch verantwortlich. Schon mit ihrer bahnbrechenden Unterscheidung von echten Gefühlen und Ersatzgefühlen geht Fanita English jedoch über die »Analyse der Transaktionen« hinaus. Mit ihrer Lehre von den zwei Typen, wie sie sie in diesem Buch entwickelt, stellt sie eine neue Persönlichkeitstheorie vor. Fanita steckt voller kreativer Einfälle: ginge es allein nach ihr, so hätte dieses Buch viel mehr Kapitel. Und wann Fanitas nächste Entdeckung kommt, ist wahrscheinlich nur eine Frage der Zeit . . .
In meiner praktischen Arbeit haben sich Fanita Englishs Ideen sehr bewährt. Ich habe erfahren: Es ist ausgesprochen nützlich, Ersatzgefühle rasch zu erkennen. Es ist wirkungsvoll, wenn die Arbeit gleich an der entscheidenden Stelle einsetzt. Es entlastet den Ratsuchenden, wenn er nicht weiter vergeblich nach Anerkennung strampeln muß, sondern sich echte Zuwendung, befriedigende Nahrung für seine Bedürfnisse und Gefühle verschaffen kann. Auch die Typ-Theorie hilft mir, je länger ich sie kenne. Ich lerne, meine eigenen Tendenzen besser einzuschätzen. Abhängigkeitswünsche und Selbstsicherungstendenzen meiner Gesprächspartner leuchten mir seitdem mehr ein. Ich kann auch besser wertschätzen, wenn der eine oder der andere im Krieg der Partner Schritte aus seinen Verteidigungsgräben heraus unternimmt.
Fanita English verbindet in ihrer Person, in ihren Erfahrungen und Gedanken die Traditionen Europas, wo sie herstammt, mit denen ihrer jetzigen amerikanischen Heimat. In ihrem Denken und Arbeiten läßt sich ein bestimmtes Bild vom Menschen erkennen. Wichtige Züge dieses Bildes sind: Ich kann Zutrauen zu mir haben. Ich bin verantwortlich für mich und mein Leben. Sicher, meine Eltern haben mich in meiner Kindheit geprägt. Aber ich habe mich entschlossen zu überleben, so zu überleben, wie ich bin. Die Entscheidungen meiner Kindheit kann ich mir noch einmal anschauen. Ich treffe auch einen Entschluß, wenn ich sie mir nicht anschaue. Ich bin ebenfalls verantwortlich für meine verschiedenen Anteile, für meine Gefühle und Bedürfnisse. Jedes meiner Gefühle ist erlaubt und normal. Aber ich werde nicht jedes meiner Gefühle in die Tat umsetzen.

Schließlich habe ich auch einen Teil in mir – TA-Leute nennen ihn Erwachsenen-Ich –, der nachdenken kann, Absprachen treffen, mit mir selber und mit anderen, der Situationen vorhersehen und Situationen ändern kann. Ich kann etwas für mich tun. – Aber das steht ja alles ausführlich in diesem Buch.
Auch in meiner Familie haben sich Fanitas Ideen bewährt. Neulich saß ich am Manuskript dieses Buches. Da fand ich eine Stelle, die mir genau auf meine Frau zu passen schien. Ich wollte mir die Gelegenheit nicht entgehen lassen, ihr diesen Abschnitt unter die Nase zu reiben. Meine Frau kam und las und las, nickte: »Ja, das stimmt« und lachte und lachte. Was ich nicht gleich merkte: Sie hatte weitergelesen und mit Vergnügen *mich* im Text wiederentdeckt . . .
Ich wünsche Ihnen, daß Sie in diesem Buch viele solcher Stellen finden.

1. Zwei Persönlichkeitstypen, die sich ergänzen

Inge und Fred: In Freud und Streit – wir passen zusammen

Inge fährt gerade mit ihrem neuen Wagen rückwärts in die Doppelgarage ein. Fred, ihr Mann, sitzt neben ihr. Sie hat ihn eben vom Bahnhof abgeholt. Er kommt von der Arbeit und ist übermüdet. Inge ist nervös. Ihr Wagen ist noch ganz neu. Beim Zurücklenken wendet sie sich an Fred: »Mach' ich's richtig so, Liebling?« »Ja, ja, Schatz, fahr nur geradeaus rückwärts«, erwidert Fred. In seiner Stimme schwingt Ungeduld über Inges langsames Fahren.

Krach! Das Fahrrad des Jungen war im Wege. Inges neuer Wagen hat eine große Beule. Aber auch Freds Auto, gegen das das Fahrrad gekippt ist, hat etwas abbekommen.

Inge hätte besser in den Rückspiegel geblickt, statt sich beim Rückwärtslenken auf Freds Rat zu verlassen. So hätte sie das Fahrrad sehen können. Fred hätte besser gesagt, daß er von seinem Platz aus nicht nach hinten sehen kann, statt sie zum Zurückstoßen zu ermutigen. Inge hätte dann wahrscheinlich in den Rückspiegel geschaut, statt sich auf ihn zu verlassen. Nun jedoch geraten Inge und Fred in einen Streit, dessen Ablauf wir uns nur allzu gut vorstellen können. –

Lore und Jan sind ein Paar mit einer ähnlichen Beziehung wie Inge und Fred. Gelegentlich geraten auch sie in ziemlich die gleichen Auseinandersetzungen hinein. Doch es gelingt ihnen die meiste Zeit, sich auf ihre Realität zu konzentrieren und Realität und Gefühle zu unterscheiden. Sie verstricken sich nicht mehr so leicht in ihren Gefühlen. Das hat ihren alltäglichen Umgang miteinander spürbar verbessert und ihre Beziehung außerordentlich entlastet.

In einer Situation, wie ich sie oben geschildert habe, wäre auch Lore versucht gewesen, Jans Rat beim Zurückstoßen einzuholen. Sie hätte diesem Impuls jedoch nicht einfach nachgegeben. Sie hätte sich vielmehr bewußt gemacht: Ich bin es, die am Steuer sitzt. Sie hätte entweder selbst in den Rückspiegel geblickt, oder sich zumindest vergewissert, daß er hineinsehen kann. Jan, darauf angesprochen, hätte seinerseits mit der Antwort gezögert, bis er die Lage im Spiegel überprüft hätte. Oder noch besser, er hätte – auf humorvolle Art, nicht kritisierend – erklärt: »*Du* kannst doch in den Rückspiegel schauen, nicht ich.« Das hätte nichts an der Tatsache geändert, daß Lore und Jan an diesem Wechselspiel von Frage und Antwort ihren Spaß haben. Es trägt zu ihrem Wohlbefinden bei und ist »typisch« für ihre Beziehung.

Worin liegt der Unterschied zwischen den beiden Paaren? Ich kann ihn am besten in der Sprache der Transaktionsanalyse darstellen. Erlauben Sie mir darum, bevor ich mit Inge und Fred, Lore und Jan fortfahre, eine Bemerkung zu dieser psychologischen Richtung.

TA – was ist denn das?

Die Transaktionsanalyse (TA) ist eine Kommunikationstheorie, die in den sechziger Jahren von dem amerikanischen Psychoanalytiker Eric Berne entwickelt wurde. Seitdem haben Begriffe dieser Methode weite Verbreitung gefunden. Ich bin stolz darauf, daß ich einiges an Konzepten dazu beigetragen habe. Manche dieser Theorien sind von Bedeutung, wenn man Beziehungen verstehen und zu Selbsterkenntnis gelangen will. Darauf werde ich in diesem Buch näher eingehen. Doch möchte ich keineswegs die Literatur zur Transaktionsanalyse um ein weiteres Werk vermehren. Bücher über TA gibt es schon genug. Ich werde nur auf die Vorstellung zurückgreifen, daß es verschiedene Ich-Zustände gibt, und die Darstellung von Transaktionen durch Diagramme verwenden. Beides ist sehr nützlich, wenn man Beziehungen erklären will. Falls Sie, lieber Leser, die Begriffe und Einsichten der Transaktionsanalyse noch überhaupt nicht kennen, empfehle ich Ihnen, sich erst damit bekannt zu machen, bevor Sie hier weiterlesen. Der Anhang auf Seite 229 bietet Ihnen die nötige Aufklärung. Darüber hinaus benötigen Sie keine besonderen Fachkenntnisse. –

Ich komme auf die Frage zurück: Worin besteht der Unterschied zwischen den beiden Paaren? Nimmt man die Transaktionsanalyse zu Hilfe, so sieht es folgendermaßen aus:

Im Falle von Inge und Fred stellt Inge ihre Fragen vom Kind-Ich aus, während Fred von seinem Eltern-Ich her antwortet, ohne daß beide die Realität in Betracht ziehen. Die Beziehung zwischen Lore und Jan spielt sich, wie bei Inge und Fred, ebenfalls häufig auf der komplementären Ebene von Kind- und Eltern-Ich ab. Aber im Gegensatz zu Inge und Fred setzen beide weit häufiger ihr Erwachsenen-Ich ein, sobald es sich um solche realen Probleme handelt wie hier das Einparken.

Übersicher und Untersicher

Lassen Sie mich an dieser Stelle eine zusätzliche Beobachtung einfügen, die uns zu einem besseren Verständnis der Beziehung von Fred und Inge verhelfen wird.

Es besteht ein grundlegender Unterschied zwischen zwei Typen von Persönlichkeit, die ich mit *Typ 1 – »Untersicher«* und *Typ 2 – »Übersicher«* zu bezeichnen pflege. In der obigen Szene neigt Inge zum Typ 1: sie setzt bevorzugt ihr angepaßtes Kind-Ich ein und erbittet eher Anweisungen von Fred, als selbst in den Rückspiegel zu sehen, der ihr verläßlichere Daten vermittelt hätte. Fred gehört zum Typ 2: er benutzt häufig sein Eltern-Ich und gibt Inge Anweisungen, ohne zu bedenken, daß seine Ratschläge nicht unbedingt verläßlich sind, weil er ja nicht in den Rückspiegel blicken kann. Somit befinden sich Inge als Typ 1 und Fred als Typ 2 in einem »komplementären« Beziehungsmuster (fragend und antwortend), das in TA als eine diagonal verlaufende parallele Transaktion dargestellt wird.

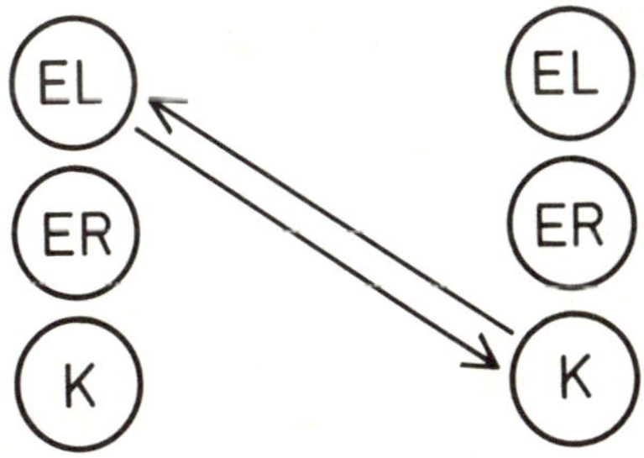

Inge (Kind-Ich): »Mach' ich's richtig so, Liebling?«
Fred (Eltern-Ich): »Ja, ja, Schatz, fahr nur geradeaus.«

Bitte beachten Sie: Kein Typ ist, für sich genommen, besser als der andere, und eine komplementäre Beziehung ist durchaus in Ordnung. In vielen Situationen ist es ganz praktisch, wenn der eine bestimmt auftritt und der andere sich anpassungsfähig verhält. Was jedoch Probleme schafft, ist die Übertreibung und Ausschließlichkeit eines Typs oder das blinde Verharren in einem »typischen« Verhalten in Streß-Situationen. Natürlich können wir einen Menschen nicht aufgrund eines einzigen Vorfalls charakterisieren. Wir brauchen vielmehr eine ganze Reihe von Beispielen, um den Typ einer Person und das Grundmuster der von ihr bevorzugten Transaktionen auszumachen. Lassen Sie uns aber einmal davon ausgehen, daß der Vorfall mit der Karambolage typisch ist für Inge und Fred. Dann ließe sich feststellen: Inge und Fred sind zu sehr von ihren »typischen« Transaktionen *abhängig*. Ihnen wäre geholfen, wenn sie dieser Abhängigkeit gewahr würden. Wenn beim nächsten Mal, wo es darum geht, eine alltägliche Situation zu meistern, einer oder beide bemerkten, daß ihre Beziehung sich verschlechtert oder sich einer in frustrierender Weise an den anderen gebunden fühlt.

Ganz das gleiche Transaktionsmuster, das zu den Beulen in ihrem Wagen geführt hat, beschert Inge und Fred bei anderen Gelegenheiten wohltuende Dinge (die in TA als *»Streicheln«* bezeichnet werden). Damit drükken die beiden sich gegenseitig ihre Anerkennung aus für den Typ, den jeder von ihnen darstellt. So passen Inge und Fred als Paar gut zusammen, wenn sie entspannt sind oder wenn Fred sich als der Kompetentere bzw. in einer geeigneten Führungsrolle erweisen kann. Ihre Beziehung wird dagegen strapaziert oder es kommt zu unglücklichen Folgen, wenn Inge (anders als Fred) in eine Situation gerät, die sie »belastet«.

Der springende Punkt ist in diesem Fall: nicht Kompetenz bzw. Inkompetenz oder die Gelegenheit geben den Ausschlag, wenn einer die Führungsrolle übernimmt. Für Inges Fahrleistung wäre es vielleicht besser gewesen, sie hätte sich allein im Wagen befunden. Vor dem Zwischenfall in der Garage gaben beide ihrer emotionalen Beziehung den Vorrang gegenüber der Realität, auffälligerweise gerade als sie sich unter Druck befanden. Inge hatte das Gefühl, daß Fred müde war und ungeduldig, weil sie so langsam fuhr (was bei dem neuen Wagen jedoch angemessen war); da erlag sie der Versuchung, sich mehr nach Freds Anweisung als nach ihren eigenen Fähigkeiten zu richten. Gleicherweise befand sich Fred unter Streß, weil er müde war; so reagierte er auf Inge blindlings aus seinem »übersicheren« Typ 2 heraus und der von ihm bevorzugten Manier, ihr gegenüber aufzutreten.

Mal freundlich, mal sauer – immer nach demselben Muster: Modus a und b

Wir haben gesehen, wie Inge und Fred in einen Streit geraten sind, den wir uns nur allzu gut ausmalen können. Damit komme ich zu einer weiteren Unterscheidung, die ich hier einführen möchte.

Es gibt bei solch einem Streit *zwei mögliche Versionen.* Beide laufen nach einem bestimmten Schema ab und folgen manchmal auch aufeinander.

Die erste und häufigste Version sieht so aus: Fred geht aus seiner sonstigen *väterlich stützenden* Haltung gegenüber Inge in eine gleicherweise *väterliche, aber nun kritische* Verhaltensweise über. Er macht ihr dann heftige Vorwürfe: »Warum bist du auch so dumm und schaust nicht in den Rückspiegel!« Inge dagegen versucht, sich wie ein Kind zu rechtfertigen: »Ich hab' dich doch gefragt, und du hast gesagt, mach nur!« Dabei argumentiert jeder von ihnen in einem fort von seiner Position aus in derselben Weise weiter. Das dauert so lange, bis sie von einem anderen unterbrochen werden oder selbst das Bedürfnis verspüren, ins Haus zu gehen. Der gleiche Streit kann jederzeit wieder aufflammen. Denn diese Art von Interaktionen kennzeichnet auch sonst ihre Beziehung. Der Inhalt des Streits ist eigentlich belanglos. Er hat hier zwar mit dem aktuellen Anlaß zu tun, mit dem neuen Auto, Unaufmerksamkeit, bestimmten Fahrgewohnheiten. Das *Muster* der Auseinandersetzung zwischen Inge und Fred ist jedoch genau dasselbe wie bei anderen Streitereien, wenn es ums Wirtschaftsgeld geht, ums Essen, um die Arbeit, um Ferienziele, um persönliche Gewohnheiten und sogar um Sex. Auffallend ist, daß die Art des Austausches zwischen beiden, wenn sie streiten, genau der Art des Austausches entspricht, wenn es zwischen ihnen glatt läuft. Der einzige Unterschied besteht darin, daß ihre Bemerkungen dann eher lustig und positiv sind als ärgerlich oder defensiv.

Mit diesen Beobachtungen möchte ich also darauf hinweisen, daß ein und dasselbe Beziehungsmuster in zwei verschiedenen Erscheinungsweisen, »Modi«, auftreten kann:

- *Modus a* ist dadurch gekennzeichnet, daß zum Inhalt des Austausches »gute« Gefühle gehören, wie z.B. Lächeln, Gesten der Zustimmung usw.
- Bei *Modus b* dagegen ist der Inhalt des Austausches mit »schlechten« Gefühlen verbunden, wie etwa Stirnrunzeln, Zeichen des Ärgers, Spannung usw.

Jeder Modus, ob a oder b, kann innerhalb desselben Beziehungsmusters benutzt werden. Der Unterschied ist, wie eben gesagt, daß sich bei Modus a ein Austausch vollzieht, den die Beteiligten als angenehm empfinden, während Modus b mit Vorwürfen einhergeht.

Warum wir uns bei Streit zerstreun

Kehren wir zu Inge und Fred zurück. Zu Beginn befinden sich beide in einer für sie typischen Transaktion, und zwar im erfreulichen a-Modus: »Mach' ich's richtig so, Liebling?« – »Ja, Schatz, fahr nur geradeaus!« Nun tritt der Unfall ein mit seinen unangenehmen Folgen, den Beulen im Auto. Dabei handelt es sich um die unangenehmen Folgen *unseres »typischen« Verhaltens.* Gewöhnlich steigern wir uns in einer solchen Situation noch mehr ins »typische« Verhalten hinein, nur daß wir vom (freundlichen) Interaktionsmodus a zum (ärgerlichen) Modus b wechseln. Genau wie Inge und Fred es gemacht haben. Inge: »Warum hast du mich nicht halten lassen?« – Fred: »Weil ich dachte, du würdest hinsehen, Dummerchen!« (Beachten Sie: Inge bleibt bei ihrem Typ unsicher, Fred in dem seinigen übersicher, und beide bleiben gemeinsam in ihrem komplementären Muster.) Der Zank könnte jetzt, wie schon gesagt, beliebig weitergehen, mit oder ohne Unterbrechung, am selben Thema oder einem anderen. – Wenn Inge oder Fred jetzt einen Freund oder Bekannten träfen, dann würden sie sich vielleicht über die Unfreundlichkeit des Partners beklagen. Sie übersähen dabei, daß ihr Streit jedem von ihnen eine gewisse Befriedigung verschafft. Diese Befriedigung unterscheidet sich, so merkwürdig das klingen mag, nicht wesentlich von der, die ihnen ihre gewohnte angenehme Interaktion im a-Modus vermittelt. Auch wenn Streiten »negativ« ist, so findet hier doch ein Austausch dessen statt, was die Transaktionsanalytiker als »Streicheln« bezeichnen. Wir tauschen oft lieber negative Streicheleinheiten aus, als bestimmte innere Gefühle zur Kenntnis zu nehmen oder der Realität ins Auge zu blicken. (Zum Beispiel dem Gedanken: Diese Beulen kosten sicher 500 Mark, und wir haben noch keine Vollkasko-Versicherung abgeschlossen. Wo soll das Geld herkommen?)
Wollen Inge und Fred ihren Streit *beenden,* so wäre eine typische Form: Inge bricht wegen des Schadens an ihrem neuen Wagen in Tränen aus; Fred tritt wieder einmal stützend auf, indem er ihr versichert, daß er für die Reparaturen aufkommt, und so weiter. Inge und Fred wären dann

vom Modus b zum freundlichen Modus a zurückgekehrt, wie er vor dem Unfall bestand. In diesem ihren gewohnten Beziehungsmuster könnten sie sich wieder gegenseitig Halt geben und ihren jeweiligen Typ bestärken.

Umschläge, die nichts bringen

Die andere Version des Streits sähe so aus: Inge schaltet von ihrer *angepaßten* Haltung Fred gegenüber um und greift ihn *kritisch* an. Dies könnte unmittelbar erfolgen oder auch erst, nachdem beide zunächst eine Reihe von Interaktionen nach dem oben geschilderten Muster hinter sich haben. Das könnte so aussehen: Inge: »Da siehst du, wozu du mich aufgefordert hast!« oder »Wie oft bist du mit deinem Wagen wo angestoßen!« Daraufhin zieht Fred sich verdrossen und beleidigt zurück. Sie brechen den Kontakt zueinander ab, bis sie ihn aus einem anderen Anlaß wieder aufnehmen.
Bei dieser zweiten Version sehen wir ein Umschlagen von Inges typischer Unterlegenheitshaltung ins Gegenteil. Plötzlich wechselt sie in eine aggressive, überlegene Einstellung und sagt etwa: »Wenn du schon nicht hinguckst, hättest du dir wenigstens eine bessere Ausrede einfallen lassen können, du Idiot!« Auch Fred nimmt eine Kehrtwendung vor: von der gewöhnlichen Überlegenheit des »Übersicher« zu einer demütigen, unterlegenen Haltung. Er murmelt etwa eine Entschuldigung oder zieht sich in ein schmollendes oder niedergeschlagenes Schweigen zurück. Das wäre dann eine gekreuzte Transaktion.

Gekreuzte Transaktion

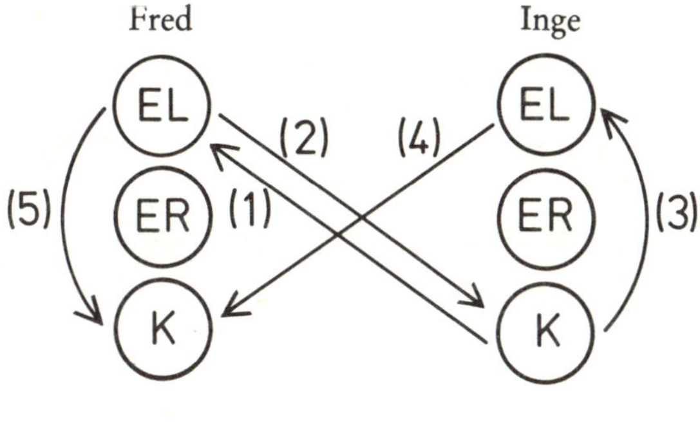

(1) *Inge:* »Mach ich's richtig?«
(2) *Fred:* »Ja, fahr nur geradeaus!«
(3) *Inge* wechselt vom Kind-Ich ins Eltern-Ich und sagt:
(4) »Siehst du, was du angerichtet hast?«
(5) Fred wechselt vom Eltern-Ich zum Kind-Ich:
»Ja, meine Schuld . . .«

Ein unbefangener Betrachter könnte meinen, Inge und Fred hätten jetzt ihren Typ gewechselt. Und je nachdem, wo man steht, könnte man Beifall klatschen: Aha, endlich stellt sich Inge auf ihre eigenen Füße! oder: Schön, Fred sieht ein, daß er nicht allmächtig ist, und gibt nach! Aber solches Umschalten ist noch kein grundlegender Wechsel im Typ. Kommen diese »Umschläge« häufiger vor, so sind sie rotes Licht, ein Warnsignal für die Beziehung und/oder für das emotionale Gleichgewicht eines der Partner oder beider. Durch gekreuzte Transaktionen wird nämlich die Möglichkeit zu weiterem Streichelaustausch verbaut. Beide müssen mit den steigenden Frustrationen, die sich in ihnen ansammeln, fertig werden. Ein plötzlicher Umschlag erfolgt eher aufgrund einer *momentanen* Kampf/Flucht-Reaktion, wie ich sie in Kapitel 11 ausführlicher beschreiben werde. Es ist dem Flugmanöver eines Vogels vergleichbar, der auf diese Weise auf einen unerwarteten plötzlichen Angriff oder Schreck reagiert. Das Umschalten in unseren Gegentyp bedeutet daher nicht eine tiefgreifende Veränderung im Charakter. Hat der Vogel im Verlauf des Flugmanövers keinen argen Schaden erlitten, so kehrt sein Organismus zur gewohnten Funktionsweise zurück. Bei Inge und Fred können wir davon ausgehen, daß sie nach einer gewissen Zeit (Minuten, Stunden, Tage, Wochen – jedoch nicht Monate oder Jahre) zurückschalten in ihr anfängliches Beziehungsmuster. Jeder handelt dann wieder in Übereinstimmung mit seinem Typ. Die Wiederaufnahme der Transaktionen kann geschehen im freundlichen Modus a:

- durch eine väterliche, »wohlwollende« Geste von Fred zu Inge, oder
- durch eine um Entscheidung bittende oder bewundernde Geste von Inge zu Fred.

Im Modus b finden sich beide wieder zum Streit, den einer von beiden eröffnet, etwa

- Fred mit einer kritischen Bemerkung wie: »Na, du solltest noch ein paar Fahrstunden nehmen«, oder
- Inge mit einem kindlichen Aufbegehren: »Warum paßt du nicht besser auf bei mir?«

Wenn beide sauer werden

Was aber passiert, wenn diese »Umschläge«, das Umschalten vom typischen zum gegentypischen Verhalten, häufiger wird? Die Partner werden in ihrem Umgang miteinander mehr und mehr in den b-Modus verfallen. Der Ärger, der sich dann zwischen ihnen ansammelt, kann verschiedenen Ursprungs sein:

- Die Transaktionen im b-Modus zwischen den beiden werden immer intensiver; oder
- der Ärger rührt von dem destruktiven Prozeß her, der mit allzu zahlreichen Angriffen einhergeht; oder
- die Partner haben immer mehr »Abbrüche« in ihrer Kommunikation, wenn sich ihre Transaktionen kreuzen. Denn solch ein »Abbruch« in der Kommunikation, graphisch als gekreuzte Transaktion darstellbar, bedeutet eben auch den Abbruch der gegenseitigen Streichelzuwendung und wird vom Organismus als Verlust und als ausgesprochen unangenehm empfunden.

Nehmen die Frustrationen zu, unter denen einer der Partner oder beide leiden, so steigt zwangsläufig bei einem oder bei beiden Ärger, vielleicht sogar Wut auf. Folgerichtig streben dann der eine oder beide nach emotionalem Ausgleich. Der kann so aussehen, daß sie sich an dem anderen zu rächen suchen oder sich nach außen wenden, daß sie etwa nach einem dritten, vierten oder fünften Partner Ausschau halten, mit dem sie dann »ihrem Typ gemäß« umgehen können. Man nimmt sich zum Beispiel einen Liebhaber oder einen Therapeuten. Vielleicht wendet man sich auch einem der Kinder zu, wobei dann jeder der Partner von seinem neuen »Liebling« ein Mehr an Zuwendung erwartet. Solche Beziehungen führen leicht zu großer Verbitterung eines oder beider Partner. Oft enden sie in heftigen Auseinandersetzungen, in extremen Fällen mit einem »Verbrechen aus Leidenschaft«. Eine derartig destruktive Entwicklung beschreibe ich in Kapitel 13 anhand von Shakespeare's »Othello«.

Hin und wieder liest oder hört man vom »Schmerz unerwiderter Liebe« oder von einem Menschen, der sich in einer »unglücklichen Abhängigkeit« von einem anderen befindet. In Wirklichkeit handelt es sich hier oftmals um ein überstarkes Bedürfnis nach komplementären Transaktionen mit einer Person des entgegengesetzten Typs. Nur ist diese Person vielleicht nicht länger gewillt, mehr Zeit und Kraft als bisher auf etwas zu verwenden, was mit beiderseitigem Gewinn angefangen hatte. Oder ein

Partner (bzw. beide) ist mehr als der andere von »typischen« Transaktionen zwischen den Partnern abhängig. Dabei ist gleichgültig, ob sie im freundlichen oder ärgerlichen Beziehungsmodus erfolgen. So kann, was als ausgezeichnetes Zusammenspiel zwischen zwei Menschen, deren Typen sich ergänzen, begann, in einer scheinbar unvermuteten, aber durchaus vorherseh- und vermeidbaren Katastrophe enden. –
Als *dritte Version,* einen Streit weiterzuführen, ist denkbar, daß der vereinte Ärger des Paares sich gegen einen Außenstehenden richtet. Er mag z.B. das Kind treffen, das sein Rad in der Zufahrt hat stehen lassen. Ein solches Beziehungsmuster kann für einen oder beide Partner oder für die weiteren Betroffenen zerstörend wirken, wenn keine klare Einsicht in das gewonnen wird, was *wirklich* im Gange ist. Kurzfristig entlastet es vielleicht einen oder beide Beteiligten von Ärger oder Frustrationen. Am Ende aber wird es zu einer Vielzahl von Verhängnissen führen, vor allem wenn Kinder mit im Spiel sind.

In Schubladen gesteckt? Was die Kenntnis der Typen nützt

Aber, so mögen Sie vielleicht einwenden, sind die Menschen nicht viel zu unterschiedlich? Kann man sie in den Schubfächern von Typ 1 und Typ 2 unterbringen? Selbst wenn wir die zusätzliche Unterteilung in Modus a und b hinzunehmen (die uns anzeigt, in welcher Erscheinungsweise jeder Typ vorzugsweise auftritt)? Natürlich ist jeder von uns ein eigenes und differenziertes Individuum. Um einen Vergleich heranzuziehen: Jeder von uns hat seinen eigenen Fingerabdruck, und keine zwei Fingerabdrücke gleichen sich. Trotzdem ist es möglich, Fingerabdrücke zu klassifizieren. Sonst wären die Kriminalämter außerstande, aus einer verwirrenden Zahl von Fällen heraus einen Abdruck zu identifizieren. Selbst komplexe Computer und das Morse-Alphabet fußen auf dem binären System von »Ja« und »Nein«.
Viele Faktoren können in Beziehung zwischen einzelnen Menschen (und in ihrer Sicht von sich selbst) eine Rolle spielen: Erbanlagen, frühkindliche Erfahrungen, physisches Befinden, Intelligenz, Kompetenz, z.B. für einen bestimmten Beruf, und – last but not least – soziale Rollen und Erwartungen. Aus diesen Faktoren wiederum können sich die vielfältigsten Kombinationen ergeben.
Will man diese Einflüsse erfassen und mit den zahlreichen Kombina-

tionsmöglichkeiten umgehen, so sind meiner Meinung nach die Unterscheidung in zwei Typen und die scheinbar »automatischen« Tendenzen, die jedem Typ zu eigen sind, grundlegend und ein notwendiger erster Schritt.
Man kann das Erlernen der Typ-Zugehörigkeit in der Psychologie vergleichen mit dem Studium des Skeletts in der Physiologie. Der Körper ist mehr als nur das Knochengerüst. Es gehören ja auch Fleisch, Blut, Muskeln, Nerven, Drüsen, Gehirn usw. dazu. Gleichwohl lassen sich Struktur und Bewegungen eines Menschen nicht erfassen ohne die anatomischen Kenntnisse, wie das Skelett sich bewegt. Diese Kenntnisse bilden z.B., wenn man Tanz oder Sport studiert, die Grundlage der Bewegungsanalyse. Ebenso ist das Erkennen des Typs von grundlegender Bedeutung, wenn man Beziehungen, Verhaltensweisen und die emotionale Einstellung zu sich selbst und zu anderen verstehen will. Darum kann das Erkennen des Typs der erste Schritt sein, der uns hilft, mit unseren Partnern daheim und am Arbeitsplatz nutzbringend und befriedigend umzugehen. Werden wir uns über unseren eigenen Typ und den unserer ständigen Partner klar (egal ob sie unsere Ehepartner, Kinder, Eltern, Brüder und Schwestern, Arbeitgeber, Angestellte, Kollegen usw. sind), so können wir unsere Beziehungen zu ihnen verbessern. Da sich unsere (und ihre) Reaktionen in gewissem Umfang vorhersehen lassen, ist es möglich, Fehlschläge mehr oder weniger zu vermeiden. Schließlich mag es uns gelingen, den »Typ« fremder Menschen einigermaßen einzuschätzen, mit denen wir es in einer alltäglichen Situation zu tun haben. So können wir auch unsere Fähigkeit verbessern, uns auf die Wechselfälle des Lebens einzulassen.

Ob eine Person zum Typ 1 (Untersicher) gehört oder zum Typ 2 (Übersicher), hat nichts mit Intelligenz oder Kompetenz, der sozialen Herkunft oder dem Geschlecht zu tun. Bekanntermaßen tendiert unser gesellschaftlicher Kontext zwar dahin, bei Frauen ein Typ 1-Verhalten und bei Männern ein Typ 2-Verhalten zu fördern. Der Einfachheit halber habe ich darum, auch wenn es stereotyp erscheinen mag, bei meinem ersten Beispiel mit Bedacht eine Beziehung gewählt, in der die Frau vom Typ 1 und der Mann vom Typ 2 ist. In allen Gesellschaften gibt es jedoch auch zahlreiche Typ 1-Männer und Typ 2-Frauen, und es gab sie schon zu allen Zeiten.

Der Unterschied zwischen den beiden Typen liegt auch nicht darin, daß der eine Typ nett und der andere abstoßend, erfolgreich oder erfolglos ist; daß jemand »introvertiert« oder »extrovertiert«, eher als »Denker« oder

»Gefühlsmensch«, mehr »visuell«, »auditiv« oder »kinetisch« veranlagt ist. Alle diese Faktoren greifen ineinander, um den Effekt eines »typischen« Verhaltens unter den verschiedenartigsten Umständen zu beeinflussen[1].

Wie Untersicher und Übersicher sich verhalten – eine Zusammenfassung

Unser Typ hat mit der Art und Weise zu tun, wie wir uns selber *in Beziehung zu anderen* sehen und empfinden. Unsere Gefühle, Erwartungen und Verhaltensweisen kommen weitgehend im Blick auf andere zustande, oder aufgrund unserer Vermutungen, was wohl andere von unseren Gefühlen und Gedanken halten, die wir ihnen gegenüber haben. Eine Person vom *Typ 1 (Untersicher)* stellt sich vor, daß andere mehr können und wissen, und fühlt *sich nicht so kompetent.* Währenddessen steht eine Person vom *Typ 2 (Übersicher)* unter dem Eindruck, daß *die anderen nicht so kompetent* und mit Verantwortung belastbar sind und deshalb von ihr erwarten, daß sie die Verantwortung übernimmt. Also: Unser Typ ist bestimmend für die bevorzugte oder gewohnte Art, in der wir auf andere zugehen, seien es nun uns nahestehende Menschen, Partner, Freunde oder zufällige Bekanntschaften.

Personen vom *Typ 1* sind, wiewohl kompetent, mehr dazu geneigt, Hilfe zu erbitten, und erscheinen als »hilflos« oder als »Opfer«, wenn sie den a-Modus gebrauchen. Benutzen sie den b-Modus, dann stellen sie ihre Fragen vielleicht in herausfordernderer Weise aus der Position des »Unterdrückten« (»Ach, nein?«). Sie können rebellisch wirken und als »kindisch« apostrophiert werden. Das eigentlich Charakteristische bei Personen vom Typ 1 ist, daß sie zu sehr von der Autorität und dem Urteil anderer abhängig sind. Häufig verwenden sie mehr Energie darauf, von anderen Hilfe und Unterstützung zu erhalten, als darauf, ihre eigenen Kräfte und Fähigkeiten effektiv einzusetzen.

Im Gegensatz dazu neigen Personen vom *Typ 2* dazu, Anweisungen oder Verhaltensmaßregeln zu erteilen, sowohl wenn etwas im Bereich ihrer

1. Eine Anmerkung zum Wort »Typ«: Ich bin mir bewußt, daß dieser Begriff in der Psychologie C. G. Jungs eine ganz andere Anwendung findet, als ich sie ihm in diesem Buch gebe. Jungs Feststellungen finde ich anregend, um neue Perspektiven zu erschließen. Mein eigener Wortgebrauch vom »Typ« fußt mehr auf der umgangssprachlichen Verwendung, bei der »typische« Verhaltensweisen oder Gefühle subjektiv vom einzelnen mit einem »Das bin ich« wahrgenommen werden.

Kompetenz liegt, als auch wenn die Person, an die sie sich wenden, als genauso fähig oder fähiger erscheint als sie selbst. Personen vom Typ 2 mögen tatsächlich sehr hilfsbereit sein. Aber oft wirken sie »kontrollierend« oder – abwertend gemeint – wie »Retter«, weil sie ihre Hilfsbereitschaft übertreiben. Sie verwenden allzu viel Energie auf »Tun« und »Geben« und bezahlen dafür mit ihrer Gesundheit. Immer wieder bringt sie ihr Engagement im »Tun« für andere so weit, daß man sie als »Verfolger« empfindet, wenn sie vom a-Modus einer freundlichen Beziehung mehr in den b-Modus geraten. Dann können sie andere herumjagen oder über Gebühr kritisieren, was diese etwa nicht »richtig« gemacht haben, wodurch sich diese am Ende zurückgewiesen und blockiert fühlen, statt selber zum Zuge zu kommen.

Es gibt Leute, die kann man als Typ 1 (a) kennzeichnen. Sie bevorzugen angenehme Transaktionen. Dabei bringen sie Hilfsbedürftigkeit oder Bewunderung zum Ausdruck. Andere Menschen gehören zum Typ 1 (b). Sie klagen oder jammern viel, werten sich selbst ab oder verfallen in aufbegehrende und trotzige Reaktionen. Ein Typ 2 (a) wäre dann jemand, der sich mit Vorliebe zum großmütigen »Retter« aufschwingt und Dank erwartet. Im Gegensatz dazu übt ein Typ 2 (b) überwiegend Kritik und macht andere herunter. Solche Tendenzen hängen mit Erfahrungen aus der Kindheit zusammen, mit dem familiären und sozialen Hintergrund und alltäglichen Situationen. Bei der Bestimmung des Typs und der Untersuchung der Beziehungsmuster ist allerdings wichtig, Typ und Modus nicht zu verwechseln. Innerhalb eines gegebenen Typs kann jeder von uns zwischen den beiden Modi hin und her springen, während er nach wie vor »seinem Typ gemäß« handelt.

Bei »emotionalen« Beziehungen lassen wir uns gern auf komplementäre Partner ein (und sprechen dann von »Liebe auf den ersten Blick« oder »reiner Antipathie«). Menschen des entgegengesetzten Typs beneidet man auch gern (»Wäre ich doch bloß wie . . .! Ist dessen Leben angenehm!«). Andererseits vertragen wir uns besser und sympathisieren eher mit Personen des gleichen Typs. Der Volksmund hat für die geschilderten Paarungen seit langem treffende Formulierungen bereit. »Gegensätze ziehen sich an«, heißt es bei komplementärer Beziehung, aber auch »Die beiden sind wie Katz und Hund!« »Gleich und gleich gesellt sich gern«, sagt man dagegen, wenn Leute des gleichen Typs sich verbinden (oftmals vielleicht mit dem Ziel, nach einem andersartigen Gegenüber Ausschau zu halten oder gar ihn zu bekämpfen).

Damit komme ich zu den Zielsetzungen dieses Buches. Ich verfolge zwei Ziele:

Als erstes wende ich mich an jeden, Frau oder Mann, der sich besser in den menschlichen Beziehungen und ihren Wechselwirkungen auskennen möchte. Das Buch kann uns helfen, unseren eigenen Typ sowie den Typ anderer Menschen zu erkennen. Es kann dazu beitragen, das »typische« Verhalten in uns und anderen wahrzunehmen. Wenn wir verstehen, *wie* diese Beziehungen beginnen und sich weiterentwickeln, wenn wir ihren Fortgang und ihr Grundmuster voraussehen können, wird es uns eher gelingen, nicht in selbstgegrabene Gruben zu fallen. Dann werden wir die Beziehungen zu unseren Partnern daheim und am Arbeitsplatz verbessern können.

Als zweites wende ich mich an Leser, die beruflich in der psychologischen Lebenshilfe tätig sind, also an Leute, deren Aufgabe es ist, in Problemfällen einzugreifen. Nach meinen Erfahrungen nützt das Material, das ich in diesem Buch darstelle, in der Praxis sehr, effektive Hilfe leisten zu können. Es schützt davor, sich auf Wege verleiten zu lassen, die möglicherweise für den Betreffenden selbst wie für diejenigen, mit denen er arbeitet, schwierig oder gar gefährlich sind. Dieses Buch will dazu verhelfen, diagnostisch mehr Sicherheit zu gewinnen. Etwa wenn es darum geht, Verhaltensweisen oder Krisensituationen, die für den Klienten gefährlich sind oder ihn zu unwiderruflichen Schritten wie Suizid führen können, in der Arbeit nicht etwa zu verstärken, sondern beizeiten zu erkennen und ihnen zuvorkommen.

In Polizeiberichten tauchen immer wieder »Routinefälle« auf, die als »Verbrechen aus Leidenschaft« oder als »Selbstmord aus enttäuschter Liebe« deklariert werden. Nachforschungen haben zutage gebracht, daß manche dieser Tragödien hätte verhindert werden können: die betreffenden Personen hatten sich um psychische Hilfe bemüht, die mögliche Gefahr war jedoch nicht richtig eingeschätzt worden. Sie waren relativ »normal« erschienen und man hatte sie fortgeschickt oder – was noch schlimmer ist – langwierig und ineffektiv behandelt. –

Die Fragen, auf die wir uns hier einlassen, sind manchmal sehr ernst. Trotzdem, lieber Leser, soll dieses Buch keine todernste Sache werden. Beziehungsmuster durchschauen, die uns regelmäßig Verdruß bereiten, sich selbst mal über die Schulter gucken – dabei gibt es sicher hin und wieder etwas zum Schmunzeln. Überhaupt kann, wenn es um uns selber geht, Humor uns oft weiterhelfen.

So ist das vielleicht wichtigste Ziel meines Buches: daß Sie es mit Vergnügen lesen. Und daß es Ihnen Spaß macht, sich selbst darin zu erkennen.

2. Wie wir zu unserem Persönlichkeitstyp kommen

Totale Ausgeglichenheit – ein Traum

Wie entwickeln wir unseren Persönlichkeitstyp? Wie werden wir jemand, der entweder vorzugsweise als Untersicher oder als Übersicher durchs Leben geht? Die beiden Grundeinstellungen – sowohl die untersichere als auch die übersichere – sind »Abwehrpositionen«. (Am Beispiel von Inge und Fred läßt sich anschaulich verfolgen, wie sehr die Zwei aus der Defensive, aus ihrer jeweiligen Verteidigungsstellung heraus handeln.) Und die Abwehrpositionen, die dem Typ 1 oder dem Typ 2 entsprechen, haben sich bei uns schon in früher Kindheit herausgebildet.
Im Idealfall befinden wir uns mit uns selbst und auch mit den anderen Menschen in guter Beziehung. Eine gute Beziehung hat zur Voraussetzung, daß wir flexibel und kooperativ zu reagieren vermögen. Je nachdem, wie eine Situation es erfordert und wie wir unsere eigene Kompetenz und die der anderen sachlich einschätzen, können wir Leiter sein oder Gefolgschaft. Eine solche Einstellung ist ausgeglichen und erfolgt aus dem Erwachsenen-Ich heraus. Auch in emotionalen Beziehungen – z.B. wenn Kind- und Eltern-Ich im Spiel sind – können wir uns ähnlich flexibel verhalten. Ich möchte diese ausgeglichene Haltung mit einem harmonischen Tanz vergleichen. Wir schwingen, ganz auf den Partner und die Musik eingestimmt, elegant in jede Richtung aus, ohne anderen auf die Füße zu treten oder selber heftig an die Wand zu stoßen, und haben daran unser Vergnügen.
Völlige Ausgeglichenheit ist ein Ideal. Leider erreichen wir es nicht immer. Ob andere es können? Bei uns jedenfalls läuft es nicht immer so glatt, vor allem nicht in angespannten Situationen, oder wenn wir von Gefühlen

übermannt werden. Dann neigen wir dazu, uns unserem Typ gemäß zu verhalten. In unserer Kindheit haben wir nämlich aufgrund früher Erfahrungen mit unseren Bezugspersonen eine der zwei Abwehrpositionen übernommen. Theoretisch denkbar wäre, daß wir als Kinder nie auf eine Abwehrposition angewiesen waren. Daß wir mit einer ausgeglichenen Grundeinstellung ins weitere Leben eingetreten sind. Praktisch gelingt uns das aber nicht, selbst wenn wir ideale Eltern gehabt haben und unter idealen Umständen aufgewachsen sind. Denn keinem von uns bleiben die Probleme erspart, die sich einstellen, wenn wir heranwachsen und selbständig werden.

Es bestehen jedoch große Unterschiede. Es gibt Menschen, die *zumeist* flexibel sind und *nicht immer* (oder nur sehr selten) in ihre Abwehrposition verfallen. Und es gibt Personen, die stets, ohne Rücksicht auf die gegebene Situation, ihrem Typ entsprechend reagieren. Bei den letzteren ist die Abwehrposition die durchgängige Grundeinstellung. Sie können nicht zu einer ausgeglichenen Haltung bzw. zum Erwachsenen-Ich gelangen, auch wenn sie manchmal einsehen, daß sie sich anders verhalten sollten. Diese Personen brauchen eine therapeutische Behandlung, um aus ihrer Rigidität herauszukommen und ausgeglichenere Beziehungen entwickeln zu können.

Charaktertyp und Abwehrposition entsprechen sich direkt. Man kann also abwechselnd vom Typ oder von der Abwehrposition 1 oder 2 reden.

Charaktertyp 1 – Untersicher drückt seine Abwehrposition in Sätzen aus wie:

- Ich bin mir selber nicht sicher, ganz im Gegensatz zu anderen.
- Ich habe (wahrscheinlich) nicht recht, du hast (wahrscheinlich) recht.
- Ich weiß da nicht Bescheid, aber du.
- Ich schaffe das nicht, du schaffst es.
- Ich bin ohnmächtig, du bist mächtig.
- Weißt du es wirklich? Kannst du es mir beweisen? Ich verstehe noch immer nicht, ich bin noch immer nicht sicher. Was soll ich bloß tun?

Charaktertyp 2 – Übersicher entspricht die Abwehrposition:

- Ich *muß* selbstsicher sein (auch wenn mir nicht so zumute ist), denn auf andere kann ich mich nicht verlassen.
- Ich habe recht, du nicht.
- Ich weiß es besser (ich muß es besser wissen, denn ich darf nicht zugeben, daß ich es nicht weiß), du weißt es bestimmt nicht.

- Ich muß es schaffen (auch wenn ich am Verzweifeln bin, aber bloß kein Versager sein), denn sonst schafft es keiner.
- Ich bin stark, du bist schwach, unzuverlässig, konfus usw.
- Ich darf mir keine Angst eingestehen, ich muß mich, dich usw. beherrschen.

Der Weg der Erkenntnis – zwischen Madonna und Hexe

Die Abwehrposition entsteht im dritten Lebensjahr, genauer: zwischen dem zweiten und vierten Lebensjahr. Sie entspricht nicht der Grundeinstellung, mit der wir geboren sind. Sie entwickelt sich jedoch so früh, daß sie zu unserer »zweiten Natur« wird. Vermutlich sind wir alle mit positiven Neigungen, mit der Möglichkeit zu Vertrauen, Liebe und Liebenswürdigkeit geboren. Auch als Erwachsene können wir, wenn wir unsere existentielle Angst überwinden, uns und anderen gegenüber zu einer ähnlich ausgeglichenen Grundeinstellung gelangen. Manche Heilige oder herausragende Persönlichkeiten, wie z.B. Mutter Teresa, zeigen uns eine solche existentielle Grundeinstellung. Die meisten von uns bringen es aber nicht fertig, immer so zu leben, sei es, weil wir nicht unter idealen Verhältnissen aufgewachsen sind, sei es, daß uns das außergewöhnliche Talent fehlt, so heilig zu sein. Praktisch sind wir der einen oder anderen Abwehrposition verhaftet, wie sie uns Inge und Fred vor Augen stellen. Indessen kann man sich in gewissem Maße mit dem Erwachsenen-Ich helfen, wenn man seine eigene Abwehrposition kennt und somit weiß, worauf man in einer angespannten Situation achten muß.
Aber – weshalb ist eigentlich von Abwehr die Rede? Wovor brauchten wir schon in früher Kindheit Schutz, zumal wenn wir liebevolle Eltern hatten? Die Antwort kennen Sie vermutlich schon, lieber Leser: Wir fühlen uns von grundlegender Angst, von Daseinsangst, bedroht. Sie taucht mit der ersten Selbstwahrnehmung auf, selbst wenn das Kind dieser Angst noch keinen Namen zu geben vermag.
Im Mutterleib und als Säugling haben wir gleichsam im Paradies gelebt. Alle unsere Wünsche wurden erfüllt. Wir brauchten nichts zu leisten. Wir bekamen Nahrung, Wärme und Streicheln. Säuglinge, die dies entbehren mußten, sind eben gestorben. Auch wenn wir schreien mußten, um ernährt oder trockengelegt zu werden, haben wir die Erfahrung gemacht: die Erlösung von Entbehrung oder Schmerz kommt irgendwie »magisch«

zu uns. Manchmal, wenn die Hilfe nicht sofort eintraf, konnten wir sie nachträglich im Schlaf, in der Säuglingsphantasie, herbeiführen. (Schauen Sie einmal einem Säugling zu, wie er im Schlaf mit Wonne saugen kann, als läge er an der Brust.)

Doch mit zunehmendem Bewußtsein kam es zur Ausweisung aus dem Paradies: erst aus der wohligen Wärme des Mutterleibes, dann weg von den geliebten Brüsten der Mutter und schließlich weg von ihrer Geduld, die in der Säuglingsphase als grenzenlos empfunden wurde. Empfindungen von Schmerz stellten sich ein: das Zahnen, Blähungen und mancherlei Enttäuschungen, die uns auch die beste Mutter nicht ersparen konnte. Im Gegenteil, manchmal sah es so aus, als ob sie uns sogar absichtlich weh tat. Sie zwang uns z.B., bittere Medizin zu schlucken, oder brachte uns zum Arzt, der uns dann mit Injektionsnadeln stach. Mit einem Mal sieht sich das Baby nicht mehr in den Armen einer liebevollen Madonna, sondern dafür einer Hexe ausgeliefert.

Das Weib, es ist an allem schuld

Viele Märchen erzählen von diesem Fall aus dem Paradies, Märchen, in denen die gute Mutter früh verstirbt und an ihre Stelle die böse Stiefmutter oder die Hexe tritt. Kein Wunder, daß Kinder auch die grausamsten Märchen akzeptieren. Im Unbewußten ist ihnen die schlimme Hexe, von der – etwa bei Hänsel und Gretel – berichtet wird, wohlbekannt. Wenn sie die Geschichte hören, freuen sie sich, daß sie ihr jetzt, vielleicht auf magische Art, entronnen sind. Oder aber sie erleben sich noch immer in der Macht dieser Hexe, und das Märchen macht ihnen Hoffnung, der Hexe nicht bloß entkommen, sondern sich auch an ihr rächen und sie im Ofen verbrennen zu können. Leider haben solche Kindeserfahrungen und die seit der Kinderzeit weiterwirkenden Ängste und Rachewünsche auch die unerkannte Folge, daß die Frau (anstelle der Mutter) für alles Schlimme in der Menschheitsgeschichte verantwortlich gemacht wird. In der Frau sieht man die Ursache für die Kindesfrustrationen. Denn der Vater war gewöhnlich – wie Gott Vater – weit weg. Die Mutter dagegen war zur Stelle, und doch vermochte sie es nicht, alle Probleme zu lösen.

So soll Eva schuld daran sein, daß uns das Paradies verschlossen ist. *Sie* bringt man mit dem Erwachen des menschlichen Bewußtseins in Verbindung, und nicht etwa die Entwicklungsphase, in der Bewußtsein und

Zähne gleichzeitig wachsen. Was zur Folge hat, daß der Biß in den Apfel der Mutterbrust Zurückweisung hervorruft und als Anfang der Ausweisung aus dem Paradies erlebt wird.
So kommt es, daß die Frauen im Unbewußten nicht bloß von Männern, sondern auch von ihresgleichen für schuldig befunden werden. Durch die Jahrhunderte ist es ihnen sehr schwer gefallen, sich angesichts ihrer »Sünden« zu verteidigen. Sie glaubten zuinnerst ja selbst daran und werden noch immer insgeheim von beiden Geschlechtern als Hexen angesehen, wenn sie nicht der Madonna ähneln.
Ich erinnere mich noch an die Wut, die mein Sohn als kleines Kind mir gegenüber an den Tag legte, als er Bauchschmerzen und Zahnweh hatte. Er wurde rot im Gesicht, ballte die Händchen zu Fäusten und stieß mit den Füßen gegen das Bett. Er wollte mir zeigen: Du bist an meinem Schmerz schuld! Denn du bist unfähig, mir zu helfen! (Wie schwer war es für mich, dem gegenüber keine allzu großen Schuldgefühle aufkommen zu lassen.) Genauso gegenwärtig ist mir der vorwurfsvolle Blick, den mir meine Tochter als Baby zuwarf, als ich ihr während einer Krankheit regelmäßig eine bittere Medizin aufzwingen mußte.
Wir alle haben auf diese Weise die Erfahrung gemacht, daß, als wir älter wurden, die Schmerzen kamen und die Loslösung aus einem völlig problemlosen Dasein. Die glückselige Säuglingszeit ist irgendwann einmal vorbei. Mit ihrem Ende überfällt jedes Kind ein Gefühl unendlicher Verzweiflung und Hoffnungslosigkeit – die Daseinsangst, die ihrerseits mit den positiven Seiten der Entwicklung und wachsendem Bewußtsein einhergeht.
Das Kind erfährt, daß entgegen seinen früheren Vorstellungen weder die göttliche Allmacht der Mutter noch die Allmacht seiner eigenen Phantasien imstande ist, die Bedrängnisse und Schmerzen zu verscheuchen, die überall lauern. Die Verzweiflung kann sich Ausdruck zu schaffen versuchen in einem Wechsel von passiver Ohnmacht und schreiender Wut. Doch irgendeine Hoffnung muß im Kind vorhanden sein. Sonst stirbt es vor Verzweiflung[1].
Schon dem Säugling geht sehr bald auf, wie es mit den Aussichten auf

1. Die Mythologie schildert dies treffend in der Sage von der Büchse der Pandora. Pandora öffnet – genau wie Eva – aus Neugier, also aus dem Verlangen mehr zu wissen, die Büchse, die dann nur lauter Elend über die Welt kommen läßt. Am Ende steht jedoch die Hoffnung, daß den Menschen zu helfen ist. Nun läßt sich die Frage stellen: Worauf kann ich diese Hoffnung gründen? Eher im andern (Typ 1), oder in mir (Typ 2)?

Hilfe bestellt ist. Er merkt schnell, woher die Hoffnung kommt, die ihn vor Verzweiflung schützt.

- Geht es mir besser, wenn ich völlig passiv warte und nur fortwährend leise vor mich hin jammere? – Das führt zur Anlage von Typ 1: Die Hoffnung richtet sich auf Entscheidungen anderer.
- Oder finden meine Bedürfnisse vielleicht dann am ehesten Berücksichtigung, wenn ich so lange wie möglich wach bleibe, keine Ruhe gebe und so laut schreie, daß man mir helfen *muß*? – Das führt zur Anlage von Typ 2: Die Hoffnung gründet sich auf die eigene Macht, selbst wenn es nur die Macht eines heulenden Kindes ist.

Das entscheidende Alter – zwischen Angst und Neugier

Bereits beim Säugling läßt sich die Anlage zu einem bestimmten Persönlichkeitstyp erkennen. Die entscheidende Phase ist aber das Alter von zwei bis vier Jahren. Denn jetzt beginnt das Kind, sich zu einem Individuum zu entwickeln. Zwar hängt das Überleben des kleinen Wesens in Wahrheit immer noch vom Wohlwollen der Eltern ab. Doch schon rein physisch ist das zwei- bis vierjährige Kind viel eigenständiger als ein Baby. Zugleich erlangt das Kind in dieser Zeit ein konkreteres Bewußtsein vom »Ich« im Unterschied zum »anderen« (auch wenn der »andere« die Hauptbezugsperson ist). Es nimmt bewußt wahr, daß es körperlich von der Mutter getrennt ist. Jetzt ißt es selbst. Es kann gehen und rennen. Es kann mehr als nur ein paar Worte sprechen und sich auch anderen (nicht nur den Eltern) gegenüber verständlich machen.

Gleichzeitig mit dieser relativen Selbständigkeit stellt sich jedoch ein neues Schutzbedürfnis ein – nicht mehr allein vor Hunger und Kälte, sondern auch vor dem eigenen Trieb der Neugier, der mit dem Wachsen und Lernen einhergeht. (Dies ist die gleiche Neugier, vor der uns die Beispiele von Eva und Pandora warnen sollen, und die doch wesentlicher Bestandteil der menschlichen Kreativität ist! Der Neugier verdanken wir schließlich alle Erfindungen der Menschheitsgeschichte.) Das Kind steht zwar auf eigenen Beinen. Aber nun lauern Gefahren, Unfälle drohen. Im Unterschied zu den Tieren mit ihrem angeborenen Instinkt begeben sich kleine Kinder ja in vielerlei gefährliche Situationen, eben weil sie neugierig sind. So braucht das Kind nicht bloß wie bisher Nahrung, Wärme und liebende Zuwendung. Es braucht auch Schutz vor drohenden Unfällen.

Sonst würde es die Treppe herunterfallen, aus dem Fenster oder ins Wasser stürzen usw.[2] Mit anderen Worten: Soll das Kind selbständiger und kreativ werden, benötigt es laufend Gelegenheit zum Experimentieren. Das geht auf Kosten der Bezugspersonen, denn das Kind läßt ihnen nun keine Ruhe mehr[3].
Bei dieser Gelegenheit entdeckt das Kind auch die Psychologie. Es merkt: Wenn ich mich dem offenen Fenster nähere, kommt jemand herbeigerannt. Sonst, wenn ich ins andere Zimmer laufe, rührt sich niemand. Warum ist das so? Wie kann ich die Großen beeinflussen, in diesem oder jenem Sinne? Bald experimentiert das Kind damit, wie es die Eltern zum Lachen, in Wut oder zum Streiten bringen kann. Manchmal weiß es indessen nicht: Warum sind sie so zornig über das, was ich getan habe? Sie sollten sich doch freuen! Warum erlauben sie nicht, was mir gerade soviel Spaß macht? Warum frustrieren sie mich stattdessen? Das Kind möchte herausfinden: Wer hat hier die Macht? Manchmal ist es das Kind. Es kann z.B. die Mutter auf Trab bringen (wenn es sich zum offenen Fenster hinausbeugt). Dann wiederum gibt es Gelegenheiten, in denen es überhaupt keine Macht hat. Man kann es einfach hochheben und in die Badewanne setzen oder es wieder herausnehmen, wie sehr es sich auch dagegen wehren mag. Niemand kümmert sich um seinen Ärger. Auf diese Weise entwickeln sich in der kleinen Person widerstreitende Gefühle:

- einesteils Daseinsangst und der dringende Wunsch, sich bei den Eltern beliebt zu machen (soweit ihm das gelingt, denn manchmal erreicht es genau das Gegenteil);
- andererseits der Drang zum Experimentieren, auch wenn es weiß, daß bestimmte Dinge den Eltern nicht gefallen. Dieses Erkunden erstreckt sich nicht nur auf die gegenständliche Umwelt, sondern ist hauptsächlich ein *psychologisches* Experimentieren mit Verhaltensweisen gegenüber den Eltern bzw. anderen Hauptbezugspersonen.

Das zweite Lebensjahr wird oft als »Trotzperiode« bezeichnet. In Wirklichkeit geht es gar nicht so sehr um Trotz. Das Kind probiert die Umwelt aus und die eigene Macht. Auf die Eltern wirkt das wie Trotz. Und bei manchen Eltern gewöhnt sich das Kind in der Tat an, mehr aus Trotz zu

2. In den USA kommen nachweislich mehr Kinder von 2–4 Jahren durch tödliche Unfälle im Hause ums Leben als insgesamt Personen aller Altersstufen durch Autounfälle.
3. Deshalb neigt die Gesellschaft zur Rache an Eva und Pandora. Frauen bieten sich vorzüglich als »Sündenbock« an, weil sie potentielle Mutterfiguren sind.

reagieren, als echter Neugierde zu folgen oder dem Bestreben, etwas zu meistern. Bei solchen Machtkonflikten brauchen die Eltern oft geradezu die Weisheit Salomos, um angemessen mit dem in Entwicklung befindlichen Kind umzugehen. Es scheint sich der allmählichen Lösung von seinen Beschützern ziemlich bewußt zu sein. Voller Lust probiert es seine neue Eigenständigkeit aus. Dahinter jedoch verbirgt sich auch die Möglichkeit, von grundlegender Angst überwältigt zu werden. Denn das Kind spürt instinktiv die tödliche Gefahr, die es bedeutet, verlassen zu sein. (Haben Sie je ein zwei- bis dreijähriges Kind gesehen, das in einem Supermarkt verlorenging? Vielleicht hat es sich anfangs aus einem gewissen Übermut von seiner Mutter entfernt. Plötzlich wird es von der Panik überfallen: »Mama!« Und es will sich nicht trösten lassen, bis die vertraute Person endlich wieder auf der Bildfläche erscheint.)

Die in dieser Entwicklungsphase gesammelten Erfahrungen sind – neben der Verarbeitung von Schmerz und Leid in noch früherer Kindheit – ausschlaggebend dafür, welche der beiden Abwehrpositionen wir künftig einnehmen, welchen Schutz wir bevorzugen werden, wenn uns existentielle Verzweiflung oder Daseinsangst zu überwältigen drohen. Zum Glück funktioniert dieser Mechanismus bei den meisten Menschen ohne Übertreibung, selbst wenn er später, sobald sie groß geworden sind, manchmal auch Nachteile bringt.

Wir haben uns in dieser frühkindlichen Entwicklungsphase für diejenige Abwehrposition entschieden, die uns den größten Gewinn in Form von Zuwendung oder Bestätigung durch unsere Hauptbezugsperson oder den besten Schutz versprach. Danach haben wir unsere Abwehrposition auch in bezug auf andere Personen verstärkt. So ist sie uns zur »zweiten Natur« geworden: sie bestimmt, wie wir unsere dauerhaften Beziehungen einrichten, und bewahrt uns davor, daß Verzweiflungsgefühle uns überwältigen.

Mein Typ – komplementär zum Verhalten von Mutter oder Vater

Die Typzugehörigkeit eines Menschen steht also gewöhnlich im Gegensatz zum Verhalten der Hauptbezugsperson während der genannten Entwicklungsphase. Wir mußten uns damals ja um ein ergänzendes Verhalten bemühen, um uns zurechtzufinden. Am »jetzigen« Typ einer Person läßt sich so das Beziehungsmuster in einer bestimmten Kindheitsstufe ablesen.

- Personen vom Typ 1 haben in dieser Zeit zumindest eine wichtige Bezugsperson gehabt, die sich ihnen gegenüber beherrschend verhalten hat. Sie war vielleicht dogmatisch, gewalttätig, brutal, streng oder ernst, im besten Fall aber fest und bestimmt.
- Menschen vom Typ 2 haben zumindest eine wichtige Bezugsperson gehabt, die mit ihnen sprunghaft umgegangen ist. Sie war unsicher, nachlässig, verrückt, überängstlich oder im besten Fall sehr nachgiebig und bewundernd.

Im 18. Jahrhundert schrieb Jean-Jacques Rousseau in seinem Buch »Emile«: »Schon im dritten Lebensjahr wird ein jedes Kind entweder zum Sklaven oder zum Tyrannen erzogen.« Tatsächlich kann man bei Menschen von Typ 1 aus deren Lebensgeschichte erkennen, daß sie in dieser entscheidenden Entwicklungsphase in mehr oder weniger großem Ausmaß als hilflose (oder rebellische) »Sklaven« behandelt worden sind. Viele Kinder müssen die schmerzliche Erfahrung machen, daß man ihnen keine Chance zu eigener Willensäußerung einräumt und sie überwältigt.

Andere Kinder stellen in diesem Alter fest, daß sie ihre Eltern ängstigen, austricksen oder dirigieren können. Und manche lernen schon sehr früh, daß ihnen gar nichts anderes übrig bleibt, als sich selbst zu schützen oder zu beweisen, daß sie andere schützen (oder sie beherrschen) können. So entwickeln Menschen vom Typ 2 ihre »tyrannische« Neigung, manchmal um in einer furchterregenden, gefahrvollen und undurchschaubaren Umwelt zurechtzukommen und zu überleben, oder um der Bewunderung eines »sklavischen« Elternteils zu entsprechen.

In ihrem späteren Leben neigen Menschen vom Typ 1 dazu, sich als hilflose Opfer zu betrachten (auch wenn man ihnen nichts tut). In schwierigen Lagen raffen sie sich dazu auf, andere um Hilfe zu bitten oder Ermutigung zu erhalten, sie sprechen dabei deren »allwissendes« Eltern-Ich an, seien es nun Lehrer, Therapeuten, Führer oder Gott. (Hiob ist ein biblisches Beispiel für einen, der nie daran zweifelt, daß Gott ihn trotz aller Peinigungen schützen wird.)

Ein Mensch vom Typ 2 verläßt sich in ähnlichen Situationen allein auf sich selbst, auf seine eigenen Kräfte und Fähigkeiten. Er erwartet von den anderen – auch von Gott –, daß sie mit ihm übereinstimmen. (In der Bibel nimmt es David mit dem Riesen Goliath auf, und hören Sie sich in seinen Psalmen einmal an, wie er Gott befehlen kann!) Personen vom Typ 2 stehen oft unter einem inneren Zwang, »Retter« der anderen zu sein, sie sind leicht diejenigen, die sich aufopfern. Sie selbst allerdings empfinden sich meistens (im Gegensatz zum Typ 1) keineswegs als »Opfer« und werden vielmehr zum »Verfolger«, wenn man sich ihnen nicht fügt. Das wiederum kann sie am Ende dennoch wider Willen zu Opfern werden lassen (wie z.B. die Jungfrau von Orléans).

Schließlich gibt es auch eine (sicher relativ kleine) Gruppe von Kindern, die von Geburt an derart schlecht behandelt oder gar mißhandelt worden sind, daß sie überhaupt keine wie auch immer geartete Abwehrposition aufzubauen vermochten. Menschen mit solch einem tragischen Schicksal wachsen mit dem Gefühl totaler Wehrlosigkeit und völliger Verzweiflung auf. Dies kann sich als Hoffnungslosigkeit oder als chronische Wut äußern, mit all ihren gefährlichen Folgen. Diese Personen sind nicht im mindesten in der Lage, sich den wechselvollen Realitäten des Alltags anzupassen. Am Ende bringt man sie »in Sicherheit« – in ein Gefängnis, eine Klinik oder eine Heilanstalt. Auf negative Weise »schützt« diese Art von Verwahrung vor dem Tod durch Unfall oder Mord oder vor grenzenloser Verzweiflung. Dann und wann mag sie gar zur Verbesserung der Lebensumstände führen, möglicherweise auch zur Entwicklung von Hoffnung und weiter zum Aufbau einer der beiden Abwehrpositionen. Darin muß bei solchen Menschen eines der ersten Ziele einer Therapie liegen. Denn selbst in übersteigerter Form ist eine Abwehrposition ein Halt gegenüber totaler Verzweiflung und Hoffnungslosigkeit. Doch ob jemand mit so einer Kindheit jemals zu einer wirklich ausgeglichenen Einstellung gelangen und vom Erwachsenen-Ich her selbständig handeln kann? Ich möchte es bezweifeln, es sei denn, es gäbe noch andere stützende Kräfte. Therapie ist hier äußerst kompliziert. Bei diesen Personen ist das Kind-Ich und auch das Eltern-Ich sehr geschädigt. Beide Ich-Zustände trüben das Erwachsenen-Ich, wenn es Realität einschätzen soll. Als Therapeut muß man sehr achtsam mit diesen Menschen umgehen, vor allem in der Frage der Abhängigkeit oder Unabhängigkeit vom Therapeuten. Denn einmal schwingt das Pendel zu stark in die eine Richtung und ein andermal in die andere, genau wie bei einem zweijährigen Kind. Nur verfügt der Klient über den Körper und die Intelligenz eines Erwachsenen und damit über ganz andere Möglichkeiten, den Therapeuten auszutricksen. Weiter fehlen ihm kindlicher Optimismus und Flexibilität. Es liegen ja in Wirklichkeit – und nicht nur in der Phantasie – gräßliche Erfahrungen hinter ihm.

Heinz, Gudrun, Helga und Rolf – vier Beispiele

Jetzt will ich eine Reihe weiterer Beispiele bringen. Sie sollen den Ursprung eines Typs als Abwehrposition deutlich machen.

Erstes Beispiel: *Untersicher leidend.* Typ 1, zumeist im angepaßten Kind, sucht beim Eltern-Ich anderer positive Streichelkontakte (Modus a).

Heinz ist das jüngste von sieben Kindern in einer ausgesprochen bürgerlichen Familie. Seine Mutter wirkt konventionell, weich und passiv. Als er zwei bis vier Jahre alt war, trat aber nicht sie als Hauptbezugsperson in Erscheinung, sondern seine 14jährige Schwester Doris. Sie erhielt vom Vater öfter Ausgehverbot, um auf Heinz achtzugeben. Ergab sich für Doris dennoch eine Gelegenheit, mit Heinz das Haus zu verlassen, pflegte sie ihn an einem Baum abzubinden. So brauchte sie sich nicht um ihn zu kümmern. Doris selbst war als Typ 2 aufgewachsen, in Ergänzung zum Typ 1 der Mutter, die sich ihrem Mann gegenüber als unterdrücktes »Opfer« benahm und in Doris manchmal ihre »Retterin« sah. Doris dagegen wurde aus geheimer Wut gegen Heinz zu dessen »Verfolgerin«. Heinz hütete sich, bei den Eltern über Doris Klage zu führen, weil sie ihn dann geschlagen hätte. Dafür stellten sich bei ihm Bauchschmerzen und andere somatische Probleme ein, für die er von seiner Mutter Trost und Zuwendung erhielt.

In der Schule hielt er sich stets an die »mütterlichen« Lehrerinnen, die ihm ihr Mitleid schenkten. Er sah blaß und leidend aus. Musikalisch war er besonders begabt, so daß man ihn öfter mit dem leidgeprüften Chopin verglich (der übrigens eine ähnliche Persönlichkeitsstruktur vom Typ 1 aufwies). Und ebenso wie Chopin zu George Sand als Typ 2 fand, geriet Heinz später immer an »starke« Frauen, die ihn entweder beschützten (wie seine Mutter) oder verfolgten (wie seine Schwester). Worauf er sich (genau wie Chopin) stets wieder von ihnen zurückzog, auf der Suche nach einer »netteren« Partnerin. Bei der klappte es dann auch nicht, weil er sich zu abhängig und passiv verhielt. Bis er eines Tages mehr Klarheit über sein Lebensmuster gewann und mehr Selbständigkeit zu entwickeln vermochte.

Zweites Beispiel: *Untersicher in Opposition.* Typ 1, zumeist im trotzigen Kind-Ich und zu negativen Streichelkontakten neigend

(Modus b), um sich mit dem Eltern-Ich seines Gegenübers anzulegen.

Gudrun war zwei Jahre alt, als ihre Mutter bei einem Autounfall ums Leben kam. Sie wurde dann von einer strengen Tante erzogen, die ihr wenig Liebe und viele Befehle zukommen ließ. Die Tante indessen wollte sich selbst (und andere) davon überzeugen, daß sie eine gewissenhafte Stellvertreterin der Mutter war. Darum pflegte sie ihre Anweisungen eingehend zu begründen. Gudrun fühlte sich unterdrückt. Nie konnte sie »siegen«, nirgends gab es Raum, daß sie hätte aufblühen können. Ständig verspürte sie die Tante im Nacken. Trotz allem hatte sie ein paar Möglichkeiten, um gegen die Tante anzukämpfen: indem sie einen Trotzkopf aufsetzte, nicht hinhörte, immer wieder zurückfragte oder es anders machte als befohlen. Bekam sie dafür Schläge, dann merkte sie, daß sich die Tante dessen schämte und sich auch dem Vater oder den Nachbarn gegenüber zu entschuldigen suchte, wenn Gudrun sich bei ihnen darüber beklagt hatte. Im späteren Leben verhielt sich Gudrun oft ähnlich trotzig provozierend gegenüber der Aufsicht in der Fabrik, in der sie arbeitete. Anfangs sahen die Kollegen in ihr bereits eine mutige Anwärterin für den Betriebsrat. Aber bald wurde klar, daß es bei ihr mehr um ein trotziges Aufbegehren des Kind-Ichs gegen das Eltern-Ich ging, daß sie eigentlich unsicher war und sich gar nicht ernsthaft für Verbesserungen der Arbeitsbedingungen einsetzte. Einige Kollegen reagierten ausgesprochen sauer und kritisierten sie – und *das* schien ihr zu gefallen. Mit Hilfe einer Kollegin von mir gelang es ihr einzusehen, daß sie in einen unnützen Mechanismus verfallen war. Daraufhin begann sie, eine konstruktivere Rolle zu spielen.

Drittes Beispiel: *Übersicher fürsorglich.* Typ 2, zumeist im übertrieben fürsorgenden Eltern-Ich, Dankbarkeit heischend (Modus a).

Helga kam als zweites von fünf Kindern zur Welt, die in kurzen Abständen folgten. Das älteste Kind, ein Junge, war mongoloid. So war Helga bereits mit drei Jahren vernünftiger als ihr Bruder, der noch in Windeln lag. Zu der Zeit waren bereits zwei jüngere Geschwister geboren und ihre Mutter abermals schwanger. Beide Eltern gehörten zu Typ 1 und zeigten sich äußerst liebevoll, waren aber unter den gegebenen Umständen überfordert und überlastet. Der Vater hatte zudem seinen Arbeitsplatz wechseln müssen. Sie waren in eine fremde Stadt gezogen, weit weg von den Großeltern, mit deren Hilfe man eigentlich gerechnet hatte. In dieser Situation übernahm Helga eine Art Elternrolle. Sie betreute ihren Bruder die ganze Kindheit hindurch und gab auch auf die anderen Geschwister acht, wickelte sie und spielte mit ihnen und half ihnen später bei den Schularbeiten. Dafür erhielt sie von ihren Eltern reichlich Bestätigung, ebenso von Nachbarn und Lehrern. Stets lobte man sie als »verläßlich« und »verantwortungsbewußt«, als »gütig« und »liebevoll«. Doch leider wurde diese fürsorgliche Elternrolle schon in der Kindheit zu ihrer »zweiten« Natur; andere, mehr auf sich selbst bezogene Gefühle des Kindes wurden nie beachtet, auch von ihr selber nicht. Ihr Wertgefühl war entscheidend auf Dankbarkeit und Bewunderung anderer angewiesen. In ihrem späteren Leben ließ sie sich häufig von anderen ausnutzen. Oft fühlte sie sich verlassen und unbeachtet, ohne recht den Grund zu wissen. Sie mußte erst in einer Therapie ihre Ersatzgefühle sowie die darunterliegenden echten Gefühle erfassen, bevor sie eine befriedigende Beziehung mit einem Mann anknüpfen konnte.

Viertes Beispiel: *Übersicher dominant.* Typ 2, herrschsüchtiges Eltern-Ich, »Verfolger«, sucht Dominanz über andere (Modus b).

Rolfs Mutter war psychotisch, außerdem – zum Teil heimlich – alkohol- und drogenabhängig. Sie endete im Krankenhaus, einige Zeit nach Rolfs Altersphase von zwei bis vier Jahren. Damals lebte der Vater noch in der Familie (später verließ er sie). Ein jüngerer Bruder war auch noch da. Rolf wuchs ohne jede Aufsicht auf. Im Gegenteil, der Vater hatte ihn beauftragt, seine Mutter am Trinken zu hindern. Manchmal mußte Rolf die versteckte Flasche suchen und mit ihr weglaufen, ohne sich von der Mutter erwischen zu lassen. Wenn die Mutter die Kontrolle über sich verloren hatte und der Bruder in Gefahr war, sollte er einen Nachbarn bitten, den Vater per Telefon von der Arbeit heimzurufen. Er selbst hatte schon gelernt abzuschätzen, wann es für ihn Zeit war, wegzulaufen. So schwebte Rolf ständig in einer gewissen Gefahr. Darüber hinaus hatte er als Dreijähriger bereits diagnostisch zu unterscheiden: War wieder der kritische Punkt erreicht, bei dem er den Vater rufen mußte (der damit Arbeitszeit und Lohn einbüßte)? Oder handelte es sich nur um eine vorübergehende Zuspitzung, mit der er selbst fertig werden konnte, indem er die Mutter beruhigte und ihr kalte Umschläge auflegte? Manchmal gelang es ihm tatsächlich, so klein er war, der Mutter selbst Herr zu werden.

Glücklicherweise war Rolf sehr intelligent. So wurde später ein erfolgreicher Betriebsdirektor aus ihm. Er wußte seine in der Kindheit entwickelte Spürnase gut zu nutzen und führte seinen Betrieb in wirtschaftlicher und finanzieller Hinsicht stets weitsichtig und sicher. Bei seinen Mitarbeitern dagegen war er verhaßt. Er konnte auch nicht gut mit ihnen umgehen. Er hatte zu niemandem Zutrauen, war herrschsüchtig und kritisch. Das schadete ihm im Laufe der Zeit sogar geschäftlich. Er heiratete seine Sekretärin (vom Typ 1, die ihn geraume Zeit wegen seiner Geschäftstüchtigkeit und seiner Entschlußkraft bewunderte und auch wegen seines Geldes). Sie hatten zwei Kinder. Doch als ich ihn kennenlernte, kam er gerade zur Eheberatung. Seine Frau hielt es nämlich nicht mehr bei ihm aus und drohte zu seinem Erstaunen mit der Scheidung.

Früh übt sich

Ich hoffe, daß ich mit diesen Beispielen habe einsichtig machen können, wie die Beziehung zur Hauptbezugsperson in der Entwicklungsphase von zwei bis vier Jahren und die Typzugehörigkeit einer Person zusammenhängen. Jedesmal geht es darum, wie zu jener Zeit der Machtkonflikt gelöst wurde. Aus der Kindheit werden dann Verhaltensmuster ins spätere Leben übernommen, die denjenigen vergleichbar sind, die in diesen frühen Machtauseinandersetzungen vorherrschten.
Meist kann man sich selber gar nicht mehr so recht an Begebenheiten jener so entscheidenden frühen Entwicklungsphase erinnern. Ich weiß auch nicht, ob es normalerweise nötig ist, allen Einzelheiten dieser Altersspanne nachzuspüren. Etwas anderes ist es, wenn man wissenschaftliche Zwecke verfolgt, oder aus persönlichem oder therapeutischem Interesse klären will, wie sich in früher Kindheit Lebenseinstellungen und Überlebensstrategien entwickelt haben. Immerhin lassen sich aus dem jetzigen Typ Rückschlüsse auf die wesentlichen Beziehungen in der Kindheit ziehen. Außerdem kann man sich mit präzisen Fragen bei Verwandten erkundigen, wenn man den Ursprung seines Typs weiter ergründen will.
In diesem Zusammenhang möchte ich Sie noch darauf hinweisen, daß die Hauptbezugsperson in dieser Entwicklungsphase von zwei bis vier Jahren nicht immer die Mutter sein muß. Vater, Großmutter oder Erzieherin kommen ebenso infrage, gegebenenfalls auch ein älterer Bruder oder Schwester wie im Falle von Heinz. Dessen Schwester Doris bestimmte als

Typ 2 seine Entwicklung zum Typ 1, und nicht die Mutter, die selbst zum Typ 1 gehörte und für Doris, nicht aber für Heinz der ergänzende Typ war.

Das Verhalten gibt den Ausschlag

Beachten Sie dabei auch, daß Verhalten und Typ nicht immer miteinander identisch sind. Es kann sein, daß sich eine Mutter vom Typ 1 auf Veranlassung anderer Personen hin ihrem dreijährigen Kind gegenüber ausgesprochen streng und beherrschend verhält. Umgekehrt läßt sich vielleicht eine Mutter vom Typ 2 von ihrem dreijährigen Kind entgegen ihrem Typ tyrannisieren, weil sie es aus pädagogischen Überlegungen heraus nicht in die Schranken weisen möchte, oder weil es während dieser Zeit krank ist.
Ein eigenes Beispiel: Obwohl ich dem Typ 2 entspreche, habe ich mich von meinem Sohn, dem ersten Kind, während dieser Altersstufe schlechthin tyrannisieren lassen. Ich wollte seine Freiheit und Kreativität nicht blockieren. Vermutlich ging ich damit zu weit, denn mein Verhalten ihm gegenüber kam dem einer »Sklavin« gleich, so als wäre ich vom Typ her unsicher. Innerlich war ich allzu »sicher«, ich müßte ihm während dieser Zeit unbedingt viel freien Raum gönnen und mich ihm fügen. Beim zweiten Kind war ich nicht mehr so großzügig mit meiner Zeit und Energie. Außerdem hatte meine Tochter ihren »übersicheren« Bruder, der beim Spielen den Ton angab. Mit fünf Jahren hatte er natürlich mehr Lebenserfahrung als sie, und so mußte sie sich ihm zwangsläufig unterordnen. Infolgedessen wurde sie, obgleich noch kreativer und ideenreicher als er, zum Typ 1.
Ein weiteres Beispiel: Ich erinnere mich an einen Teilnehmer meiner Kurse, der ganz offensichtlich zum Typ 1 gehörte (und sich auch so einschätzte). Er bestand aber darauf, daß die Theorie der Komplementarität zur Hauptbezugsperson in seinem Fall nicht stimme. Wie er sagte, hatte er bereits mit zwei Jahren seinen Vater im Krieg verloren, und es habe ihn nie jemand anderes als seine Mutter erzogen. »Und die gehört ganz bestimmt zum Typ 1«, behauptete er, »sogar in übertriebenem Maße, denn sie ist sehr sanft und nachgiebig und völlig abhängig von meinen Großeltern, faßt auch kaum selber einen Entschluß. Ich bin überzeugt, daß sie auch mit mir stets sanft umgegangen ist, aber ich bin eher zum ängstlichen ›Sklaven‹ geworden als zum ›Tyrann‹.«

Er telefonierte häufig mit seiner Mutter. Daher bat ich ihn, er solle sich bei ihr ganz genau nach den Lebensumständen erkundigen, als er zwei bis drei Jahre alt war. Am nächsten Tag berichtete er uns, er habe durch seine detaillierten Fragen etwas erfahren, wovon er überhaupt nichts gewußt hatte und woran er sich auch nicht erinnern konnte: Während jener Jahre war seine Mutter mit ihm zum Wohnort ihres Schwiegervaters geflüchtet. Ihr war noch nicht bekannt, daß ihr Mann schon tot war. Dort hatte sie ein Jahr lang unter schrecklichen Umständen gelebt, bis sie endlich zu den eigenen Eltern in eine andere Gegend übersiedeln konnte. Während jenes Jahres mußte die Mutter ihren kleinen Sohn täglich, ehe sie arbeiten ging, den ganzen Tag über auf seinem Bett festschnallen. So hatte der Großvater es gewollt. Er verhielt sich auch sonst ihr und dem Kind gegenüber brutal. Das Kind jedoch hatte *die Mutter* als tyrannisch empfunden. Sie war es ja, die ihn festschnallte und ihm – sicher selbst aus Furcht – jedes Widerwort verbot.

Fassen wir zusammen: Abwehrposition und Typ entwickeln sich im Alter von zwei bis vier Jahren als ergänzende, gegenteilige Einstellung zum *Verhalten* (nicht immer zum Typ) der Hauptbezugsperson während dieser Zeit. Kennt man seinen Typ, so kann man im Rückblick vieles an frühen Kindheitserfahrungen erschließen. Man kann in großem Umfang seine jetzigen Beziehungen verstehen, man kann Tendenzen in künftigen Beziehungen voraussehen. Die Abwehrposition dient uns als Schutz vor dem Überwältigtwerden durch totale Verzweiflung und Daseinsangst. Indessen ist unsere Abwehrposition, wie sie sich in Gestalt unseres Typs manifestiert, nicht immer situationsangemessen. Darum ist es wichtig, daß wir unserem Typ mit Hilfe des Erwachsenen-Ichs so weit wie möglich ein Gegengewicht verschaffen. Es stimmt nicht (obwohl es manchmal so aussieht), daß man im gegenteiligen Typ »besser« wäre oder »mehr Glück« hätte oder mehr Macht ausüben könnte. Andererseits brauchen wir uns aber auch nicht krampfhaft an unserem eigenen Typ festzuklammern, nur weil er uns in früher Kindheit so wichtig war, sondern können als Erwachsene unsere Verhaltensweisen wählen.

Die Angst der Philosophen

Leser, die sich für Philosophie interessieren, möchte ich an Kierkegaard und Nietzsche erinnern. Man kann sie gerade im Blick auf unser Thema

gut miteinander vergleichen wie auch im Gegensatz zueinander sehen. Beide haben auf die eine oder andere Art die Daseinsangst und die daraus resultierende Verzweiflung angesprochen. Jeder von ihnen ist dem eigenen Typ entsprechend zu philosophischen »Lösungen« der Verzweiflung gekommen.
Kierkegaard kämpft beredt gegen die Eltern-Figur des Vaters und der Kirche, plädiert aber am Ende – als Typ 1 – für den »Sprung in den Glauben«. Nietzsche kämpft gleichfalls gegen die Kirche. Aber er begibt sich selbst in die Rolle des weisen, ratgebenden Vaters (Zarathustra). Seinem Typ 2 gemäß setzt er seine Hoffnung auf das Konzept des »Übermenschen«, zu dem man sich entwickeln soll.
Beide sind für mich bewundernswerte Philosophen, weil sie unter großen Anstrengungen den Versuch unternommen haben, den Zustand des Menschen zu verstehen und zu deuten. Dabei haben beide ihrer eigenen Daseinsangst und ihrer Verzweiflung inne werden müssen. Um jedoch nicht völlig von der dunklen Verzweiflung überwältigt zu werden, von der beider belastetes Leben gezeichnet war, hat sich im Schreiben ein jeder mit Hilfe der eigenen Abwehrposition aus der totalen Hoffnungslosigkeit befreit.

3. Wie wir unseren Typ erkennen

Meinem Typ auf der Spur

Jetzt will ich den Leser, der etwas mehr über seine eigene Typzugehörigkeit und die seiner Freunde und Bekannten erfahren möchte, nicht länger auf die Folter spannen.
Zunächst: Es ist gar nicht so einfach, den Typ eines Menschen herauszufinden. Besonders schwierig ist es bei sich selbst. Denn unproblematische Menschen, die, wie Lore und Jan im ersten Kapitel, gewohnt sind, bei Streß ihr Erwachsenen-Ich ins Spiel zu bringen, lassen sich natürlich weitaus schwerer klassifizieren als solche, die wie Inge und Fred in Drucksituationen nahezu automatisch in ihre Abwehrposition zurückfallen. Darauf werde ich an späterer Stelle noch ausführlicher eingehen.
Schaut man auf sein bisheriges Leben zurück, so fallen einem wahrscheinlich Beispiele ein, die beiden Typen zugeordnet werden könnten. Gleichwohl verkörpert jeder von uns stets einen Typ in stärkerem Maße als den anderen – selbst wenn man im allgemeinen in schwierigen Situationen vom Erwachsenen-Ich her zu reagieren vermag. Beim Typ handelt es sich nämlich um gefühlsmäßige Einstellungen – in Beziehungen zu anderen wie zu sich selber. Es geht also darum, wie man die gegebene Lage *empfindet* (auch wenn man sich anders verhalten kann oder gelernt hat, sich anders zu verhalten). Weiter spielt die Zeitdauer (im Tages- oder im Lebensverlauf) eine Rolle: Wie lange fühle ich auf die eine oder andere Weise anderen Menschen gegenüber? So können Sie Ihre Typzugehörigkeit annähernd feststellen, wenn Sie schätzen, wieviel Zeit Sie in einer für Typ 1 oder Typ 2 üblichen Gefühlseinstellung verbringen und sich dementsprechend verhalten. Personen vom Typ 1 wie Inge und auch Lore streben von ihrem

angepaßten oder rebellischen Kind-Ich her nach Zuwendung. Es ist ihnen nicht immer bewußt, wie kompetent sie sind, und sie sind in Wirklichkeit weit kompetenter als sie vorgeben – dennoch verhalten sie sich angepaßter, »unwissender«, zweifelnder als unbedingt nötig. Deshalb bezeichne ich sie als »untersicher«.
Im Gegensatz dazu zeigen sich Personen vom Typ 2 wie Fred und auch Jan meist vom Eltern-Ich her bestimmt. Sie sind um andere besorgt oder üben an ihnen Kritik. Auf diese Weise fordern sie eher Zuwendung für ihr Eltern-Ich im Modus a oder b heraus als für ihr Kind-Ich. Sie springen zu gegebener Zeit mit Ratschlägen oder Kritik ein, auch wenn sie gar nicht so kompetent und allwissend sind, wie sie sich geben. Deshalb bezeichne ich sie als »übersicher«.
Anders gesagt: Personen vom Typ 1 werden eher Fragen stellen anstatt zu antworten. Personen vom Typ 2 werden eher Antworten erteilen (und anderen Fragen stellen). So kommt es, daß Personen vom Typ 1 eher anderen folgen, und Personen vom Typ 2 eher andere leiten. (Berufliche Stellung und soziale Rolle können natürlich vieles verdecken, wie wir später sehen werden; an dieser Stelle geht es um die *innere Verhaltensneigung*.)
Sehr oft kann man feststellen, wie sich bei durchaus ähnlicher Kompetenz und Stellung Personen vom Typ 1 der Führungsrolle von Personen des Typs 2 unterordnen. Das gilt für Partnerschaften in der Ehe und anderen persönlichen Beziehungen, aber auch für Gruppenstrukturen, z.B. in Arbeitsausschüssen, bei sozialen und politischen Aktivitäten usw.
An dieser Stelle möchte ich noch einmal betonen, daß es nicht »besser« oder »schlimmer« ist, dem einen oder dem anderen Typ anzugehören. Wir alle neigen eher zum einen Typ als zum anderen. Krankhaft und gefährlich wird es erst, wenn man dauernd allzu starr und »automatisch« in den Bahnen seines Typs empfindet und sich auch so verhält. Dahinter verbirgt sich dann ein übertriebenes Wiederholungsbedürfnis, das den eigenen Typ – koste es, was es wolle – zu verstärken sucht. So erst kommt der gefährliche Mechanismus des »Gefühlsausbeutens« in Gang: immer wieder sucht man nach »komplementärer« Zuwendung mit dem Ziel, den eigenen Typ zu bestätigen, statt mit anderen natürlich umzugehen. Dieses Phänomen wird uns in diesem Buch noch öfter beschäftigen. Indessen wollen wir jetzt ein paar Beispiele betrachten, die Ihnen vielleicht Hinweise auf den eigenen Typ geben können.

Was würden Sie tun?

Versetzen Sie sich z.B. in die folgende Situation: Sie sind Kind in Ihrer Schulklasse. Aufgebracht stürmt der Lehrer ins Klassenzimmer und fragt: »Wer hat die Fensterscheibe eingeschlagen?« Wie würden Sie darauf reagieren? – Manche Kinder werden sofort anfangen, sich zu verteidigen (»Ich war es nicht!«), auch wenn sie sich nicht trauen, es zu sagen. Sie entsprechen dem Typ 1 (Untersicher). Andere werden als erstes denken (auch wenn sie es nicht laut sagen): »Ich wette, das war Jochen.« Sie gehören zum Typ 2 (Übersicher).
Eine andere Situation: Was würden Sie machen, wenn Sie sich in einem überfüllten Raum befänden und einer plötzlich »Feuer!« schreit? Würden Sie ängstlich nach einer verläßlichen Person Ausschau halten, die die Initiative ergreift (Typ 1)? Oder würden Sie kurz entschlossen handeln, unabhängig davon, wie die Lage aussieht (Typ 2)?
Oder nehmen Sie folgenden Fall: Sie und Ihre Freundin sind über ein Ereignis, dessen Zeuge Sie beide waren, verschiedener Meinung. Neigen Sie eher zu der Ansicht, Ihre Freundin hätte alles genauer beobachtet als Sie selbst (Typ 1)? Oder würden Sie Ihre Freundin zu überzeugen suchen, daß Ihre eigene Beobachtung besser war als die ihre (Typ 2)?
Ein Freund, dem die Typ-Theorie vertraut war, hat mir erzählt, wie es ihm bei einer Flugreise erging. Während des Fluges gab es plötzlich eine Panne, die zum Glück ohne Folgen blieb. Dabei bemerkte er, wie Personen vom Typ 1 ihre Nachbarn fragten: »Was passiert denn jetzt?« Im übrigen aber warteten sie auf Anweisungen, was sie tun sollten. Indessen begannen Personen vom Typ 2 damit, den Umsitzenden zu erklären, was los war und was man tun müsse. Ja, damit nicht genug, sie erteilten sogar Mitgliedern der Besatzung Ratschläge, als wüßten sie besser Bescheid als das Flugpersonal.
Kürzlich hielt ich in einem Saal eine Vorlesung. Plötzlich erlosch das Licht und ging dann mal an und mal aus. In dieser Situation zeigten sich die Unterschiede sehr schnell: Personen vom Typ 1 sahen mich erwartungsvoll an, als hätte ich das alles verursacht und führe damit etwas im Schilde. Personen vom Typ 2 dagegen suchten nach dem Lichtschalter oder versuchten auf andere Weise die Initiative zu ergreifen.
Wenn Sie sich in einer Kleingruppe ohne Leiter befinden, die Schwierigkeiten hat, zu gemeinsamen Entschlüssen zu kommen oder sich an eine Absprache zu halten – wie verhalten Sie sich dann? Sind Sie mehr um die

Kooperation und um die guten Gefühle der Teilnehmer besorgt (Typ 1)? Oder macht Ihnen eher der Mangel an Entschlußkraft, die vergeudete Zeit zu schaffen, und würden Sie sich für konkrete Entschlüsse sowie entsprechende Methoden einsetzen, damit alles klappt (Typ 2)?
Es sieht oft so aus, als ob Personen vom Typ 1 mehr Geduld aufbringen als Personen vom Typ 2. Wieweit die eine oder die andere Haltung tatsächlich von Vor- oder Nachteil ist, hängt von der gegebenen Situation ab.

Liebeslieder weisen den Typ

Wir können unseren eigenen Typ auch daran erkennen, mit welchen Personen wir uns am ehesten identifizieren, wenn wir einen Roman lesen oder einen Film sehen. Ich denke dabei *nicht* an die Idealfigur oder den Helden, der uns als Charakter wünschenswert erscheint. Aufschlußreich sind vielmehr die Gestalten, deren Tragik uns zu Tränen rührt oder sonstwie zu bewegen vermag.
Es gibt volkstümliche Liebeslieder, Gedichte und Schlager, die die eine oder die andere Einstellung erkennen lassen. Dabei kommt es darauf an, von welchem Typ aus ein Lied gesprochen ist und an welchen Typ es sich richtet. Sehr wichtig ist der Grundton des Textes. Es kann Spaß machen, z.B. mit Freunden einen Stoß verschiedener Schallplatten daraufhin durchzumustern (ich tue es ab und zu mit Gruppen). Ziel ist, den Unterschied zwischen zwei verschiedenen Arten von Texten zu entdecken oder auch herauszufinden, mit welchen man sich spontan identifiziert. Lieder vom Typ 1 gehen meist vom Kind-Ich aus und sind vorwiegend an den Typ 2 gerichtet; sie enthalten Sätze wie »Bitte, kehr zurück – ich bin ohne dich verloren – ich kann nicht mehr weiter . . .« Lieder vom Typ 2 richten sich weitgehend an Typ 1; hier heißt es etwa: »Alles tu ich für dich, Liebling – Komm zu mir – Du wirst es bereuen, fern von mir zu sein – niemand liebt dich so wie ich . . .«
Sehen Sie sich daraufhin einmal die folgende Zusammenstellung an. Sie enthält Texte aus alter und neuer Zeit.

Mechthild von Magdeburg (13. Jh.)
Meine Pein ist tiefer
als der Abgrund,
Mein Herzeleid ist weiter
als die Welt,

Meine Furcht ist größer
als die Berge,
Meine Sehnsucht reicht höher
als die Sterne.
In diesen Dingen kann ich
Dich nirgends finden.
(Typ 2)

Johann Hermann Schein (1609–1640)
O Sternen-Äugelein!
O Seiden-Härelein!
O Rosen-Wängelein.
. . .
Seht doch, wie ich so elend bin!
Der grimmig Tod mich greifet an,
Ach helfet, was da helfen kan!
. . .
O Music, edler Freuden-Schall!
O Seufzen, Heulen, Herzensknall!
O Leben lieb, o bitter Tod;
Ach wechselt um, es ist die Not!
Wie könnet ihr doch alle sehn
Ein liebend Herz zu Trümmern gehn!
(Typ 1)

Volkslied
Daß du mein Liebster bist,
daß du das weißt.
Komm bei der Mitternacht,
sag, wie du heißt.
Komm um die Mitternacht,
komm um Glock eins.
Vater schläft, Mutter schläft,
ich schlaf allein.
(Typ 2)

Aus dem 18. Jahrhundert
Willst du dein Herz mir schenken,
so fang es heimlich an,
daß unser beider Denken
niemand erraten kann.
Die Liebe muß bei beiden
allzeit verschwiegen sein,
drum schließ' die größten Freuden
in deinem Herzen ein.

Begehre keine Blicke
von meiner Liebe nicht.
Der Neid hat viele Tücken
auf unsern Bund gericht.
Kein' Argwohn muß du geben,
Verstellung nötig ist.
Genug, daß du, mein Leben,
der Treu versichert bist.
(Typ 2)

Heinrich Heine (1797–1856)
Warum sind denn die Rosen so blaß,
O sprich, mein Lieb, warum?
Warum sind denn im grünen Gras
Die blauen Veilchen so stumm?
. . .
Warum bin ich selbst so krank und so trüb,
Mein liebes Liebchen, sprich!
O sprich, mein herzallerliebstes Lieb,
Warum verließest du mich?
(Typ 1)

Christian Morgenstern (1871–1914)
Es ist Nacht
und mein Herz kommt zu dir,
hält's nicht aus,
hält's nicht aus mehr bei mir.

Legt sich dir auf die Brust,
wie ein Stein,
sinkt hinein,
zu dem deinen hinein.

Dort erst,
dort erst kommt es zur Ruh,
liegt am Grund
seines ewigen Du.
(Typ 1)

Bertolt Brecht (1898–1956)
Der abgerissene Strick kann wieder geknotet werden
Er hält wieder, aber
Er ist zerrissen.

Vielleicht begegnen wir uns wieder, aber da
Wo du mich verlassen hast
Triffst du mich nicht wieder.
(Typ 2)

Hildegard Knef
Es hat alles seinen Sinn.
Nur warum ich bei dir bin,
das hat mir noch kein Mensch erklärt.
Tu auch du es bitte nicht,
sonst wäre eine Illusion zerstört.
(Typ 1)

Alles kannst du nicht haben
Ja dann schau nicht hin, schau nicht hin,
Dreh dich einfach um.
Such nicht den tiefsten Sinn,
Frage nicht warum, nicht warum.
Zeig ihr nicht die Tränen,
Was vorbei ist, ist vorbei . . .
(Typ 2)

Versuchen Sie es selbst einmal

Sind Sie diesem Gang durch sieben Jahrhunderte gefolgt? Ich habe jedesmal wichtige Stellen im Text hervorgehoben und am Ende den Typ angegeben, von dem aus das Lied spricht.
Wollen Sie es selbst einmal versuchen? Welchem Typ würden Sie die folgenden Texte zuordnen?

Du bist mein, ich bin dein (Mittelalter)
Du bist mein, ich bin dein:
Des sollst du gewiß sein.
Du bist beschlossen
In meinem Herzen:
Verloren ist das Schlüsselein –
Du mußt immer drinne sein!

Theodor Storm (1817–1888)
Ich bin mir meiner Seele
In deiner nur bewußt,
Mein Herz kann nimmer ruhen
Als nur an deiner Brust.

Mein Herz kann nimmer schlagen,
Als nur für dich allein.
Ich bin so ganz dein eigen,
So ganz auf immer dein.

Rainer Maria Rilke (1875–1926)
Du, der ichs nicht sage, daß ich bei Nacht
weinend liege,
deren Wesen mich müde macht
wie eine Wiege.
. . .
Ach, in den Armen hab ich sie alle verloren,
du nur, du wirst immer wieder geboren:
weil ich niemals dich anhielt, halt ich dich fest.

Rosamunde
Rosamunde,
schenk mir dein Herz und sag Ja.
Rosamunde,
frag doch nicht erst den Papa . . .

Eva Strittmatter
Ich würde gerne etwas sagen,
Was dir gerecht wird und genügt.
Du hast mich, wie ich bin, ertragen
Und mir, was fehlte, zugefügt.

Es ist nicht leicht, mit mir zu leben.
Und oft war ich dir ungerecht.
Und nie hab ich mich ganz ergeben.
Du hattest auf ein Ganzes Recht.

Doch ich hab viel für mich behalten.
Und dich ließ ich mit dir allein.
Und du halfst mir, mich zu gestalten
Und: gegen dich *mir* treu zu sein.

Ein Fragespiel gibt Antwort

Sind Sie sich über Ihren Typ noch im Unklaren? So lassen Sie sich einmal – nicht zu ernsthaft, eher spielerisch – auf die folgenden Fragen ein:

- Empfinden Sie sehr oft, daß Sie
  1. Hilfe suchen oder
  2. Hilfe leisten müssen?

- Spüren Sie immer wieder:
  1. Angst vor Kritik, und versuchen Sie sich zu rechtfertigen oder zu entschuldigen, oder
  2. neigen Sie dazu, kritische Argumente zu sammeln und Verbesserungsvorschläge zu machen?

- Empfinden Sie sich immer wieder einmal:
  1. verloren, verwirrt oder im Zweifel bei Tätigkeiten, die Sie eigentlich gewohnt sind, oder
  2. veranlaßt, als »Retter« aufzutreten, Auskunft zu geben, Beistand zu leisten und Aktivität an den Tag zu legen, auch wenn Sie sich selbst unsicher oder überfordert fühlen?

- Tendieren Sie eher dazu:
  1. Auskünfte zu erbitten, oder
  2. Auskünfte zu erteilen?

- Sind Sie öfter:
  1. gespannt darauf, was als nächstes auf Sie zukommt, oder
  2. fühlen Sie sich frustriert, wenn die anderen nicht auf Ihre Vorschläge eingehen, zumal Sie überzeugt sind, daß die Dinge besser laufen würden, wenn Sie sie täten?

- Wenn andere sich über Sie beklagen, machen sie Ihnen dann (zu Unrecht natürlich) den Vorwurf, Sie seien
  1. zu »hilflos«, »passiv« und »erschöpft« oder
  2. zu »aufdringlich« und »überbesorgt«?
  1. »negativ«, »widerspenstig«, »händelsüchtig« oder
  2. »rechthaberisch«, »dominierend«, »fordernd«?

Eine klassische Typ 1-Person wird alle Antworten unter 1. ankreuzen. Eine klassische Typ 2-Person würde das mit allen Antworten unter 2. tun. Sie haben vielleicht eine Mischung von beiden angekreuzt. Möglicherweise sind Sie kein »extremer« Typ und haben in Ihre Antworten die Realität und/oder Ihre Kompetenz einbezogen. Oder Sie lassen sich nicht gern zu »stereotyp« in die eine oder andere Richtung festlegen.
Wenn Sie indes einigermaßen ehrlich an die obigen Fragen herangegangen sind, wird dennoch eine Mehrzahl von Antworten in die eine oder die andere Richtung weisen. Auf diese Art können Sie Ihren *eigentlichen* Typ herausfinden. Gewiß besteht in mancher Hinsicht ein Unterschied zu den Verhaltensweisen, die wir uns angewöhnt haben, wenn wir etwa beim Umgang mit anderen und der Realität das Erwachsenen-Ich einschalten. Oder wenn wir das »freie« Kind-Ich heranziehen. – Dem freien Kind-Ich beispielsweise gelingt es bei beiden Typen am besten, Intimität zu entwickeln.

Übrigens erlebe ich es oft, wenn ich auf Kursen den Teilnehmern die obigen Fragen vorlege, daß sie einwenden, man könne nicht derart generalisierend nach Typen unterteilen. Ich bekomme dann Bemerkungen zu hören wie: »So bin ich am Arbeitsplatz, aber daheim bin ich anders.«
»Mein Mann (meine Frau) gibt sich so gegenüber anderen, aber mir gegenüber verhält er sich völlig anders.«
»So bin ich gegenüber ... (Männern, Frauen, alten Leuten, Jugendlichen, Autoritätsfiguren, Geschäftsleuten), aber bei anderen bin ich anders.«
»Ich benehme mich so, aber meine Gefühle sind glatt entgegengesetzt.«
»Seitdem ich Selbstsicherheitstraining (oder eine andere Therapie) gemacht habe, bin ich ganz anders, also können Sie nicht behaupten, das wären Grundeinstellungen« oder:
»Wenn ich etwas weiß, dann weiß ich es; und wenn ich etwas nicht weiß, dann sage ich es auch.«
Diese Bemerkungen widerlegen im Grund nicht das Konzept der Typ-Einteilung. Wie bereits erwähnt, läßt sich der jeweilige Typ selten im Handumdrehen mit Eindeutigkeit feststellen. Besonders schwierig wird es, wenn es um einen selber oder um einen Menschen geht, dem man eng verbunden ist. Da fallen einem sofort alle möglichen Ausnahmen im Empfinden oder Verhalten ein, die einen Außenstehenden bei aufmerksamem Beobachten kaum derart verwirren würden. Auch fachkundige Außenstehende brauchen manchmal längere Zeit, um sich über den Typ einer Person Gewißheit zu verschaffen. Je mehr die betreffende Person der »Normalität« nahekommt (d.h., daß ihr Typ nicht übertrieben und nicht immer wieder »automatisch« zutage tritt), desto eher kann man Typ und *Rolle* miteinander verwechseln, zumal wenn die Rolle im Gegensatz zum Typ steht. Deshalb bitte ich den Leser, mit seiner etwaigen Kritik, die Einteilung in Typen sei zu stereotyp, zu warten, bis er das nächste Kapitel zur Kenntnis genommen hat.

Wie wir unseren Typ verschleiern

Hier möchte ich aber noch auf eine andere Verhaltensweise zu sprechen kommen, die den Anschein erweckt, als sei jemand ein »gemischter« Typ. (Wobei ich behaupte, daß irgendwann doch herauskommt, welchem der beiden Typen man überwiegend angehört.) Jedem von uns geht es so, daß er sich zu gewissen Zeiten oder bei bestimmten Gelegenheiten gern auf ein

»Entlastungsverhalten« zurückzieht. Ein Entlastungsverhalten liegt dann vor, wenn wir bei – vielleicht ganz unbedeutenden – Anlässen in den gegenteiligen Ich-Zustand als den gewohnten verfallen. So würde Inge, die sich sonst gern leiten läßt und auch wünscht, geleitet zu werden, niemandem gestatten, ihr beim Kleidereinkauf zu helfen. Sie mag manchmal im Zweifel sein, ob sie richtig gewählt hat. Sie wird diese Zweifel auch dazu benutzen, andere anzusprechen und zu befragen. Aber sie besteht darauf, allein und »selbständig« einkaufen zu gehen, fast so, als ob sie sich sagen wolle: »Siehst du, du bist nicht auf die Hilfe anderer angewiesen. Das schaffst du allein!« (In der Tat wurde sie als Kind, das zwar eine sehr bestimmende Mutter hatte, die ihr im Alter von zwei bis vier Jahren wenig Freiheit einräumte, später oft als »kreativ« gelobt und erwarb in ästhetischen Fragen einen gewissen »Eigensinn«.) In dieser Hinsicht passen Inge und Fred auch gut zusammen. Er, der »Übersichere« vom Typ 2 mit starken Leistungsbedürfnissen, überläßt es – als seine Form des Entlastungsverhaltens – gern Inge, seine Krawatten auszuwählen und überhaupt festzulegen, wie er sich anzieht. Dann kann er sagen: »Schaut, ich bin doch gar kein Diktator; sogar meine Kleidung hat sie ausgesucht.« So kann er sich auch kurzfristig im Kind-Ich von Inges Eltern-Ich bestimmen lassen, um Inge bald danach wieder auf sarkastische oder scherzhafte Weise klein zu machen, etwa nach einer Party, wenn er sich über ihre Kleidung lustig macht. Sie verteidigt sich, und damit hebt der »freundliche« Streit von neuem an. Inge kehrt wieder in ihr Kind-Ich und er zu seinem Eltern-Ich zurück. Und wieder werden die gewohnten »Streicheleinheiten« ausgetauscht.

Entlastungsverhalten ist nur auf eine kurze Zeitspanne und auf bestimmte Bereiche begrenzt. Solange es andauert, kommt es kaum zum Austausch von Streicheleinheiten. Entlastungsverhalten dient mehr der eigenen Selbstbestätigung, daß man »eigentlich anders ist« und vielleicht einem anderen Persönlichkeitsmuster entspricht als dem eigenen. Entlastungsverhalten ist wie ein kleines Spiel. Man veranstaltet es für sich selbst so wie Kinder tun, die die verschiedensten Verkleidungen erfinden, um damit anders zu erscheinen als sie sind.

Ein weiteres Beispiel für solch ein gegenseitiges, nahezu spielerisches Entlastungsverhalten habe ich bei einem mir befreundeten Ehepaar erlebt. Die Frau ist eine sehr bestimmende Person vom Typ 2, leitet einen großen Betrieb, gerät aber regelmäßig, wenn sie nach Schlüsseln sucht, wenn sie sich im Auto anschnallen muß und bei anderen »technischen« Kleinigkeiten in Verwirrung. So muß man ihr oft helfen, die Haustür aufzuschließen. Sie ist auch nicht »fähig«, ein Bild an der Wand aufzuhängen. Darin ist sie von ihrem Mann abhängig, einem Künstler vom Typ 1. Nur er kann Bilder aufhängen, und nur er kann den Wagen fahren. »Was sie in die Hand nimmt, geht kaputt«, sagen beide.

In diesem Zusammenhang möchte ich nicht versäumen, darauf hinzuweisen, daß das Konzept vom Entlastungsverhalten von einer Kollegin entwickelt worden ist aufgrund von Beobachtungen, die sie bei mir machte. Schon seit langem hatten wir beide festgestellt, daß ich zum Typ 2 gehöre (natürlich mit viel Erwachsenen-Ich und freiem Kind-Ich!). Deshalb war sie überrascht, als sie merkte, daß ich, die ich sonst in meiner Arbeit ziemlich sicher und eigenständig handele, regelmäßig beim Einstellen des Tonbandgerätes so durcheinander gerate, daß sie oder andere mir zu Hilfe kommen müssen. Und dieses Verhaltensmuster wiederholt sich bei anderen beiläufigen Gelegenheiten (z.B. beim Kaffeezubereiten für Seminarteilnehmer). So sehr ich mich darüber auch auslasse, es ergibt sich immer wieder dasselbe »Problem«. Wir kamen beide darauf, daß ich es eigentlich nicht so tragisch nehme, sondern zum Teil ganz gern habe, wenn sich an diesem Muster nichts ändert. Von da an begannen wir andere Personen, deren Typ wir kannten, in dieser Hinsicht zu beobachten. Wir fanden heraus, daß sie alle – stets auf ganz bestimmte kleine Gebiete begrenzt, die für sie relativ bedeutungslos sind – ein solches Entlastungsverhalten zeigen, das *immer im Gegensatz* zum eigenen Typ steht.

Also: Der Mechanismus des Entlastungsverhaltens stellt eine leichte, fast spielerische Verhaltensweise dar, die genau das leistet, was der Ausdruck sagt: es verschafft ein wenig Entlastung vom ermüdenden Druck, sich ständig seinem Typ gemäß zu verhalten. Im Unterschied zum generellen Typ-Verhalten ist der Entlastungsmechanismus dem eigenen Typ genau entgegengesetzt und deshalb besonders gut erkennbar. Doch in schwierigen Situationen und unter Streß wird das Entlastungsverhalten als erstes aufgegeben, während sich der grundlegende Typ dann besonders deutlich zu erkennen gibt.

Das Entlastungsverhalten irritiert manchmal selbst denjenigen, der sich seiner bedient. Er ärgert sich z.B.: »Warum muß ich nur immer die Schlüssel verlieren?« Fraglos erfüllt dieses Verhalten eine nützliche Ausgleichsfunktion – es sei denn, es wird auch nur dazu benutzt, den eigenen Typ ein bißchen vor sich selbst zu verstecken oder sich den Erwartungen einer sozialen Rolle anzupassen. (Typ 2 drückt das gelegentlich so aus: »In

Wirklichkeit bin ich nur ein schwaches Kind, auch wenn ich stark wirke.« Und Typ 1 sagt sich etwa: »Schau, wie gescheit [oder stark] ich doch bin!«) Letzten Endes ist es aber doch von Nutzen, den *wahren* Typ hinter der »zweiten Natur« zu erkennen. Warum? Man kann so sein Verhalten besser ausbalancieren. Denn darin liegt ja gerade der Wert der Erkenntnis, zu welchem Typ ich und die anderen Personen gehören: Wir können negativen Auswirkungen unseres Verhaltens zuvorkommen; negativen Auswirkungen, die entweder daher rühren, daß wir uns allzu typgemäß aufführen; oder daher, daß wir uns abmühen, ohne recht zu wissen, wie das typische Verhalten und/oder die Erwartungen der anderen aussehen. Anders ausgedrückt: Wenn wir unseren eigenen Typ kennen, ist es leichter möglich, aus Beziehungen mit anderen den Gewinn zu ziehen, der unserem Typ entspricht; und uns in Streß-Situationen nicht in ein Beziehungsmuster verstricken zu lassen, das negative Folgen hat.

4. Rollen im Leben – leben in Rollen

In diesem Kapitel wollen wir uns dem Unterschied zwischen Typ und Rolle zuwenden. Unser soziales Verhalten wird von verschiedenartigen Rollen bestimmt. Sie prägen sich uns überwiegend im Laufe der Kindheit ein, manche übernehmen wir auch später als Erwachsene. Nicht immer wird, wenn jemand in einer Rolle handelt, der darunterliegende Typ seiner Person sofort sichtbar. Und doch ist, wie schon gesagt, der Typ ausschlaggebend für die Hauptbeziehungen und auch dafür, ob man sich in einer bestimmten Rolle wohl oder unwohl fühlt.
Es gibt unterschiedliche Arten von Rollen. Sie entsprechen verschiedenen Entwicklungsphasen oder Stufen des Lebens. Ich werde hier drei Hauptkategorien von Rollen beschreiben. Dabei bin ich mir im klaren, daß Sie noch andere Kategorien anführen könnten. Ich konzentriere mich auf:
1. die soziale Rolle
2. die berufliche Rolle
3. die aufgrund einer Abmachung übernommene Rolle (Kontraktrolle).

1. Die soziale Rolle – leben, wie man soll

Die soziale Rolle wird zumeist von der sozialen Umwelt des Kindes bestimmt und ihm durch die eigene Familie, die Nachbarn und Vorschuleinflüsse vermittelt. Das Kind lernt, was zum »richtigen« Verhalten gehört. Es übernimmt, was im Blick auf Geschlecht, Gesellschaftsschicht, Nationalität usw. zu ihm »paßt«. Es heißt: »*So* benimmt man sich . . .« Es werden »gute« und »schlechte« Beispiele geschildert (»Du sollst nicht wie ein Struwwelpeter aussehen«). Es wird auch auf die Zukunft angespielt und geschildert, was sich für einen erwachsenen Menschen ziemt und was schlimm wäre (»Du bist doch kein Zigeunerkind, darum darfst du nicht . . . dafür hast du ein Recht darauf, Ansprüche zu stellen« oder »Du hast nicht das Recht . . .« usw.). Oft werden bestimmte Rollen und Verhaltensweisen eingeprägt, die zu Unrecht biologisch oder genetisch begründet werden. So werden Mädchen (und später Frauen) gewisse Eigenschaften zugeschrieben wie schwach, zärtlich, nachgiebig, ängstlich, scheu, abhängig, verträumt. Im Gegensatz dazu sollen Knaben bzw. Männer stark, tapfer, mutig, selbstbewußt und zielstrebig sein. Das Mädchen bzw. die Frau darf weinen. Man rechnet damit, daß sie in Krisensituationen verwirrt und erschrocken reagiert. Jungen bzw. Männer sollen dagegen in solcher Lage Tapferkeit und Umsicht an den Tag legen, von keinem Zweifel oder keiner Furcht geplagt.

Verhaltensweisen, die sich auf eine gesellschaftliche Schicht oder ethnische Gruppe oder Nationalität beziehen, gehören ebenfalls zur erlernten sozialen Rolle. Bestimmte Gruppen betrachten sich als »edel« oder »sauber« oder »tüchtig«; daraus ergeben sich auch bestimmte Rollenerwartungen, die einem beigebracht werden. »Du stammst aus einer angesehenen Familie, darum . . .« oder »Treue schuldest du in erster Linie deiner Sippe (oder Mafia).« Bei manchen Gruppen können auch negative Eigenschaften zu den sozialen Rollenerwartungen zählen. Sie sind entweder aus der Gruppe selbst erwachsen oder werden von anderen Gruppen aufgrund historischer Entwicklungen behauptet. Mit der Gegenwart oder der »Natur« mögen sie überhaupt nicht übereinstimmen, bleiben aber doch als soziale Rolle weiter in Geltung. So meint man z.B. in den USA, Schwarze seien nicht so klug wie Weiße, dafür allesamt musikalisch und könnten gut tanzen, seien auch sexuell potenter.

Die soziale Rolle, auch wenn sie bereits in der Kindheit übernommen wird und ein Leben lang ihr Gewicht behalten kann, wird doch nicht zur »zweiten Natur« wie der Typ. Diese Feststellung ist wichtig. Die Rolle prägt sich dem Kind eigentlich erst nach dem fünften Lebensjahr aufgrund der gesamten Umwelteinflüsse ein. Der Typ dagegen entsteht, wie schon erwähnt, in einer frühen Entwicklungsphase (2–4 Jahre) durch den viel engeren Kontakt mit den wichtigsten Bezugspersonen. Sicher gibt es schon von Geburt an Vorbereitungen auf die soziale Rolle. Z.B. zieht man Mädchen im Säuglingsalter rosa und Jungen blau an, oder dem Jungen werden mit zwei bis drei Jahren die Haare kurz geschnitten. Aber dieser Einfluß ist nicht von Anfang an so bestimmend wie die psychische Wir-

kung der Machtkämpfe mit der Hauptbezugsperson, durch die die Tendenz zum Typ als Sklave (1) oder als Tyrann (2) festgelegt wird.
So ist es durchaus möglich – und es geschieht auch recht häufig –, daß sich ein Mädchen durch seine Erfahrungen im Alter von zwei bis vier Jahren zum Typ 2 entwickelt. Diese Tatsache wird dann durch die sozial erwartete und später übernommene Mädchenrolle (zum Teil unbewußt) überdeckt. Zunächst begegnet man einer unsicheren Frau, um erst später (vielleicht in einer Krisensituation) den »übersicheren« Typ 2 zu entdecken. Dementsprechend kann ein Mann vom Typ 1 im äußeren Auftreten »übersicher« und bestimmt wirken. Insgeheim wird er in den wesentlichen Dingen jedoch von seiner Frau oder seiner Sekretärin (oder von einem anderen Mann vom Typ 2) gelenkt, so daß er eigentlich mit seiner eindrucksvollen sozialen Rolle die Stimme einer dahinterstehenden anderen Person vertritt.
Ähnliche Gegensätze zwischen Typ und sozialer Rolle trifft man auch bei »Standes«unterschieden – ein Thema für unzählige Romane und Bühnenwerke: Der Herr hört auf seinen Diener, die Herrin befolgt die Ratschläge ihrer Kammerzofe. (Man denke z.B. an die Rolle Rasputins am Zarenhof.)

Dürfen Frauen dominant sein und Männer schwach?

Der Frauenbewegung ist es zu verdanken, daß es neuerdings nicht wenigen Frauen vom Typ 2 gelingt, sich auch ihrem Typ entsprechend zu verhalten, ohne dabei in eine allzu starke Spannung gegenüber ihrer sozialen Rolle (d.h. den gesellschaftlichen Erwartungen im Blick auf ihre Persönlichkeit) zu geraten. Trotzdem ist dieser Konflikt, in Shakespeares »Der Widerspenstigen Zähmung« klassisch vorgezeichnet, bis in unsere Tage hinein wirksam geblieben. Andererseits werden sogenannte »schwache« Männer nicht mehr so pauschal abgewertet. In gewissen Situationen wird dem Mann auch zugestanden, daß er einmal weinen darf. Aber in den USA beispielsweise hatte noch vor einigen Jahren Edmund Muskie seine Chancen bei der Präsidentenwahl verspielt, als ihm in aller Öffentlichkeit die Tränen kamen, weil man den guten Ruf seiner Frau infrage gestellt hatte.
Wenn Typ und soziale Rolle (und damit gesellschaftliche Erwartungen) in Gegensatz zueinander geraten, kann es zu vielfältigen inneren oder äuße-

ren Problemen und Konflikten bei Lebensentscheidungen, Liebe und Karriere kommen, denen sich das Erwachsenen-Ich dann gegenübersieht. Der Herzog von Windsor hatte als Mann vom Typ 1 mit Wallis Simpson als Typ 2 eine gute Partnerwahl getroffen. Seine soziale Rolle aber als Mann und als künftiger König gebot, als »edler Prinz« seiner Neigung zu dieser Frau, die keine Aristokratin war, zu entsagen. Als Typ 1 vermochte er sich nicht gegen den dominanten Premierminister zu behaupten. Infolgedessen mußte er auf den Thron verzichten, obwohl die Monarchie in England kaum mehr als zeremonielle Bedeutung hat.

Ein ähnliches Schicksal (jedoch umgekehrt und tragischer) widerfuhr jener saudiarabischen Prinzessin, die – wahrscheinlich dem Typ 2 zugehörig – unbeugsam auf ihrer eigenen Liebesentscheidung bestehen wollte, statt folgsam den ihr von der Familie zugedachten Mann zu heiraten. Dafür wurde sie (1979) zum Tode verurteilt und hingerichtet.

Zum Glück gibt es auch Beispiele dafür, wie jemand seinen Typ erfolgreich durchzusetzen vermag, selbst wenn dieser mit der erwarteten sozialen Rolle nicht übereinstimmt, und wie er sich eine seinem Typ gemäße Rolle schaffen kann. Dies setzt voraus, daß der Betreffende genügend Kompetenz für die gewählte Rolle besitzt und in Krisensituationen sein Erwachsenen-Ich gut einzusetzen weiß. Martin Luther King ist ein Beispiel dafür. Seine soziale Rolle als Farbiger in den USA verlangte Anpassung an das von den Weißen beherrschte Milieu. Er war ein Typ 2. Das paßte zu seiner Rolle als Mann. Den gesellschaftlichen Gegebenheiten zufolge hätte er jedoch nur im Rahmen seiner farbigen Umgebung wirken dürfen. Wir wissen aber, daß es ihm gelang, auch für Weiße zu einer wegweisenden Gestalt zu werden: er erhob den seinem sozialen Rang entsprechenden Verhaltensgrundsatz der Gewaltlosigkeit zu einem leitenden Prinzip des Handelns. (Daß er einem Mordanschlag zum Opfer fiel, zeigt leider wieder einmal, wie derjenige, der sich gesellschaftlichen Einschränkungen widersetzt, am Ende nicht selten dafür bezahlen muß.)

Indira Gandhi, einer Persönlichkeit vom Typ 2, gelang es, sich über die sozialen Erwartungen an eine Frau hinwegzusetzen und zweimal zur Präsidentin gewählt zu werden – und das in einem Land wie Indien, das an der untergeordneten Rolle der Frau beharrlich festhält. Sie hätte es vermutlich kaum geschafft, wären ihr nicht ebenso starke gegenläufige soziale Tendenzen entgegengekommen: als Nehrus Tochter entstammte sie einer führenden Familie, und Nehru hatte keinen Sohn.

Dieses Beispiel beweist zugleich, daß manchmal zwei verschiedene soziale

Rollen miteinander kollidieren können. (Im Falle Indira Gandhis sind es die angepaßte Rolle der indischen Frau und die Führungsrolle des Mitglieds einer hochgestellten Familie und Klasse.) Damit hat die Person gelegentlich die Möglichkeit, eine ihrem Typ entsprechende Wahl zu treffen, ohne dafür von ihrer Umwelt verachtet oder bestraft zu werden. Andererseits kann ein Mann vom Typ 1, wenn er z.B. eine große Erbschaft gemacht hat, es sich leisten, ohne negatives Urteil seiner Umwelt wie ein »Playboy« zu leben, während ihn in Wahrheit sein Geschäftsführer in jeder Hinsicht (einschließlich der Partnerwahl) steuert. Dies gilt auch für die neuen »Aristokraten« des Westens wie Platten- und Filmstars. Man denke nur an Elvis Presley und dessen über seinen Tod hinaus wirksame Image-Pflege, während bekannt ist, daß er – ein Typ 1 – von seiner Mutter und seinem Manager völlig abhängig war.

Mit alledem will ich den Leser gewiß nicht auf die Idee bringen, es sei ratsam, Mädchen zum Typ 1 und Jungen zum Typ 2 zu erziehen. Wie schon gesagt, wird der Typ aufgrund einer frühkindlichen Beziehungskonstellation so sehr zur Eigenart einer Person, daß er zu ihr gehört, als wäre sie damit geboren. Er wird zur zweiten Natur wie die Farbe der Augen, die man nicht ändern kann, selbst wenn man sie (wie Rollen) mit andersfarbigen Kontaktlinsen verdeckt. Ich gebe zu, daß Frauen vom Typ 1 und Männer vom Typ 2 in unserer Gesellschaft besser gestellt sind als anders herum. Ihr Typ paßt zu ihrer sozialen Rolle. Für Frauen vom Typ 2 und Männer vom Typ 1 ist es dagegen um so wichtiger, daß sie die Tendenzen des eigenen Typs kennen und über den Unterschied zu den Rollen des Alltagslebens Bescheid wissen. Auf diese Weise können sie sich selber gegenüber »echt« sein und trotzdem nicht in unnötige Konflikte mit ihrer Umwelt geraten.

Als Frau vom Typ 2 freue ich mich darüber, daß heutzutage in der westlichen Kultur Frauen vom Typ 2 und Männer vom Typ 1 zunehmend mehr so akzeptiert werden, wie sie sind. In dieser Hinsicht sind die Klassen- und Bildungsstrukturen nicht mehr so starr. Eine Selbstverständlichkeit ist es allerdings noch nicht. Dem durchschnittlichen Zeitgenossen fällt es immer noch schwer, seinen Typ unbehindert zu entfalten, wenn dieser nicht zur sozialen Rolle paßt.

2. Die berufliche Rolle – arbeiten, wie es einem entspricht

Die Berufswahl kommt aus einer komplizierten Mischung von Typ, Stellung in der Herkunftsfamilie und sozialer Rolle zustande. Je hierarchischer eine Gesellschaft gegliedert ist, desto weniger steht zur Wahl. So wurde bis in die Gegenwart in Indien der niedere Beruf des Inhabers einer Wäscherei herkömmlich vom Vater auf den Sohn bzw. von der Mutter auf die Tochter und so von einer Generation zur anderen weitervererbt. Auf diese Weise können in bestimmten gesellschaftlichen Strukturen soziale und berufliche Rolle nahezu identisch sein. In demokratischen Gesellschaften gibt es theoretisch eine unbegrenzte Berufswahl. Sie sollte nur von Kompetenz, Intelligenz und Talent bestimmt sein. Gleichwohl sind auch heute noch familiäre Verhältnisse und Bildungschancen von beträchtlichem Gewicht. Dabei spielen wiederum Typ-Eigenschaften und andere psychologische Faktoren eine beträchtliche Rolle. So kommt es, daß heutzutage viele einen Beruf wählen können, der ganz gut zu ihrem Typ paßt. Typ und berufliche Rolle sind dann im Einklang miteinander.

Manche beruflichen Rollen setzen ein beträchtliches Maß an Eltern-Ich-Verhalten voraus. Dem kommt der Typ 2 ausgesprochen entgegen. Andere Berufe dagegen verlangen im Verlauf eines Arbeitstages ziemlich viel Bereitschaft zu Unterordnung und Anpassung. Dafür bietet sich Typ 1 an. Natürlich ist es bequemer, wenn Typ und berufliche Rolle zueinander passen. So kommt am ehesten eine volle und zufriedenstellende Arbeitsleistung zustande. Die Effizienz eines Mitarbeiters hat nicht nur mit seiner Qualifikation für eine bestimmte Tätigkeit zu tun, sondern auch mit dem Maße, in dem Tätigkeit und Typ übereinstimmen.

Vermutlich gibt es auf der Welt ebenso viele Menschen vom Typ 1 wie vom Typ 2. In bestimmten Lebensbereichen aber wird man eher Personen des einen Typs vorfinden als des anderen. Denn Menschen vom Typ 2 suchen nach Gelegenheiten, Menschen vom Typ 1 zu leiten, besonders wenn sie über die nötige Intelligenz und Kompetenz für einen bestimmten Beruf verfügen. Umgekehrt tendieren Personen vom Typ 1, bei aller Intelligenz und fachlicher Befähigung, zu beruflichen Rollen, in denen ihnen die Last der organisatorischen Leitung von anderen abgenommen wird. Auch im gleichen Beruf finden sich verschiedene Arbeitsmöglichkeiten. Z.B. gehören freiberufliche Therapeuten eher zum Typ 2, während solche vom Typ 1 bei durchaus gleicher Qualifikation lieber in einem Institut oder einer Klinik tätig sind, wo ihnen der »Verwaltungskram« abgenommen ist. Bei Rechtsanwälten, Ärzten, Betriebsleitern, Köchen, Regisseuren und auch Modefachleuten gibt es einen höheren Anteil von Personen, die dem Typ 2 angehören. Dem gegenüber sind Beamte, stellvertretende Funktionäre, Schauspieler und Diplomaten eher dem Typ 1 zuzurechnen. In politischen Parteien läßt sich leicht unterscheiden zwischen Führungspersönlichkeiten vom Typ 2 und Gefolgsleuten vom Typ 1, auch wenn diese intelligenter sind als die ersteren. Personen vom Typ 1 nehmen vorwiegend ambulante therapeutische Hilfe in Anspruch, klagen auch häufiger über Kopfschmerzen und Müdigkeit. Währenddessen tragen Menschen vom Typ 2 öfter verborgene Leiden wie Magengeschwüre oder Herzbeschwerden mit sich herum, bis sie eines Tages einen plötzlichen Zusammenbruch erleben, der einen Krankenhausaufenthalt erforderlich macht.

Wenn Typ und Beruf sich beißen

Viele Menschen arbeiten in Berufen, die gar nicht zu ihrem Typ passen. Bestimmte soziale oder familiäre Verhältnisse, der Arbeitsmarkt oder der eigene Bildungsstand haben sie in ihre gegenwärtige Tätigkeit gebracht. Manchmal ergibt es sich auch, daß jemand eine »bessere« Stellung angeboten bekommt, die jedoch längst nicht so gut zu seinem Typ paßt wie die bisherige. Es ist nicht unbedingt so, wie es das »Peter-Prinzip« behauptet, daß man bis zu einer »Stufe der Unfähigkeit« aufsteigen kann. Inkompetenz oder (unbewußte) Selbstbestrafung rühren eher daher, daß Typ und veränderte berufliche Rolle auseinanderklaffen. So können Personen vom Typ 1, die in einer untergeordneten Rolle buchstäblich am richtigen Platze waren, ihre frühere Kompetenz einbüßen, wenn sie in einer neuen beruflichen Rolle eine Machtposition erlangen, die sie nötigt, bestimmender aufzutreten.

Martin (Typ 1) war ein fähiger und schöpferischer Sachbearbeiter, solange er für jemand anderen tätig zu sein hatte. Die Entscheidungen der Geschäftsleitung beruhten zumeist auf seinen Vorschlägen. Als man ihn selbst aber zum Direktor beförderte, quälte er sich ständig mit Entscheidungen ab und hatte weit weniger kreative Ideen als früher. Zu seinem Glück bekam er in seiner Sekretärin Anneliese die richtige Ergänzung. Sie gehörte zum Typ 2 und mußte sich mit ihrer untergeordneten Position abfinden, weil sie als Frau in diesem Betrieb nicht weiter aufsteigen konnte.

Zwar dirigierte sie Martin mit sanfter Gewalt und schubste ihn oft von einem Entschluß zum anderen. Zugleich aber half sie ihm, wieder kreativ zu sein, sie war auch selber trotz ihrer untergeordneten Stellung weit zufriedener, als sie es bei einem anderen Chef gewesen wäre. Der Nachteil war nur, daß sie gemessen an ihren Fähigkeiten nicht genug verdiente. Hier könnte ihr die Frauenbewegung Mut machen, ein besseres Gehalt zu verlangen, was sie bisher aufgrund ihrer sozialen Rolle als Frau nicht gewagt hatte.

Anders war es in dem Betrieb, in dem Charlotte beschäftigt war. Hier gab es kein solches Vorurteil gegenüber Frauen. Man stellte fest, daß Charlotte sich als Sekretärin hervorragend bewährt und viele gute Ideen zur Verbesserung des Geschäftsablaufs beigesteuert hatte. Man beförderte sie deshalb zur Abteilungsleiterin. Charlotte jedoch war nicht Anneliese. Als Person vom Typ 1 sah sie sich in ihrer neuen Position zu Entscheidungen genötigt, die sie bisher als kluge Sekretärin für ihren Chef stets anerkennenswert gut vorbereitet hatte. Nun allerdings sollte sie eigenverantwortlich Entscheidungen treffen und die ihr zugeordneten Angestellten davon in Kenntnis setzen. Charlotte wuchs dieser Anspruch über den Kopf. Sie wurde zunehmend nervöser, unsicherer und schließlich kopflos. Dies alles nur, weil sie eine dem Typ 2 gemäße berufliche Rolle von ihrem Typ 1 her ausfüllen mußte. Was übrigens auch nicht zu ihrer sozialen Rolle als Frau »paßte« und sogleich von Gegnern der Frauenemanzipation als Beweis benutzt werden konnte, Frauen seien für solch anspruchsvolle Positionen eben nicht geeignet.

Das heißt nun aber nicht, daß nur jemand mit Typ 2 ein guter Chef sein kann, ganz im Gegenteil. Oft bringt die Kooperationsfähigkeit und Verbindlichkeit eines Vorgesetzten von Typ 1 die Mitarbeiter zu einer besseren Arbeitsleistung. Personen vom Typ 2, die unabhängig gearbeitet haben und dabei sehr leistungsfähig waren, können ihre bisherige Effizienz einbüßen, wenn eine neue Position Kooperation mit anderen erforderlich macht – selbst wenn sie besser verdienen und mehr Sozialprestige haben als vorher. Gute Zusammenarbeit z.B. ist etwas, was Personen vom Typ 1 leichter gelingt.

Ulla (Typ 2) hatte sich trotz ihrer sozialen Rolle als Frau in einem größeren Unternehmen aus eigener Kraft zu einer leitenden Stellung emporgearbeitet. Mit einer erneuten Beförderung geriet sie in eine Position, von der aus viele Entscheidungen mit anderen abgestimmt werden mußten. Sie begann sich unwohl zu fühlen, ohne den Grund dafür zu wissen. Sie sabotierte, ohne es zu erkennen, ihre eigene berufliche Rolle: sie kritisierte ihre Untergebenen in herabsetzender Weise. Auch wenn ihre Mitarbeiter gute Ideen hatten, beharrte sie ständig auf ihren eigenen Entscheidungen. So fing man an, sie zu hassen, und legte sie in ihrer Tätigkeit zunehmend lahm.

Ein anderes Beispiel: Dieter, ein selbständiger Unternehmer vom Typ 2, der sich mit seinem Betrieb einer größeren Organisation angeschlossen hatte, entwickelte ähnliche Probleme wie Charlotte, nur aus entgegengesetzten Gründen. Als tüchtiger Geschäftsmann hatte er seine kleine Fabrik so gut ausgebaut, daß ihm von einer großen Unternehmenskette dafür eine stattliche Kaufsumme und der Posten eines Direktors angeboten wurde. Voller Freude unterschrieb er den Vertrag. Doch bald war er enttäuscht und angewidert: nun mußte er den Generaldirektor oder den gesamten Vorstand um die Zustimmung für endgültige Entschlüsse bitten. Er litt unter Depressionen, wurde übellaunig und ungenießbar. Schließlich nahm er seinen Abschied und spielte mit dem Gedanken an Selbstmord. Als er trotz schwerer finanzieller Einbußen an den Aufbau eines neuen eigenen Unternehmens ging, schwanden die Krankheitssymptome schlagartig. Auch wenn er jetzt weniger verdient, kann er hier wieder nach eigenem Gutdünken handeln.

Beruf und Typ – ein »Who is who?«

Viele Berufe sind sowohl für Typ 1 als auch für Typ 2 geeignet – jedenfalls für einen gewissen Teil der Arbeitszeit. Oft möchten Personen vom Typ 1 nicht so viele Entscheidungen treffen, die in ihrer beruflichen Rolle unabdingbar sind. Oder es liegt ihnen nicht, sich so bei anderen durchzusetzen, wie es nötig wäre. Auf der anderen Seite sind Personen vom Typ 2 oft nicht bereit, sich den Anordnungen ihrer Vorgesetzten zu fügen oder auf Vorschläge von Kollegen einzugehen. Häufig lassen sie es an Kooperationsbereitschaft fehlen, wo es eigentlich darauf ankäme, anderen mehr Raum zu gönnen (auch zum Fehlermachen).

In ihrem Berufsalltag empfiehlt sich beispielsweise für Lehrer, Geschäftsführer oder Vorarbeiter ein Typ 2-Verhalten, obwohl zeitweise von ihnen, insbesondere seitens ihrer Vorgesetzten, ein Typ 1-Verhalten erwartet wird. Studenten, Sekretärinnen oder Facharbeiter in der Fabrik kommen ebenfalls am besten mit einem Typ 1-Verhalten zurecht, wenn auch

bei ihnen wiederum dann und wann ein Typ2-Verhalten angebracht ist.
Zur Rolle des Lehrers bzw. der Lehrerin gehört nicht nur, daß sie den Lehrstoff vermitteln. Sie müssen sich auch den Schülern gegenüber durchsetzen können. Sie sollen sich einfühlen und sich um die Schüler kümmern, aber auch sicher auftreten, damit in der Klasse Ordnung herrscht. Das bringen Personen vom Typ 2 gut zustande. Doch wenn sie sich ihrem Typ gemäß zu starr verhalten, werden Widerstand und Rebellion die Folge sein. Das beeinträchtigt dann wieder die Lernleistungen der Schüler. Aber auch der Lehrer vom fürsorglichen Typ 2, der vielleicht ausgesprochen gut mit den Schülern auskommt, kann unter dem Schulsystem leiden, wenn es seinen Vorstellungen nicht entspricht (was beim Typ 2 selten der Fall ist). Andererseits kann es einem sanften, liebenswürdigen Lehrer vom Typ 1 gelingen, daß er einen guten Unterricht gibt und bei den Schülern weit beliebter ist als ein Lehrer vom Typ 2. Er wird sich auch besser mit dem Schulsystem abfinden, dafür aber weit mehr Disziplinschwierigkeiten haben.
So kommt es, daß Lehrkräfte vom Typ 1 nicht selten unter Angstzuständen und psychosomatischen Beschwerden leiden. Der Berufsalltag wird ihnen zunehmend zur Last. Ein solcher Lehrer kam als Klient zu mir. Er war begabt und hatte eine Menge Erfahrung. Bisher war es ihm gut gegangen. Aber jetzt hatte er mit einer Klasse zu tun, in der sich ein besonders frecher und böswilliger Junge vom Typ 2 als Rädelsführer aufspielte, und zwar gerade weil der Lehrer (Typ 1) ihm zu Anfang des Schuljahres zuviel Spielraum gegönnt hatte. Mein Klient litt tagtäglich unter der Angst, diesem neunjährigen Jungen entgegenzutreten, und fühlte sich außerstande, sich in seiner beruflichen Rolle zu behaupten. Zugleich fielen ihm alte, früher überspielte Konflikte wegen seines »unmännlichen Wesens« ein. (D.h.: ein alter Konflikt zwischen Typ und sozialer Rolle wurde in ihm durch die neuen Probleme in der beruflichen Rolle wieder wachgerufen.)
Solche inneren und äußeren Konflikte ergeben sich auch in Berufen wie Pfarrerin, Geschäftsführer in größeren Betrieben, Polizist, Gewerkschaftsfunktionär und Supervisor. Denn die Eigenschaften, die hier gefordert werden, gehören teils zum Typ 1, teils zum Typ 2. Der Beruf der Krankenschwester kann ähnliche Konflikte zwischen Typ und Rolle mit sich bringen. Krankenschwestern sollen einerseits den Patienten gegenüber das fürsorgliche Eltern-Ich zur Geltung bringen, auch organisieren und zuzeiten energisch sein können (Typ 2). Andererseits erwarten die

Ärzte von ihnen eine Gefügigkeit, die dem Typ 1 entspricht, ja in manchen Kliniken sogar »sklavischen« Respekt.

Sicher stehen Ihnen auch Leute vor Augen, die sich so sehr von ihrem Beruf vereinnahmen lassen, daß sie sich fast nur in diesem Rahmen erleben. Mit einiger Erfahrung kann man aber auch hinter diesem Auftreten den Typ erkennen.

Von dem bekannten Schauspieler Peter Sellers wird erzählt, er habe sich dermaßen in seine Rollen eingelebt, daß er darüber seine eigene Persönlichkeit und sogar sein gewohntes Verhalten der eigenen Familie gegenüber verlor. Es gab eine gewisse Zeit, in der seine Frau (von der er später geschieden wurde) auf einem Vetorecht bestand, wenn ihm Filmrollen vorgeschlagen wurden. Sie behauptete, wenn er die Rolle eines schlechten Menschen übernommen habe, benähme er sich in gleicher Weise seiner Familie und seinen Bekannten gegenüber. Ganz anders verhielte er sich, wenn er liebenswerte und nette Menschen darstellte. Dies läßt vermuten, daß Sellers wahrscheinlich dem Typ 1 und seine Frau dem Typ 2 angehörte.

Menschen vom Typ 2, die von ihrer beruflichen Rolle vereinnahmt werden, sind beispielsweise hohe Militärs, die es nicht ertragen können, aus ihrer Machtposition heimgeschickt zu werden. So wollte General McArthur auch nach dem Kriege in Japan weiter bestimmen und geriet damit in einen beträchtlichen Konflikt mit Präsident Truman, der ihm diese Rolle streitig machte.

Zwei Abstecher. Der erste zu Faßbinders »Maria Braun«

Lieber Leser, an dieser Stelle möchte ich Sie zu zwei Abstechern in die Welt von Literatur und Film einladen. Der erste Ausflug führt uns zu Rainer Werner Faßbinders Film »Die Ehe der Maria Braun«. Dieser Film veranschaulicht die unterschiedlichen Einflüsse von Typ, sozialer (und familiärer) sowie beruflicher Rolle.

Maria Braun ist ein treffendes Beispiel für eine Frau vom Typ 2. Sie verkörpert zugleich die Vorzüge und Probleme ihres Typs in der wechselhaften sozialen Szenerie Deutschlands nach dem Kriege, und sie bringt mit beruflicher Kompetenz allerhand zuwege.

Anfangs tritt sie in der sozialen Rolle auf, die einer Frau »angemessen« ist: sie heiratet im weißen Brautkleid. Während ihr Mann in den Krieg entschwindet, sieht man sie weiterhin als treue Ehefrau. Doch zugleich läßt sich erkennen, daß sie zum Typ 2 gehört. Sie ist sich mit mehr Energie als andere Frauen der Tatsache »sicher«, daß ihr Mann zu ihr zurückkehrt. Zunächst konzentrieren sich ihre Tüchtigkeit und Initiative auf das Bemühen, Auskunft über sein Verbleiben zu erhalten. Dann wird sie in verschiedener Weise tätig, nicht nur zum eigenen Überleben, sondern auch in Fürsorge für ihre Mutter. Deren Rat befolgt sie nicht, sondern geht ganz nach ihrem eigenen Urteil vor. Bezeichnend für ihr Verhalten als Typ 2 im Blick auf ihre Mutter ist auch, wie sie deren Schmuck verkauft, um sich eine schicke Kleidung zulegen zu können. Das hat wiederum ganz sachliche Gründe: so kann sie als Bardame für beide Geld verdienen. Ihrer Mutter erklärt sie das vorerst nicht. Stattdessen bringt sie ihr eine Flasche Wodka mit heim, um sie so zur Komplizin zu machen. In der Familie sorgt Maria für die Mutter und die Tante. Damit übernimmt sie die soziale Rolle des Mannes, der normalerweise seine Familie ernährt. Sie tut dies »automatisch«, muß dazu aber anfangs die verachtete soziale Frauenrolle eines Animiermädchens akzeptieren und sich als »Nutte« bezeichnen lassen. Das ist für Frauen in wirtschaftlich schwierigen Zeiten leider oft eine der wenigen Verdienstmöglichkeiten, wenn sie sich nicht als Ehefrauen in gesicherten Verhältnissen befinden.

Die Mutter erscheint als Typ 1, immer wieder bereit, sich anzupassen. Sie akzeptiert die Führungsrolle ihrer Tochter und unterwirft sich später Herrn Wetzel, der sich als Hausfreund bei ihr wohnlich eingerichtet hat. Typ und soziale Rolle sind bei ihr also gleich.

Bezeichnend ist, daß Maria bei ihrer Tätigkeit in der Bar an einen Liebhaber vom Typ 1 gerät. Er befindet sich als Soldat der Besatzungsarmee wohl in der sozialen Rolle des Machthabers. Aber in der Beziehung zu Maria ist sie es, die den Ton angibt, während er in scheuer Bewunderung verharrt.

Beide werden buchstäblich überrascht von Marias Mann, der aus der Kriegsgefangenschaft heimkehrt. Als sie dem Handgemenge der beiden Männer Einhalt zu gebieten versucht, tötet sie unabsichtlich ihren Liebhaber. Und wieder zeigt sich der Typ-Unterschied. Dem Heimkehrer kommt die soziale Rolle des betrogenen Ehemanns zugute. Zugleich fügt er sich in die Rolle des »Opfers«, nimmt die Tat auf sich und geht an Marias Stelle ins Gefängnis. Maria akzeptiert dieses Opfer. Sie ist nicht für die Passivität und das Eingesperrtsein geschaffen. Vielmehr verbleibt sie in der Position des »rettenden« fürsorglichen Typs 2 und bereitet, von ihrem Eltern-Ich unterstützt, zielbewußt eine neue gemeinsame Zukunft vor.

Indessen haben sich die wirtschaftlichen Verhältnisse in Deutschland gebessert. Maria will sich, wie es ihrem Typ entspricht, auch beruflich Geltung verschaffen und zu Geld kommen. Sie nutzt ihre Frauenrolle, um während einer Bahnfahrt einen reichen Ausländer kennenzulernen. Es bleibt nicht beim Flirt: der Mann verschafft ihr eine Anstellung in seinem Betrieb. Parallel zum Aufstieg des Unternehmens im westdeutschen »Wirtschaftswunder« gelingt ihr der Aufstieg in die dominierende Position, wobei sich ihr Chef mehr und mehr von ihr bestimmen läßt. Wie ihr früherer Liebhaber befindet er sich in der sozialen Machtrolle. Ohne ihn hätte sie sich nicht aus dem Sumpf hocharbeiten können. Andererseits ist er trotz seiner beruflichen Führungsposition ein Mann vom Typ 1, der komplementär zu Leuten vom Typ 2 funktioniert. Daran wird wieder einmal der Unterschied zwischen Typ und beruflicher Rolle deutlich. Früher stand der Chef unter dem Einfluß des Buchhalters. Kein Wunder, daß dieser Maria nicht ausstehen kann, denn sie sind vom gleichen Typ. Er hat wohl mehr Erfahrung, ist aber nicht so clever wie sie und zieht darum ihr gegenüber den kürzeren.
Endlich spricht alles dafür, daß Maria ans Ziel ihrer Wünsche gelangt. Mit Erfolg kann sie ihren Typ und ihre Familienrolle (als Ernährer auch ihres Mannes, als dieser aus dem Gefängnis entlassen ist) zur Geltung bringen, ebenso eine bestimmende berufliche Rolle. Die spielt sie allerdings manchmal allzu bestimmend aus, wenn man z.B. sieht, wie rücksichtslos sie mit der Sekretärin umgeht und diese zu Tränen bringt.
Ganz zum Schluß, während alles einem happy end zuzulaufen scheint, muß Maria die schockierende Entdeckung machen, daß letzten Endes nicht sie es war, die den gesicherten Lebensstandard herbeiführte. Vielmehr ging die Erbschaft des inzwischen verstorbenen Chefs auf einen Kontrakt zurück, den dieser insgeheim mit ihrem Mann abgeschlossen hatte. Ihr Mann konnte sich die Erbschaft passiv »verdienen«, wenn er sich bei Lebzeiten des Chefs im Ausland aufhielt.
Jetzt sieht sich Maria, trotz ihres Typs und ihrer gesellschaftlichen Kompetenz, von ihrem Mann überrundet und in die gewohnte soziale Rolle der Frau zurückgedrängt. Ob die Explosion am Ende des Films – eine Zigarette wird am Gasofen angezündet und vernichtet das Ehepaar samt seinem stattlichen Besitz – von ihr aus Unachtsamkeit oder absichtlich herbeigeführt wurde, bleibt offen. In jedem Fall macht das Ende deutlich, daß sie sich mit dem unnachgiebigen Einsatz ihres Typs doch nicht endgültig behaupten konnte, so nützlich er ihr auch im Laufe ihres Lebens

gewesen sein mag. Andererseits kommt ihr Mann nicht in den Genuß des Handels, für den er den Preis der Abhängigkeit von Marias Liebhaber gezahlt hatte.

Der zweite Abstecher führt zur »Blechtrommel«

Für Leser, die das Buch »Die Blechtrommel« von Günter Grass oder den danach gedrehten Film kennen, führe ich den kleinen Oskar als Beispiel an, wie die soziale Rolle und die Stellung in der Familie in Gegensatz zum Typ treten können, und wie der Typ sich behauptet.
Oskar kommt mit drei Jahren zur Typ 2-Abwehrhaltung. Insgeheim spürt er, daß er die Dinge besser durchschaut als die Großen. Die Großen sind seine Mutter (Typ 1) und auch seine beiden Väter (beide vom Typ 1, die sich in der Rolle des starken Mannes präsentieren möchten, wobei sich vor allem der deutsche Vater politisch wie ein Kind gängeln läßt).
Oskar merkt, daß er in der Rolle des Kindes mehr Macht hat, und will deshalb nicht mehr weiter wachsen. In der Tat gelingen ihm als übersicherem Typ 2 auf diese Weise schier unglaubliche Taten. Er bleibt zwar in der Kinderrolle, Mutter und Vater müssen ihn überallhin begleiten. Aber er ist es, der mit seiner Stimme Fensterscheiben zum Zerspringen bringt, mit seiner Trommel ein Regiment in eine andere Richtung dirigiert, der (da er als »unschuldiges« Kind auftritt) ungehindert zu Orten vordringen kann, die für andere verboten sind, und der vermutlich indirekt den Tod seiner beiden Väter verursacht hat. Und wenn es Aufgabe seiner Mutter war, ihn an der Hand zu führen, so war doch er es, der sie »beschützte«. Denn obwohl er wußte, daß sie sich regelmäßig mit ihrem Liebhaber traf, hat er sie nie verraten.
Auch das Wechselspiel der Generationen wird im Buch gezeigt und der Gegensatz von Typ, Frauenrolle und Klasse. Die arme Großmutter, die nur die Arbeit auf dem Kartoffelacker und im Kellerladen kennt, tritt eindeutig als resolute Frau vom Typ 2 in Erscheinung. Sie rettet ihren künftigen Mann unter Gefährdung des eigenen Lebens, und ihr Sohn erweist sich später als weit schwächer als sie.
Die »Blechtrommel« ist wieder einmal ein Beleg dafür, daß Machtverhältnisse sich ganz verschieden darstellen können, je nachdem unter welchem Blickwinkel man sie anschaut. Ob man äußere Gesichtspunkte heranzieht oder auf die inneren Beziehungen achtet. Ein Mensch, der klein ist, der von seinen Lebensrollen her über herzlich wenig Macht verfügt, kann

doch weit mehr an inneren Kräften einzusetzen haben, mehr Einfluß ausüben als jemand, der aufgrund körperlicher oder gesellschaftlicher Gegebenheiten denen überlegen zu sein scheint, die sich in einer niedrigeren sozialen Rolle oder Familienposition befinden.

3. Die Kontraktrolle – handeln, wie ausgemacht

Mit Kontrakt- oder Vertragsrolle bezeichne ich eine Rolle, die festlegt, wie ich mich im Hier und Jetzt zu verhalten habe, wenn ich vorher mit anderen (und mit mir selbst) zu einem ganz bestimmten Einverständnis gekommen bin. Dieses Einverständnis bezieht sich darauf, wie in einer bestimmten Situation oder innerhalb eines festgelegten Rahmens der einzelne als verantwortlicher Leiter, als Mitarbeiter oder auch als Gefolgschaft zu fungieren hat.
Denken wir z.B. an eine Klettertour im Gebirge. Vor Antritt kommt man mit Selbstverständlichkeit überein, daß der Bergführer die Route und das Tempo zu bestimmen hat. In kritischen Momenten muß er Entschlüsse fassen, die über Leben oder Tod entscheiden. Dabei ist gleich, ob er zum Typ 1 oder 2 gehört, und wie sonst seine Lebensrollen beschaffen sind. Die Personen, die sich ihm anschließen, sind vielleicht vermögender und einflußreicher, auf anderen Gebieten auch mächtiger und kompetenter als er. Aber hier und jetzt hat der Bergführer das erste und letzte Wort. Damit ist er natürlich auch verpflichtet, auf die Konstitution und Leistungsfähigkeit der ihm Anbefohlenen Rücksicht zu nehmen, sich etwa mit dem Erwachsenen-Ich zu erkundigen, wie es ihnen geht und was sie an Wünschen haben. Letztlich ist es jedoch seine Sache, zu entscheiden, wann der Anstieg beginnt, die nötigen Anordnungen zu treffen, sich also nicht (wie Inge von Fred) von anderen bestimmen zu lassen. Gehört er zum Typ 1, wird ihm diese Verantwortung bisweilen zur Belastung werden. Er kann sich damit helfen, daß er sich öfter seine eigene Kompetenz und Erfahrung in Erinnerung ruft. Gehört er zum Typ 2, könnte diese Rolle allzu sehr sein Selbstbewußtsein erhöhen; hoffentlich denkt er daran, nicht rücksichtslos auf Entschlüssen zu bestehen, die weniger wichtig sind und auch anders ausfallen könnten. Er sollte z.B. die Wünsche der anderen nicht außer acht lassen. Doch in allen Fällen wird sich das Verhalten des Bergführers auf den »Kontrakt« und seine sachliche Kompetenz zu gründen haben.

Auf ähnliche Weise befindet sich der Fahrer eines Autos (sofern er einen gültigen Führerschein hat) in der »Kontraktrolle«. Er hat die Verfügungsgewalt über den Wagen, auch wenn dies nicht so ausdrücklich wie im Fall des Bergführers ausgesprochen wird. Als Mitfahrer hat man andererseits die unausgesprochene Kontraktrolle übernommen, den Fahrstil des Fahrers nicht zu kritisieren, was manche leider nicht unterlassen können. Ihnen gegenüber hat wiederum der Fahrer (ob Typ 1 oder 2) darauf zu bestehen, daß er fährt – und wem das nicht paßt, der kann ja aussteigen.

Wenn die Mutter sich zu fügen hat

Ich erinnere mich an eine Episode, als meine Tochter 16 Jahre alt war und gerade ihren Führerschein gemacht hatte. Ich war im Büro die Treppe heruntergefallen, hatte mir das Bein gebrochen und mußte ins Krankenhaus gebracht werden. Ich rief daheim an, wo sich im Moment nur meine Tochter befand. Sie erinnerte mich stolz an ihren Führerschein und wollte mich sogleich abholen. Da befand ich mich nun im Wagen, voller Unruhe in der ungewohnten Rolle, hinten zu sitzen, während sie fuhr. Bei jeder Abbiegung rief ich ihr zu: »Achte auf die Verkehrszeichen, paß auf die anderen Wagen auf.« Schließlich stoppte sie, drehte sich zu mir um und sagte völlig sachlich: »Du bist meine Mutter, aber jetzt bist du mein Passagier. Ich habe es übernommen, dich ins Krankenhaus zu bringen, und das werde ich tun, so gut ich's kann. Du darfst dich meinetwegen über die Schmerzen im Bein beklagen, aber ansonsten lehne dich zurück und kümmere dich nicht darum, wie ich fahre.«
Diese kleine Geschichte bringt den Unterschied zwischen Kontraktrolle und Beziehung deutlich zutage. Sie zeigt auch, wie Probleme gerade dadurch entstehen, daß man Beziehung und Kontraktrolle leicht verwechselt. Das passiert vor allem dann, wenn das übliche »typische« Verhalten und vielleicht auch die familiäre Rolle anders sind und gewöhnlich die Beziehung beeinflussen.
Die Beispiele mit der Klettertour und dem Autofahren helfen uns, berufliche Tätigkeit und Kontraktrolle auseinanderzuhalten. Oft fällt nämlich die durchgängige berufliche Rolle nicht unbedingt mit der momentanen Kontraktrolle zusammen. So wird der Arzt vom Patienten gewählt und bezahlt. In gewissem Maße ist er auch vom Patienten abhängig, weil dieser einen anderen Arzt nehmen kann, wenn er mit ihm unzufrieden ist. Hat

sich andererseits ein Patient wegen einer schweren Krankheit dem Arzt erst einmal anvertraut, oder soll der Arzt als Chirurg eine Operation durchführen, dann befindet er sich zugleich in der beruflichen und in der Kontraktrolle, nur seiner eigenen Kompetenz gemäß vorzugehen, ohne sich in beruflicher Hinsicht von anderen Einflüssen bestimmen zu lassen.

Auch bei scheinbar belangloseren Gelegenheiten ist die Kontraktrolle ausschlaggebend, weil sie auf gewählter Kompetenz und vorgeplanter Wahl beruht und die relative Verantwortung festlegt. Der Gastgeber bestimmt, was auf den Tisch kommt; dem Koch ist es überlassen, welche Gewürze er für die Gerichte auswählt und zumißt; der Trainer entscheidet sich für die geeignetsten Übungen; der Universitätsdozent wählt das Thema seiner Vorlesung usw., wobei jeder die Erwartungen der ihm Anbefohlenen berücksichtigen sollte, gegebenenfalls auch deren Geldmittel und Kräfte.

Dreiecksbeziehungen – halten, was man nicht versprochen hat?

Die Kontraktrolle ist oft nicht ganz klar umrissen, vor allem wenn es sich um Dreiecks-Kontrakte handelt. Bei einem Dreiecks-Kontrakt werde ich beispielsweise von einer Person (oder einer Gruppe oder Organisation) dafür engagiert, daß ich nachher – verabredungsgemäß – für ganz andere Leute tätig werde. Das ist etwa bei einem Bergführer oder Busfahrer oder Koch oder Lehrer der Fall, der nicht von den Leuten angestellt ist, mit denen er dann zu tun hat. Dabei kann sich nämlich herausstellen, daß die »dritte Partei« unterschiedliche Vorstellungen hat, vielleicht sogar aufgrund von Versprechungen des Veranstalters. Der aber existiert jetzt nur im Hintergrund und ist zur Zeit nicht zu erreichen. So verspricht vielleicht der Urlaubsprospekt eine Bergtour im Hochgebirge. Den Leuten aber, die sich gemeldet haben, fehlt jegliche Erfahrung. Oder sie haben nicht die nötige Ausrüstung, bestehen aber darauf, daß das Versprechen erfüllt wird. Sie wollen sich vom Bergführer nichts sagen lassen, sondern behaupten, dafür sei er schließlich angestellt. Ein kompetenter Bergführer, ganz gleich ob vom Typ 1 oder 2, wird sich gleichwohl auf kein Risiko einlassen, wie sehr man ihn auch bedrängen mag. Aber es wird sich ein großer Unterschied ergeben in der Art und Weise, wie ein Typ 1 oder Typ 2 mit den Leuten (und später mit seinem Arbeitgeber) verhandelt, und wie er mit seinem Ärger fertig zu werden sucht. In jedem Fall ist zu hoffen, daß er sich mit seinem Erwachsenen-Ich so steuern kann, daß er mit der ursprünglichen Kontraktrolle und der Realität gleicherweise zurechtkommt.

Das Konzept des Dreiecks-Kontrakts ist mir in den Sinn gekommen, weil ich viele Kurse durchführe. Dazu werde ich von einer Organisation oder einer Person engagiert, die nicht unbedingt anwesend ist, wenn ich mit der Gruppe arbeite. Die Teilnehmer wiederum haben ursprünglich nicht mit mir, sondern mit der veranstaltenden Organisation ihren Kontrakt ausgehandelt, an den sich ihre Erwartungen knüpfen. Nach einigen unangenehmen Erfahrungen habe ich mir angewöhnt, nunmehr stets zu Beginn des Kurses mit den Teilnehmern nicht nur deren Erwartungen zu erörtern, sondern ihnen auch eingehend meine eigene Auffassung von meiner Kontraktrolle darzulegen. So können wir von vornherein miteinander die Möglichkeiten von Enttäuschungen und Kompromissen abwägen. Oft stellt sich heraus, daß die Erwartungen der Teilnehmer nicht selten aufgrund dessen, was ihnen verbal und nonverbal in Aussicht gestellt worden war, manchmal auch wegen eigener Wunschvorstellungen über solch einen Kurs oder über mich ganz und gar verschieden sind von meiner eigenen Konzeption und Zielsetzung für den Kurs. So müssen wir manchmal recht mühsam unsere jeweiligen Kontraktrollen aushandeln. Doch hat dies seinen großen Wert, weil wir so zum Abschluß nie das Gefühl haben, uns gegenseitig betrogen oder ausgebeutet zu haben, auch wenn die ursprünglichen Erwartungen anders waren.

Übrigens haben mir in den letzten Jahren viele Kursteilnehmer Anregungen zum Dreiecks-Kontrakt gegeben. Dieses Konzept erwies sich für sie in ihrer eigenen Arbeit als sehr nützlich. Häufig besteht nicht bloß ein Dreiecks-Kontrakt, sondern vielmehr ein vier-, fünf-, sechs-, siebenseitiger Kontrakt. Kontraktrollen müssen völlig unabhängig vom Typ betrachtet werden. Bei alledem gilt jedoch, wie schon gesagt: Ist man sich über seine Typzugehörigkeit im klaren, so sieht man auch im voraus klarer mögliche Gefahren (und Chancen) bei der einen oder anderen beruflichen oder Kontraktrolle.

In meinem Fall, als Typ 2, schützt mich das Erörtern der Kontraktrolle vor Vorwürfen, ich sei zu autoritär, wenn ich manchmal eine Diskussion resolut abbreche, um mit dem Programm fortzufahren. Denn ich kann mich auf meine Kontraktrolle und auf meine Verantwortung als Kursleiterin berufen. Ich soll einen bestimmten Stoff erledigen. Andererseits weiß ich auch, daß ich bei dieser Kontraktrolle achtgeben muß, weil sie meinem

Typ so sehr entgegenkommt. Ich darf diese Rolle nicht mehr als nötig ausnützen.

Für eine Kollegin vom Typ 1 hat sich dieses Konzept als hilfreich erwiesen, doch genau in der entgegengesetzten Richtung. Ihr Problem bestand darin, daß sie sich oft von den Kursteilnehmern überrollen ließ. Am Schluß war sie mit ihrem Programm nicht zum Ziel gekommen, auch wenn sie es sich vorgenommen hatte und gut darauf vorbereitet war. Neuerdings gelingt ihr das bedeutend besser. Wenn man sie wieder zu überrollen droht, erinnert sie sich regelmäßig an ihre Kontraktrolle. Sie spricht dann die Teilnehmer daraufhin an. So vermag sie die Verantwortung der Kontraktrolle als Leiterin besser wahrzunehmen, auch wenn sie die Autorität dieser Rolle manchmal etwas zögernd und verhalten einsetzt.

Mit dem Erwachsenen-Ich im Bunde

Besonderes Gewicht kommt der Unterscheidung von beruflicher Rolle und Typ zu, wenn die Verhandlungspartner unterschiedliche Macht haben oder sich in einer Hierarchie an verschiedener Stelle befinden. Ich denke an Verhältnisse wie Vorgesetzter/Untergebener, Verkäufer/Kunde, Therapeut/Patient, Dozent/Student, Regisseur/Schauspieler, Verlagslektor/Autor, Ehemann/Ehefrau, Vater oder Mutter/Heranwachsender, Rechtsanwalt/Klient während des Prozesses, Polizist/Verkehrsteilnehmer usw.

In diesen Situationen spielt das Erwachsenen-Ich eine große Rolle. Wenn es um Kontaktaufnahme geht, um flexible und verläßliche Kommunikation, um Konfliktlösungen, so ist ausschlaggebend: Ist meine Einstellung zum Beziehungspartner vom Erwachsenen-Ich geprägt? Wenn ja, dann drückt sie aus: Wir sind einander ebenbürtig, wir sind alle wichtig und wertvoll. Mit dieser Haltung vermeiden wir, daß der andere abgewertet und in seinem Selbstwertgefühl gemindert wird, ganz gleich was unser Typ, unsere Rolle und unsere Machtposition ist. Bei gutem Kontakt zum Erwachsenen-Ich kann man daher langfristige und noch besser kurzfristige Beziehungskontrakte schließen. Sie ermöglichen es, ohne Schwierigkeiten die Rolle einzunehmen, die in einer bestimmten Situation geboten erscheint.

Ich fasse zusammen: Die erfolgreiche Tätigkeit eines Menschen sollte in seinen Fähigkeiten begründet sein. Erfolgreich zu sein ist leichter, wenn mein Tun nicht nur meinen Talenten, sondern auch meinem Typ entspricht. Es geht mir um so besser, je mehr es mir gelingt, mein Erwachsenen-Ich einzuschalten. Dann kann ich mit Selbstvertrauen auch in Kontraktrollen funktionieren, die nicht unbedingt zu meinem Typ passen, und entgehe im entgegengesetzten Fall der Gefahr, meinen Typ in übertriebener Weise einzusetzen.

Daher ist es von großem Nutzen, wenn ich meine Typzugehörigkeit kenne und mir über die entsprechenden Tendenzen im klaren bin. Günstig ist auch, wenn ich mir die jeweilige Kontraktrolle bewußt mache. (Achtung: Kontraktrollen können »dreieckig« angelegt sein!)

Ich kann dann vorhersehen: Welche positiven Möglichkeiten bietet mir mein Typ für bestimmte Rollen, Tätigkeiten oder Verhandlungen? Welche Gefahren entstehen immer wieder? Wann z.B. drohe ich von meinem Typ (oder dem meines Gegenübers) überwältigt zu werden? Wann passiert es, daß ich zu starr bei einer bestimmten Position verharre? Solche Einsichten helfen mir. Sie machen mich freier, denn ich kann mich auch einmal alternativ verhalten.

Konkret sieht das so aus: Personen vom Typ 1 wissen oft, daß sie sich gut anpassen können. In bestimmten Situationen kann ihnen das von Nutzen sein (z.B. als Schauspieler am Theater). Unter anderen Umständen schadet es ihnen. Deshalb sollten sie ihr Erwachsenen-Ich einschalten können. Sie werden dann entschiedener auf bestimmten Punkten oder Rechten beharren, wenn sie legitim sind.

Personen vom Typ 2 andererseits glauben leicht, daß sie mit ihren Überzeugungen immer im Recht sind. Sie sollten sich erlauben, mit anderen flexibel und kooperativ umzugehen. Vielleicht wissen es andere manchmal ebenso gut oder sogar besser als sie und können ihnen helfen.

5. Paare im Alltag

Wenn zwei sich ergänzen

Im Alltagsleben finden Personen vom Typ 1 und 2 oft als Paar zusammen. Vielleicht stehen sie nur ein paar Minuten lang beieinander, bei einem knappen Gespräch auf einer Party oder einem Fest. Oder aber sie gehen eine dauerhafte Verbindung ein, etwa eine Ehe oder eine geschäftliche Partnerschaft. Ob der Kontakt nun kurz ist oder lang, in jedem Fall spüren beide gleich, daß sie sich und ihr Verhalten gegenseitig schätzen.
Viele feste Beziehungen beruhen darauf, daß die Grundeinstellungen der Partner einander ergänzen. Meinungsverschiedenheiten werden nach dem Prinzip gelöst: Hat Typ 2 »recht«, ist Typ 1 im Unrecht. Sind beide nicht *nur* auf die eigene Abwehrposition angewiesen, läuft alles bestens. Je nach Situation und Kompetenz wechselt vorübergehend auch einmal die Führungsrolle. Das Erwachsenen-Ich sorgt dafür, daß die Realität nicht übersehen wird. Entlastungstransaktionen bringen Abwechslung in die Beziehung: sie tun dem Partner von Typ 1 hin und wieder den Gefallen, daß er »im Recht« ist (»Siehst du, ich wußte, wo deine Schlüssel sind«). Der Partner vom Typ 2 ist auch einmal im »Unrecht«, d.h. hilfebedürftig (»Oje, ich brauche heute unbedingt jemanden, der mir auf die Beine hilft«).
Entlastungstransaktionen können ein Schritt auf dem Weg zu einem sehr intimen Vertrauensverhältnis sein. Sie sind dann Transaktionen von freiem Kind zu freiem Kind vergleichbar. Wenn einer der Partner zumindest hin und wieder in der Lage ist, aus seinem Kind-Ich heraus zu handeln, können beide manchmal gleichzeitig ihr Kind-Ich benutzen. Keiner muß dann befürchten, daß der andere aus dem Eltern-Ich reagiert.

Kennen Sie Ihren eigenen Typ und akzeptieren Sie ihn? Kennen Sie den Typ Ihrer Partner, Freunde und Kollegen? Dann werden Sie, mit Abstand und Amüsement, all jene komischen kleinen Attitüden beobachten können, die wir uns im Umgang miteinander angewöhnt haben. Es wird Ihnen auch leichter fallen, Reibereien entweder von vornherein zu vermeiden oder nachträglich mit Hilfe Ihres Erwachsenen-Ichs anzusprechen und wieder zurechtzurücken.

Ein Beispiel: Gisela und Ingrid haben eine gemeinsame therapeutische Praxis. Beide lesen meine Ausführungen, besonders die über die Typzugehörigkeit. Da wird ihnen mit einem Mal klar, warum sich bei ihnen die Gewohnheit eingebürgert hat, daß Gisela als erste die Tagespost durchgeht und die Prioritäten für den Tagesablauf setzt. Gisela gehört zu den Menschen vom Typ 2. Ingrid vermag nun lachend zuzugeben: »Jetzt kann ich unbeschwert als Typ 1 handeln. Bei Giselas Verhalten habe ich mich immer etwas unwohl gefühlt. Ich wußte nicht genau, ob ich nicht auch mal an der Reihe wäre. Sollte ich mich zurückgesetzt fühlen? Nun sehe ich, daß Gisela offenbar nicht im Traum daran dachte, mir auf die Zehen zu treten, wenn sie bestimmte Angelegenheiten wie selbstverständlich einfach übernahm. Mir kommt unsere Gewohnheit eigentlich ganz entgegen. Gisela soll ruhig weiterhin die Post durchsehen und sich den Kopf darüber zerbrechen, was zuerst zu tun ist. Ihr macht es offensichtlich Spaß, und ich brauche endlich kein schlechtes Gewissen mehr zu haben und kann diese Arbeitsteilung genießen.«

Wenn sich zwei gleichen

Auch die Partnerschaften zwischen zwei Menschen vom Typ 2 können sehr erfolgreich sein. Bedingung ist, daß sich beide der Gefahren bewußt sind, die in einer solchen Beziehung lauern: die Beteiligten neigen dazu, miteinander zu konkurrieren. Meinungsverschiedenheiten müssen sie darum durch eine gehörige Portion von »Erwachsenenverhalten« ausbalancieren. Liebe auf den ersten Blick ist selten bei Menschen vom Typ 2. Doch schätzen sie sich gegenseitig hoch. Typisch für solche Partnerschaften sind lebenslange Freundschaften mit gelegentlichen starken Auseinandersetzungen. Gehen zwei Menschen dieses Typs eine Ehe ein, dann kann man im nachhinein oft feststellen, daß sie sich über gemeinsamen Wertvorstellungen gefunden haben, oder um eine gemeinsame Aufgabe

zu lösen. Diese Gemeimsamkeiten werden auch benötigt, um die Ehe in Gang zu halten. Es ist egal, worauf sich die Übereinstimmung bezieht, auf Kindererziehung, geschäftliche Angelegenheiten oder die gleiche politische Anschauung. Gehen solche Partnerschaften auseinander, suchen sich die beiden Partner vom Typ 2 meistens einen neuen Partner vom Typ 1 – und kosten dann eine Zeitlang glücklich die Bestätigung ihres Machtgefühls aus.
Partnerschaften zwischen Menschen vom Typ 1 werden vielfach durch einen dritten herbeigeführt – ähnlich wie in traditionellen Gesellschaften, wo die Eltern die Heirat ihrer Kinder in die Hand nehmen. Die Beziehungen können reibungslos und kooperativ funktionieren. Sie führen oft auch zu sehr engen Verbindungen. Gewöhnlich brauchen sie aber die wohlwollende Hilfe und den Rat eines Dritten. Das wiederum führt zu einer Reihe von Problemen und Auseinandersetzungen. Denn auf irgendeine Weise bleiben beide Partner ja meist abhängig vom Rat und von der Hilfe eines Älteren, von sozialen Bedingungen der Umwelt – oder im Berufsleben vom »Boss«.
Verändert sich die Umwelt, verändern sich die Arbeitsbedingungen, so geraten solche Ehen oder Partnerschaften oftmals in Schwierigkeiten. Kritisch wird es auch, wenn die väterlichen Leitbilder nicht gut beraten oder die Vorgesetzten schlecht geführt haben. Die meisten Partner werden sich in einem solchen Fall einen neuen Partner vom Typ 2 suchen. Manchmal mit einem Ton von Bitterkeit: Mein Partner hat mich hängen lassen! Auf meinen Chef war kein Verlaß!

Wenn Übersicher und Untersicher heiraten

Will man die Beziehungen zwischen Frauen und Männern richtig verstehen, so muß man unbedingt zwischen sozialer Rolle und Typ unterscheiden. Das habe ich im vorigen Kapitel gezeigt. Ich habe auch geschildert, wie die Rollenerwartungen aussahen. Bevor die moderne Frauenbewegung die Gleichberechtigung der Frauen in Gang setzte, war in den westlichen Gesellschaften strikt festgelegt: Frauen hatten sich dem Typ 1 entsprechend zu verhalten; sie hatten die männliche Vorherrschaft nicht infragezustellen. Männer mußten aus dem Holz von Typ 2 geschnitzt sein. Wenn Männer vom Typ 2 Frauen vom Typ 1 heirateten, so lief alles recht zufriedenstellend. Viele dieser Ehen waren insbesondere dann erfolg-

reich, wenn die Partner sich Abweichungen gestatteten: der Ehemann vom Typ 2 überließ seiner Frau vom Typ 1 auf gewissen Gebieten die Führung; etwa indem er ihre »Mütterlichkeit« anerkannte. Die Ehefrau vom Typ 1 erlaubte ihrem Mann vom Typ 2 ein wenig Abhängigkeit; etwa indem sie ihn das »große Kind« sein ließ.
Nun hat es im Laufe der Geschichte viele Frauen mit einer Persönlichkeitsstruktur vom Typ 2 gegeben, und ebenso viele Männer mit einer Struktur vom Typ 1. Wenn ein Mann vom Typ 1 und eine Frau vom Typ 2 einander heiraten – was dann? Natürlich können auch sie eine gelungene Partnerbeziehung aufbauen, genauso gelungen wie im umgekehrten Fall. Doch entspricht ihre Typzugehörigkeit nicht der gesellschaftlichen Norm. So müssen sie für ihre »Abweichung« einen Preis zahlen: den Preis gewisser innerer und äußerer Konflikte. Im Extremfall ergab sich folgendes: der Mann wurde von den anderen – und schließlich auch von sich selbst – als schwach und weich angesehen, als ein Mann, der unter dem Pantoffel steht. Und die Frau wurde schnell zum herrschsüchtigen Drachen erklärt. Eheprobleme bei solchen Paaren haben vielfach weniger mit ihrer persönlichen Haltung zu tun. Sie rühren vielmehr aus der Angst her, nicht mit den sozialen Normen übereinzustimmen. Um der sozialen Norm nun doch noch irgendwie zu entsprechen, sucht jeder Partner oftmals ein Übermaß an Entlastungsverhalten. Das erbringt jedoch keine wirkliche Entlastung im Zusammenspiel der Ehepartner. Es stellt keine sinnvolle Alternative zum »typischen« Verhalten dar. Es führt vielmehr zu Überbeanspruchung der inneren Kräfte beider Partner.
Und wenn Menschen vom gleichen Charaktertyp einander heiraten? Da ist besonders spürbar, wie bis in die jüngste Zeit hinein die soziale Norm vom männlichen und weiblichen Rollenverhalten in einer Ehe die Anerkennung des wahren Typs des Mannes und der Frau verwischt oder verhindert. Egal ob die beiden zum Typ 1 gehören oder zum Typ 2 – die Frau sah sich in solchen Fällen, ganz unabhängig von ihrem wahren Typ, in die Typ 1-Rolle gedrängt und der Mann in die Typ 2-Rolle.

Wenn einer plötzlich aussteigt

Heute brechen viele Ehen nach 20–30 Jahren Dauer auseinander. Denn heute ist zunehmend gesellschaftlich gebilligt, was vor 10–15 Jahren noch unmöglich war: offen sein zu dürfen und zu zeigen, wer man in Wahrheit

ist, was einen wirklich interessiert, was man gerne mag. Bisher hatte ein Ehepartner eine soziale Festlegung seiner Beziehung zum anderen Partner, die eigentlich seinem Typ entgegengesetzt war, vielleicht akzeptiert. Jetzt hat er die Freiheit, diese Partnerrolle als ungeeignet zu verwerfen und sich mit dem Partner darüber auszusprechen.
Diese Entwicklung mag für den einen Partner sehr positiv sein – nur ist der andere oft nicht in gleicher Weise zu Veränderungen bereit. Das kann zum Aussteigen aus einer Ehe führen. Manchmal geschieht das ganz schlagartig. Die plötzliche Erkenntnis: »Jahrelang habe ich eine Rolle gespielt, von der ich nun weiß, daß ich überhaupt nicht mit ihr übereinstimme«, bringt meinen angesammelten Zorn und Ärger zum Ausbruch, den ich all die Jahre mühsam im Zaum gehalten habe.
Mein Ärger sucht einen Adressaten. So wendet er sich gegen den Gefährten, dem ich nun plötzlich all das zur Last lege, was mir in der Vergangenheit unangenehm war. Bei einer Ehe zweier Menschen vom Typ 1 ist es wahrscheinlich der Ehemann, der seine Frau beschuldigt, sie habe ihn lange genug unterdrückt und in die Rolle des »verantwortungsvollen Brotverdieners« gedrängt. Diese Rolle war ihm sozial vorgeschrieben. Er mußte sie spielen – auf Kosten seiner dem Typ 1 entsprechenden Neigung, sich auf mehr Abhängigkeit und weniger Verantwortung einzulassen.
In einer Ehe zweier Menschen vom Typ 2 dagegen wird wahrscheinlich die Frau die Initiative ergreifen. Sie wird ihren Mann beschuldigen, er habe sie lange genug in die abhängige Rolle der unterwürfigen Hausfrau gezwängt. Das paßt überhaupt nicht zu ihrem unternehmungslustigen und energischen Typ2-Charakter.
Mit anderen Worten: in einer Ehe zweier Menschen vom Typ 1 ist der Mann der Leidtragende. Er leidet unter sozial vorgegebenen Normen und Konventionen. Er wird im Konkurrenzkampf ums tägliche Brot verschlissen. Seine Kreativität und seine schöpferischen Fähigkeiten, auch seine Fähigkeiten zur Zusammenarbeit mit anderen Menschen, kommen nicht zur Entfaltung.
In einer Ehe zweier Menschen vom Typ 2 leidet die Frau. Sie leidet besonders in den Ehen, die noch nichts von der neuen Bewegung zur Frauenemanzipation mitbekommen haben. Die sozialen Normen zwangen ihr ein Verhalten in Abhängigkeit auf, das nur zu oft gar nicht ihrem Typ entsprach, das ihrer Initiative keinen Spielraum ließ.
Von der Frau wurde etwa erwartet, sie habe sich allen Plänen und Wünschen im Leben ihres Mannes freudig und ohne Murren unterzuordnen.

Das fing bei den Wohnungs- und Ortswechseln an, die sich aus der beruflichen Laufbahn oder den Neigungen ihres Mannes ergaben. Es setzte sich bei der Auswahl der gemeinsamen Freunde fort oder in der Art, die Freizeit zu verbringen. Vielleicht hatte sie ihrem Mann zuliebe sogar ihre Ausbildung abgebrochen (»Du brauchst nicht mehr zu arbeiten, ich sorge für das Einkommen«). Kurz, ihre Interessen wurden nicht berücksichtigt.
In vielen dieser Ehen neigt der Partner, der sich im Vergleich zur sozial vorgeschriebenen Rolle als »Fehlbesetzung« erweist, später gern dazu, alles vergangene Weh und Leid seinem relativ unschuldigen Gefährten in die Schuhe zu schieben. An allem was schief gegangen ist und nicht nach Wunsch verlief, ist der andere schuld, dessen Typ mit dem sozialen Klischee übereinstimmt. Vielleicht hat der andere sich auch noch ganz wohl gefühlt und seine soziale Rolle akzeptiert, – während man selbst gelitten hat (und keiner von beiden so richtig merkte, wie irgenwann irgendetwas begann, völlig falsch zu laufen). Dadurch kann sich ihr oder sein Ressentiment natürlich noch verstärken. Die wirkliche Ursache dieses Grolls ist aber in der »Fehlbesetzung« einer sozialen Rolle zu suchen. Sie entsprach nicht dem eigenen Typ. Der »fehlbesetzte« Partner hatte inzwischen einen sehr großen Teil dieses nicht passenden Rollenverhaltens zu seinem eigenen Verhalten gemacht. Der Grund dafür liegt eher im sozialen Anpassungsdruck als darin, daß man vom jetzt beschuldigten Partner dazu genötigt wurde. (Obwohl dieser Partner vermutlich über den bisherigen Zustand froh war, weil er sicher seinem Typ entsprach.)

Der Mann im Konflikt mit seiner Rolle (oder: Wenn zwei vom Typ 1 sich trennen)

Jörg und Katharina sind beide vom Typ 1. In früher Kindheit, besonders zwischen dem zweiten und dritten Lebensjahr, wurden sie von sehr strengen, beherrschenden Eltern aufgezogen. Beide erhielten eine streng religiöse Erziehung. Kennengelernt haben sie sich während der letzten Schuljahre in der Oberstufe. Beide Eltern hatten ihre Freundschaft ausdrücklich gebilligt und waren ihnen auch bei der Gründung eines eigenen Hausstandes behilflich. Ein »ideales« Paar, sowohl er als sie intelligent und gut aussehend. Jörg machte eine erfolgreiche Karriere als Rechtsanwalt in einem Stadtteil nicht weit von seinen Eltern. Sie hatten fünf Kinder und taten all die »richtigen« Dinge, die man eben so tut, wenn man zur oberen Mittelschicht gehört.

Katharina glaubte, sie sei glücklich verheiratet. Sie fühlte sich wie vor den Kopf gestoßen, als sie sich nach 20 Jahren von Jörg Vorhaltungen über ihr Verhalten ihm gegenüber anhören mußte. Klagen und Beschwerden, sie habe ihn nie verstanden, reihten sich aneinander. Er hielt ihr nicht nur Beispiele aus der Gegenwart vor, sondern griff auch auf längst verflossene Geschichten zurück. Besonders hart traf sie, daß er ihr gerade all das zum Vorwurf machte, was er immer so sehr an ihr geschätzt hatte. Völlig aus der Fassung brachte sie aber, daß er sie einerseits beschuldigte: sie sei völlig abhängig von ihm, um dann das genaue Gegenteil an ihr zu kritisieren: sie sei so herrschsüchtig.

Besonders wütend machte es ihn, wenn sie ihn nach seiner Meinung über irgendetwas fragte. Er empfahl ihr daraufhin nur, ihr Köpfchen ein bißchen anzustrengen und selber nachzudenken. Dann aber beschuldigte er sie plötzlich, sie würde ohne Rücksicht auf ihn Entscheidungen fällen. Weiter forderte er sie immer wieder auf, sie solle sich »ändern«, ohne genau zu sagen, was er darunter verstand. Je mehr Mühe sie sich gab und je mehr sie sich anstrengte, desto schlimmer wurde die Situation.

Schließlich zog Jörg voller Zorn aus der gemeinsamen Wohnung aus. Er könne es nicht länger aushalten, von Katharina »unterdrückt« zu werden, sagte er. Währenddessen war Katharina mit ihrer Weisheit am Ende. Sie begann zu verzweifeln, weil sie die Dinge zwischen ihnen nicht mehr ins rechte Lot zu bringen wußte. Zu guter Letzt fragte sie sich, warum er durchdrehe: ob er verrückt spiele oder es tatsächlich sei.

Das Problem lag aber nicht darin, daß Jörg zu spinnen begann. Vielmehr hatte er sich plötzlich und abrupt von dem Eltern-Ich in seiner eigenen Persönlichkeit gelöst. Dieses hatte ihn jahrelang gezwungen, sich auf eine Art und Weise zu verhalten, die für seinen wahren Typ viel zu sicher, hilfsbereit und stark war. Er hatte ständig versucht, dem gesellschaftlichen Muster vom selbstsicheren Ehemann zu folgen, immer in der Furcht, er könne als unmännlich »entlarvt« werden.

Katharinas angepaßtes Verhalten entsprach ihrem eigenen Typ. *Sie* war mit ihrem Zusammenleben mit Jörg zufrieden. Doch das verstärkte sein Gefühl nur noch mehr, im Verlauf all der Jahre bloß ein Schatten seiner selbst gewesen zu sein. Auch fühlte er sich um eine gewisse Fürsorge ihrerseits betrogen, ohne die er nun einmal nicht auskommen könne, wie er ihr vorwarf. Gelegentlich hatte er zaghaft um Hilfe gebeten, und sie hatte

versucht, ihn »mütterlich zu umsorgen«. Sie hatte sich auch noch bemüht, das genauso zu tun, wie das soziale Modell der Frau und Mutter es verlangte. Doch sie war nun einmal vom Typ 1. Darum geriet ihr ihre Fürsorge mehr nach dem Muster des angepaßten Kind-Verhaltens als nach dem einer selbstsicheren Frau. Die aber hatte er sich insgeheim immer gewünscht.
Jörg fühlte sich daher nur noch weniger verstanden. Den Kindern war sie doch eine gute Mutter gewesen – aber ihm, dem Gatten gegenüber, war sie dazu nicht imstande! (Natürlich hatte er seine diesbezüglichen Wünsche auch nicht eher zu erkennen gegeben.)

Blick zurück im Zorn

Jörg machte eine Protestphase durch wie die Jugendlichen in der Pubertät, wenn sie sich von ihren Eltern lösen und ihre eigene Lebensweise entwikkeln. Sein Aufbegehren gegen die männliche Sozialrolle wandte sich gegen Katharina. Er war voller Zorn, daß sie ihm trotz all seiner Opfer nicht die Art von elterlicher Zuwendung gegeben hatte, die er immer noch für seine Entwicklung brauchte. Anfangs konnte er nicht erkennen, daß er sich hauptsächlich deshalb so ausgebrannt und elend fühlte, weil er sich über Jahre in die Rolle des »starken Mannes« gezwungen hatte, eine Rolle, die zu seinem Typ überhaupt nicht paßte. Er hatte sich den gängigen gesellschaftlichen Normen überangepaßt – aus Furcht, als schwächlicher Weichling oder gar als Homosexueller angesehen zu werden.
Mit therapeutischer Hilfe lernte Jörg, was ihm zuvor unmöglich gewesen war, sich selbst und seinen Typ so zu akzeptieren, wie er war. Seine Wut und Empörung legten sich etwas, nachdem er erkannt hatte: nicht Katharina war es, die ihn tyrannisierte. Sondern er hatte in den zurückliegenden Jahren zu gewaltsam versucht, sich einem Ideal anzupassen – dem Modell seines Vaters, dem er wirklich nun nicht ähnlich war, wie sehr er auch versuchte, dessen Verhalten nachzuahmen.
Trotzdem war der Riß in der Ehe von Jörg und Katharina nicht mehr zu kitten: als Jörg endlich das ganze Spiel durchschaut hatte, waren schon zu viele Frustrationen und Spannungen aufgehäuft. Zu viel »Gemeinsamkeiten« waren zerschlagen, selbst wenn Katharina es nicht wahr haben wollte und gegen eine Scheidung kämpfte. Schließlich erkannte auch sie, daß der »neue«, wahre Jörg nicht länger dem Bild von einem Mann entsprach, das

er einst für sie verkörpert hatte. Das erlaubte ihr, einen neuen Partner mit der Persönlichkeit vom Typ 2 zu finden.
Er besaß all die Eigenschaften, die sie an einem Mann schätzte. Auch Jörg heiratete bald eine sehr selbständige Frau. Sie unterstützte und pflegte all die neuentdeckten kreativen und witzigen Seiten seiner Persönlichkeit, die vorher verschüttet gewesen waren.
Die Trennung von Jörg und Katharina hatte voll Zorn und Bitterkeit begonnen. Später gelang es den beiden sogar, eine pragmatische und gute Vereinbarung über die beiden jüngsten Kinder zu treffen. Das war ein großer Schritt. Allzuoft muß nämlich die Frau bei solchen Scheidungen hart mit dem rücksichtslosen und aufbrausenden Verhalten des Ehemannes kämpfen, wenn die Regelung der finanziellen Fragen und der Erziehung der Kinder ansteht. Um so mehr dann, wenn der Mann sich gegen das Rollenklischee auflehnt, dem sich beide im bisherigen Zusammenleben gefügt haben – unter dem Anpassungsdruck bevormundender Eltern oder einer prägenden Umwelt.

Die Frau im Konflikt mit ihrer Rolle
(oder: Wenn zwei vom Typ 2 sich trennen)

Norbert und Monika hatten sich bei einer Protestveranstaltung gegen die Notstandsgesetze zur Zeit der APO kennengelernt. Sie lebten eine Zeitlang miteinander, heirateten dann und bekamen zwei Kinder – so wie sie es geplant hatten.
Monika hatte in ihrer Kindheit ihre Mutter nur als schwere Alkoholikerin mit psychotischen Anfällen erlebt. Von ihrem Vater erfuhr sie später, daß sie schon im frühen Alter von zwei bis drei Jahren gelernt hatte, auf sich selbst und sogar auf ihre Mutter aufzupassen. Monika war die einzige, die die Mutter bei ihren explosionsartigen, gefährlichen Wutanfällen ansprechen und besänftigen konnte. Wenn die Mutter zu unberechenbar wurde, war sie es, die schnell die Nachbarn um Hilfe bitten mußte, um ihren Vater an seinem Arbeitsplatz zu verständigen.
Norbert war der älteste von vielen Geschwistern in einer Familie, deren Vater immer noch in Kriegsgefangenschaft war. Seine Großmutter, die den Haushalt versorgte, während seine Mutter arbeitete, vergötterte ihn. Da die Großmutter auch nicht mehr die Jüngste war, wurde Norbert bald ganz unentbehrlich – er erledigte die Einkäufe, paßte auf die Geschwister auf usw. Schon von Kind an wurde Norbert als der »Verantwortliche« im Haus angesehen, besonders als dann auch noch die Großmutter starb.

Aus verschiedenen Gründen, und auf unterschiedlichem familiären Hintergrund, hatten Norbert und Monika jeder eine starke Typ 2-Persönlichkeit entwickelt. Mit einem klar umrissenen persönlichen und sozialen Wertsystem – wie es für Menschen vom Typ 2 charakteristisch ist. Gemeinsame Werte und Ideale hatten Norbert und Monika zu Beginn ihrer Partnerschaft einander nahe gebracht und miteinander verbunden.
Viele Jahre lang führten sie eine glückliche Ehe. Sie hatten gemeinsame Vorstellungen und Gedanken, teilten sich in die Kindererziehung und die Arbeit im Haus. Und beide schlossen ihr Pädagogikstudium in Berlin ab und fanden auch entsprechende Arbeit – sie in der Erwachsenenbildung, er als Assistent an einem pädagogischen Institut.
Bis Norbert eine Professur an einer neu gegründeten Universität bekam. Monika gab als gute Ehefrau und Mutter ihren interessanten Beruf auf und übernahm mit vielleicht zu großer Entschlossenheit die von ihr erwartete Rolle, ihrem Mann beim Aufbau seiner Karriere behilflich zu sein. Ein wichtiger Faktor war natürlich auch, daß Norbert jetzt mehr Geld nach Hause brachte, als vorher beide zusammen verdient hatten.
Die Familie zog an den neuen Wohnort, in ein schönes und bequemes Haus, ganz in der Nähe der Universität. Monika hatte beträchtliche Schwierigkeiten, eine Beschäftigung in ihrem Beruf zu finden, und mußte sich schließlich mit uninteressanten Teilzeitjobs, die ihr das örtliche Arbeitsamt vermittelte, zufrieden geben. Was dann geschah, wollte keiner so recht glauben, der Monika gekannt hatte. Aus der tüchtigen und ausgeglichenen Person, der vernünftigen und verantwortungsvollen Mutter, wurde schon nach kurzer Zeit ein nervöser, an Mann und Kindern herummäkelnder Hausdrachen. Ihr Verhalten war ihr selber unverständlich, und sie machte sich deswegen heftige Vorwürfe. Sagte sie sich doch: »Jetzt haben wir all das erreicht, wonach wir uns immer gesehnt haben.« Sie wollte ihre Ehe nicht kaputt gehen lassen und befürchtete, daß sie sich wie ihre eigene Mutter entwickeln und den Kindern Leid und Schaden zufügen könne. Monika gab ihrem ermüdenden Job die Schuld und hörte deshalb ganz auf zu arbeiten. Bald machten ihr aber schwere Depressionen bis hin zu Selbstmordgedanken zu schaffen. In therapeutischer Behandlung erkannte sie nach kurzer Zeit, daß sie ihre Krankheit dazu benutzte, Neid und Konkurrenzgefühle gegenüber ihrem Mann und natürlich seinem großartigen Aufstieg im ehemals gemeinsamen Beruf zu verstecken.

Die gemeinsame Überzeugung – Opfer der Karriere?

Doch neben den jetzt aufgedeckten Neid- und Konkurrenzgefühlen gab es noch etwas anderes: viele der ehemals gemeinsamen sozialen und politischen Werte hatten für Norbert im Laufe seiner Karriere an Bedeutung verloren. Mehr noch: seine Ansichten hatten sich auf eine Art und Weise verändert, die Monika insgeheim verachtete. Mit einem Mal wurde ihr klar: ihr Versuch, die treuergebene Ehefrau eines erfolgreichen Mannes zu spielen, hatte sie dazu gezwungen, ihre politischen Ansichten so zu modifizieren, wie es die Stellung ihres Mannes erforderte. Sie erlaubte sich nicht mehr, von ihrer eigenen Perspektive auszugehen.
Monikas Bedürfnisse und Wünsche waren keineswegs »verrückt« oder unredlich. Gewiß, ihr Verlangen nach Selbstbestätigung und Einflußnahme waren dem Ansehen und der Karriere ihres Mannes nicht gerade förderlich. Aber seit dem Umzug hatte Monika ihre eigene Persönlichkeit geradezu verraten. Um sich normal zu entfalten, brauchte sie einfach ein außerhäusliches Betätigungsfeld, auf dem ihre Führungsqualitäten zur Geltung kamen. Das reichte aber noch nicht. Ihr fehlte auch die Möglichkeit, ihre eigenen Anschauungen – in diesem Falle waren sie politischer Natur – vertreten zu können. Vor allem Menschen vom Typ 2 ersticken, wenn sie keine Gelegenheit haben, ihre eigenen Wertvorstellungen zum Ausdruck zu bringen.
Nach dieser Erkenntnis lebte Monika schlagartig auf. Die Krankheitssymptome verschwanden. Mit Norbert konnte sie jetzt wieder offen über ihre Ideale, Werte und Normen diskutieren – wie zu Beginn ihrer Partnerschaft. Leider machte der Verlauf solcher Gespräche beiden klar, daß in den Jahren des Zusammenlebens von den ehemals gemeinsamen Überzeugungen vom Leben und seinen Prioritäten nichts mehr übrig geblieben war. Ihre Vorstellungen hatten sich in gegensätzliche und nicht miteinander zu vereinbarende Richtungen entwickelt. Diese neuen Grundsatzdiskussionen zeigten beiden, wie weit sie auseinandergewachsen waren. Das bot Anlaß zu neuem Streit. – Dennoch begannen beide, sich besser zu fühlen. Für Menschen vom Typ 2 ist es ja charakteristisch, daß sie stets den anderen zu ihren Ansichten zu bekehren oder zumindest davon zu überzeugen suchen, daß sie »im Recht« sind.
Aus diesem Grund können Ehepartner vom Typ 2 sehr gut und auch sehr lange miteinander auskommen – solange sie darin übereinstimmen, daß und wie sich *andere* ändern sollten – Kinder, Freunde, die Gesellschaft.

In solchen Ehen kann es aber auch zu folgenschweren Auseinandersetzungen kommen, wenn einer der Partner ein neues Meinungs- und Wertsystem entwickelt, das vom anderen Partner abgelehnt wird.
Norbert und Monika mußten erkennen: In zu vielen zentralen Angelegenheiten waren sie verschiedener Meinung. Keiner von ihnen mochte den eigenen Standpunkt aufgeben – beide waren nun einmal »grundsolide« Typ 2-Charaktere. So entschlossen sie sich zur Scheidung. Sie blieben jedoch gute Freunde und kamen zu vernünftigen Absprachen im Blick auf die Kinder, als Monika später wieder nach Berlin zurückging.
Keiner beugte sich dem gegenseitigen Vorwurf, versagt zu haben – eine unerträgliche Vorstellung für einen Menschen vom Typ 2. Und versagt zu haben, ist leider auch die häufigste Anschuldigung, die gegen den anderen oder auch gegen sich selbst gerichtet wird, wenn zwei Menschen vom Typ 2 in Streit geraten.

Bevor die nächste Krise kommt – was kann ich tun?

Ich hoffe, ich habe Ihnen mit meinen beiden Fallbeipielen nicht Angst gemacht. Denn Ehen zwischen Menschen gleichen Typs können auch ganz prima sein. Außerdem will ich Sie keineswegs dazu bringen, sich überhaupt nicht an Ihren Partner anzupassen. Ein gewisses Maß von gegenseitiger Anpassung gehört dazu, wenn zwei zusammenleben. Entscheidend ist, daß keiner sich dabei selber vergewaltigt!
Jede Kombination von Typen kann zu einer guten Ehe führen: 1 mit 1, 1 mit 2, 2 mit 2. Hauptsache, Sie kennen die Fallen, in denen Sie sich fangen können. Der nächste Streß kommt bestimmt. Sie können vorbauen, wenn Sie wollen. Sie können im voraus, in einer entspannten, ruhigen Situation mit Ihrem Partner darüber sprechen. Schauen wir uns als besonnene Erwachsene, unter normalen Bedingungen, unsere Beziehung an – welche Gefahren, welche Abgründe werden sich möglicherweise auftun, wenn es mal wieder zu Spannungen kommt? So können Sie eine Ansammlung von gegenseitigen Mißverständnissen, von Unmut und überspitzten Reaktionen zwischen Ihnen vermeiden. Außerdem sind Sie beide auf das Verhalten des anderen in Krisensituationen vorbereitet.
Gehen Sie einmal den folgenden Fragen nach. Setzen Sie dazu Ihr Erwachsenen-Ich ein. Lassen Sie sich auch von Ihren Freunden (mit deren Erwachsenen-Ich) dabei helfen:

- Welches ist mein Typ? Welches ist der meines Partners?
- Auf welches Entlastungsverhalten greifen wir gerne zurück?
- Wie reagiere ich – typischerweise – unter Streß? Wie reagiert mein Partner? Welche Probleme ergeben sich möglicherweise aus der Kombination unserer beiden Typen?
- Wo verhalte ich mich zu starr, wo folge ich zu unbeweglich meinem Charaktertyp? Wie ist das mit meinem Partner?
- Verleugnet einer von uns beiden seinen wahren Typ? Versuche ich selbst oder mein Partner zu sehr, ein soziales Rollenmuster auszufüllen, das eigentlich meinem – oder seinem – Wesen nicht entspricht?

In der Ehe wird der gewaltsame Versuch, eine Rolle auszufüllen, die im Gegensatz zum eigenen Typ steht, zweifellos früher oder später zu Ärger führen – wie bei Jörg oder bei Monika. Dagegen nützt es, ganz bewußt zu erkennen, daß das uns umgebende soziale System uns in eine lebenslängliche Rolle gedrängt hat, aus der man herausfinden kann. Das ist sicherlich besser, als seinem eigenen Typ Gewalt anzutun, indem man ihn verleugnet und vorgibt, etwas zu sein, was man gar nicht ist.
Schließlich die Frage:

- Will ich etwas ändern? Wenn ja, was? Was kostet es mich, was bedeutet es für meinen Partner und unsere Beziehung? Weiß er oder sie von meinen Beschlüssen?

Es ist beispielsweise durchaus möglich, zusätzliche Rollen zu finden, die eher zum eigenen wirklichen Typ passen. Man darf den Beruf wechseln, man kann sich in geeigneten Gemeinschaftsaufgaben engagieren. (Das hat sich besonders für Männer vom Typ 1 und Frauen vom Typ 2 als eine gute Möglichkeit erwiesen.)

Ehetips für Anpassungsfähige

Persönlichkeiten vom Typ 1 können sich das Leben in einer Partnerbeziehung leichter machen, wenn sie sich die Einsicht erlauben: sie sind eher unsicher und abhängig als Menschen vom Typ 2. Sie müssen verstärkt ihr Erwachsenen-Ich einsetzen, um selbständiger und weniger mitleidsbedürftig zu werden. Andererseits genießen sie Fürsorge und Unterstützung. Sie blühen auf, wenn solche Hilfe aus freien Stücken angeboten wird.
Falls Sie als Typ 1 mit jemand vom Typ 2 verheiratet sind, hüten Sie sich vor übergroßer Abhängigkeit, so angenehm sie Ihnen auch sein mag. Falls

Sie sich dominiert fühlen: reden Sie offen mit Ihrem Partner darüber, wieviel Hilfe Sie tatsächlich brauchen. Sonst laden Sie ihn gerade ein, Sie mit zu großer Hilfsbereitschaft zu erdrücken. Machen Sie sich klar, was wirklich los ist, wenn Sie das Gefühl haben, im Stich gelassen zu werden. Damit Sie nicht aus unbewußter Furcht in Opposition gehen oder gar rachsüchtig werden.

Wenn Sie als Typ 1 mit einem Partner vom Typ 1 verheiratet sind, führen Sie sich die Vorteile und Risiken einer solchen Verbindung vor Augen: diese Beziehung ermöglicht es, eine sehr starke Vertrautheit mit dem anderen zu entwickeln, auf der Ebene »Kind-zu-Kind«. Außerdem werden Sie meistens viel Spaß miteinander haben. Natürlich können Sie sich auch gegenseitig Angst machen, wie Romeo und Julia. Oder sich wie zwei Kinder aneinanderklammern und so mit den Unbilden des Lebens zurechtzukommen versuchen. Ist nur einer von beiden außer Haus tätig, so seien Sie sich im klaren, daß dies für jeden einzelnen Partner ganz verschiedene Konsequenzen hat: der Geldverdiener sieht sich möglicherweise überlastet. Der Partner zu Hause fühlt sich vielleicht übermäßig einsam und verloren. So mag jeder vom anderen mehr »elterliche« Zuwendung ersehnen, als der andere zu geben bereit ist. Denn beide fühlen sich überfordert. Beide müssen ihr Erwachsenen-Ich einsetzen und sich einen zusätzlichen eigenen Bereich schaffen. Sie sollten neue Personen oder Interessengebiete finden, ohne sich dann wieder vom Gewicht der anderen zu stark einengen zu lassen. Es empfiehlt sich auch, ganz bewußt und überlegt Pläne zu schmieden, wie jeder von ihnen eigenen Aktivitäten nachgehen kann. Das Ziel ist, nicht abhängiger voneinander zu sein, als dies ein jeder ertragen kann.

Ihren Kindern gegenüber sind Eltern vom Typ 1 meist sehr nachgiebig und fröhlich, wenn sie keine wirtschaftlichen Sorgen haben. (Derartige Probleme sind für Personen vom Typ 1 weit belastender als für solche vom Typ 2.) Eltern vom Typ 1 müssen meist lernen, ihren Kindern auch Grenzen zu setzen. Sonst geraten sie in die Gefahr, von ihnen tyrannisiert zu werden. Die Ehefrau sollte sich dabei klar machen, daß ihr Mann eventuell leicht eifersüchtig wird und sich schnell ausgeschlossen fühlt – von ihr selbst oder von den Kindern. Aber das heißt nicht, daß sie ihren Mann nun auch noch bemuttern müsse. Das Beste wäre, wenn jeder offen seine Bedürfnisse äußert – ohne dabei auf den anderen Druck auszuüben: Erfülle sie mir doch! Mit etwas Gelassenheit und Humor lassen sich solche Situationen gut überstehen.

Persönlichkeiten vom Typ 2 erleichtern sich das Leben, wenn sie sich mit der Einsicht vertraut machen: sie neigen dazu, unabhängiger und eigenwilliger zu sein als Menschen vom Typ 1. Und sie sollten verstehen lernen, daß Selbständigkeit und Unabhängigkeit nicht dasselbe sind. Selbständigkeit schließt die Fähigkeit ein, seine Bedürfnisse richtig zu erkennen und einzuordnen. Unabhängigkeit dagegen verneint die eigenen Bedürfnisse manchmal oder unterdrückt sie. Ehepartner vom Typ 2 müssen sich bewußt machen, daß ihr eigenes Kind-Ich auch hin und wieder Hilfe und Unterstützung nötig hat. Nur zu oft unterdrücken gerade Menschen vom Typ 2 die Bedürfnisse ihres eigenen Kind-Ichs, indem sie die Verantwortung für das Kind-Ich eines anderen übernehmen.

Wenn Sie mit einem Menschen vom Typ 1 verheiratet sind, besteht die Gefahr, daß Sie herrschsüchtig und rechthaberisch werden. Lassen Sie es auch nie so weit kommen, daß Sie sich ausgenützt fühlen. Sprechen Sie dann mit Ihrem Partner darüber. Das nimmt solchen Gefühlen die Sprengkraft. Am besten ist es natürlich, wenn jeder dem anderen sagt, wieviel er in der einen oder anderen Angelegenheit übernehmen oder sich engagieren will und kann. Um sich wirklich schöpferisch entfalten und sich weiter entwickeln zu können, muß jeder seine eigenen Bedürfnisse respektieren. Er darf sie nicht dem anderen opfern – sozusagen als Geburtshelfer für die Kreativität seines Partners.

Die Ehe mit einem ebenfalls zum Typ 2 gehörenden Partner bietet gute Voraussetzungen für eine klar erkennbare, wirklich anregende und produktive Entwicklung – besonders in Bereichen gemeinsamer Interessen und bei der Erziehung der Kinder. Leicht kann eine solche Partnerschaft aber auch dazu führen, daß beide versuchen, sich gegenseitig auszustechen, daß sie Konkurrenzgefühle entwickeln, wer mehr Einfluß ausüben kann, wer mehr Zuneigung oder Bewunderung bei Kindern, Freunden, Nachbarn usw. erfährt. Persönliches Konkurrieren um jeden Preis ist kräftezehrend und unterminiert auch die besten Voraussetzungen einer Ehe.

Wenn beide Partner dem persönlichen Erfolg sehr große Bedeutung beimessen, ist es besonders notwendig, daß sie sich auf der Ebene ihrer Erwachsenen-Ichs über Meinungen und Werte verständigen. Meinungsverschiedenheiten sollten sie umgehend ausbügeln, sich auch gegenseitig klar machen, wer was wem zuliebe opfert. Sonst bauen sie nur insgeheim Groll

und Unmut auf, werden tadelsüchtig und hart und haben am anderen ständig etwas auszusetzen.
Wie alle Paare werden sich auch zwei Partner vom Typ 2 nach mehr gegenseitiger Fürsorge sehnen. Im Gegensatz zu Menschen vom Typ 1 sind sie oft etwas übereifrig in ihren Hilfs- und Schutzangeboten. Ist der Partner ebenfalls vom Typ 2, werden derartige Hilfsangebote vom Partner nämlich ebenso häufig zurückgewiesen. Man läßt sich gegenseitig wissen, daß man eigentlich etwas ganz anderes wollte und sich mißverstanden fühlt. Der Ehemann z.B. sollte kein doppeltes Spiel treiben, wenn er sich von seiner Frau zurückgewiesen oder gar vernachlässigt fühlt – er darf auch keine übertriebene »Wiedergutmachung« in Form von Unterwürfigkeit von ihr erwarten, selbst wenn sie vom Typ 1 ist, sonst kommt irgendwann einmal die Rache! Ist sie vom Typ 2, so wird die Beziehung nicht ganz so problemlos sein, als wenn er mit einer Frau vom Typ 1 verheiratet wäre. Aber auch hier ist der Sinn für Humor von unschätzbarem Wert, wenn man einander versteht und wenn man sich streitet.

6. Gefühlsausbeuter

Wenn der Typ zur Karikatur wird

Bisher haben wir uns hauptsächlich mit »normalen« Transaktionen und Beziehungen beschäftigt, so wie sie im Alltag ständig vorkommen. Es gibt indessen Leute, die ihrem Typ so stark verhaftet sind und derart nach Bestätigung ihres Typs hungern, daß sich ihre Transaktionen geradezu wie Karikaturen normaler Kontakte ausnehmen. Man erkennt das nicht immer von Anfang an. Solche Menschen nenne ich *Gefühlsausbeuter.* Ihre Mitmenschen geben ihnen Titel wie »Quasselstrippe«, »Klette«, »Nervensäge« oder dergleichen.
Sicher haben auch Sie, lieber Leser, schon öfter unter solchen Personen zu leiden gehabt. Man trifft sie bei Konferenzen und privaten Einladungen, im Zugabteil und auf der Parkbank. Auf den ersten Augenschein können sie so attraktiv und reizend wirken wie z.B. Anne. Anne empfindet innerlich: »Was habe ich schon zu bieten, *du* hast alles!« oder »Ich bin natürlich im Unrecht und du hast recht« oder »Mir geht's wahnsinnig schlecht, und dir geht's so gut!« Sie möchte von Ihnen gestreichelt werden. Sie sollen ihr in diesem Augenblick ideale Mutter oder idealer Vater sein.

»Wie schaffe ich das nur?«

Vielleicht eröffnet sie die Unterhaltung mit einer ganz beiläufigen Frage oder Bemerkung. Vorsicht! Wenn Sie jetzt darauf eingehen, kann die reizende Anne ihren nächsten Zug tun. Sie wird Sie mit ihrem schutzbedürftigen oder herausfordernden Kind-Ich ansprechen und damit an Ihr fürsorgliches oder auch kritisches Eltern-Ich appellieren. Bei einer Party könnte das etwa folgendermaßen aussehen:

Anne (Kind-Ich): »Können Sie mir sagen, was gerade los ist? Ich habe das nicht ganz mitbekommen.«

Sie (nicht unbedingt im Eltern-Ich, vielleicht sogar im Kind-Ich oder Erwachsenen-Ich. Aber: ganz gleich, was Sie zur Antwort geben, Anne wird es als Äußerung des Eltern-Ichs aufnehmen, und, weil Anne eine perfekte Gefühlsausbeuterin ist, werden Sie sich bald in diese Position gedrängt sehen. Also sagen Sie): »Oh, Jochen hat eben einen Witz erzählt.«

Anne (Kind-Ich): »Was für einen Witz?«

Sie (geben Auskunft im Erwachsenen-Ich, vielleicht auch im gelangweilten Kind-Ich, werden aber weiterhin vom Eltern-Ich her gehört): »Ach, irgendwas mit einer Katze.«

Anne (Kind-Ich. Achtung – jetzt kommt es): »Ach nein. Wissen Sie, Partys schüchtern mich völlig ein.«

Sie: »Wieso? Hier gibt es doch nichts, wovor man sich zu fürchten hätte!« (Aha, jetzt sind Sie endlich im fürsorglichen Eltern-Ich angelangt, von dem aus Sie Anne zu beruhigen versuchen.)

Anne (streichelt Sie dafür): »Toll, wie selbstsicher Sie sind! Wie machen Sie das bloß?«

Sie: »Ach, das können Sie doch auch.« (Das könnte eine Antwort von Ihrem Erwachsenen-Ich her sein und damit eine Anne frustrierende »Kreuzung«, von der schon in Kap. 1 die Rede war; aber Anne wird es als Antwort vom Eltern-Ich her aufnehmen und Sie weiterhin »komplementär« anreden, und höflicherweise werden Sie in diesem aufgezwungenen Eltern-Ich verbleiben.)

Anne (macht so weiter): »Können Sie mich hier ein bißchen herumführen?«

Sie (vielleicht mit der Hoffnung, ihr zu entkommen, aber doch im Eltern-Ich): »Nun ja, gern . . .«

Wenn die Unterhaltung so weitergeht, werden Sie schnell an einen Punkt gelangen, wo Sie sich eines gewissen Unbehagens nicht erwehren können. Sie haben das Gefühl: Sie werden zu irgendetwas benutzt. Sie werden dazu gebracht, mehr Anteilnahme, Verständnis oder Interesse am Befinden und an den Sorgen Ihres Gegenübers zu zeigen, als Sie im Grunde verspüren. Selbst wenn Anne ernsthafte Probleme vorbringt, von denen Sie

auch angerührt sind – sie wirkt aufdringlich. Sie wird Ihnen lästig. Sie würden gern weggehen, sich anderen Dingen und Personen zuwenden, aber sie läßt Sie nicht los. Sie stellt Frage auf Frage, und sobald Sie sich dazu verleiten lassen zu antworten, folgt schon die nächste Frage.
Was sich da abspielt, ist meist eine Art Pseudokommunikation. Dabei verbleibt Anne im hilfsbedürftigen oder rebellischen Kind-Ich; und Sie, auch wenn Sie vom Erwachsenen-Ich her reagieren, werden von ihr unentwegt als Eltern-Ich behandelt.
Wie kann man ein derartiges Gespräch beenden? Nur so, daß man sein Gegenüber mit einigem Geschick unterbricht oder sich hastig verabschiedet. Aber wem ist schon wohl zumute, wenn er ein offenbar hilfsbedürftiges Wesen kurz abfertigt und stehenläßt? Es kommt noch hinzu, daß jemand wie Anne Ihnen ja auch geschmeichelt, Sie nach Ihrer Meinung gefragt und Ihnen wiederholt gesagt hat, wie sehr sie Ihr Verständnis schätzt, wie dankbar sie Ihnen für Ihren Rat ist. (Mit Sicherheit wird sie keinen Ihrer Ratschläge befolgen, denn ihr lag ja nur an Ihrer Zuwendung und nicht wirklich an Ihrer Hilfe.)

»Das schaffst du doch nicht!«

Menschen wie Anne sind aber nicht die einzigen, denen man sich nach einiger Zeit am liebsten durch rasche Flucht entziehen möchte. Mindestens ebenso lästig sind Leute wie Benno, der – im Gegensatz zu Anne – durch und durch selbstsicher wirkt. (Das ist er zwar nicht. Aber er verheimlicht diese Tatsache geflissentlich vor sich und anderen.) Er verkündet laut und für alle vernehmlich: »Ich weiß Bescheid, du hast keine Ahnung« oder »Ich habe recht, du bist im Unrecht« oder »Ich fühle mich ausgezeichnet, aber dir geht's mies«. Benno gehört zu den betont hilfsbereiten Menschen. Er gibt sich als fürsorgliches (oder aber bevormundendes) Eltern-Ich.
Möglicherweise passiert es auf der gleichen Party. Sie sind Anne endlich entkommen und werden nun von Benno angeredet. Anfangs wirkt er, nach Anne, wie eine Erholung. So etwa könnte es ablaufen:

Benno (Eltern-Ich, was auch zu seiner Rolle paßt, denn er ist der Bruder des Gastgebers und muß sich dementsprechend gastfreundlich betätigen): »Sind Sie auch mit allem versorgt?«
Sie (in Ihrem Kind-Ich angesprochen): »Ja, vielen Dank.«

Benno: »Ich bring Ihnen noch einen Drink.«
Sie: »Vielen Dank.«
Benno: »Haben Sie genug Eis?«
Sie: »Ja, danke.«
Benno: »Geben Sie mir Ihr Glas, ich bringe Ihnen einen neuen Drink.«
Sie: »Nein, wirklich, vielen Dank!«
Benno: »Aber natürlich! Ich bestehe darauf!«
Sie: »Na schön, danke.«

Aber nun geht es weiter. Benno nimmt mit seinem Drink und seiner Zigarre neben Ihnen Platz und möchte alles, was Ihre Gesundheit, Familie und berufliche Situation betrifft, ganz genau wissen. Immer wieder betont er, wie sehr ihn das alles interessiert, und bietet Ihnen seinen Rat und Beistand an.

Vielleicht fühlen Sie sich fürs erste geschmeichelt von seiner Anteilnahme und gehen bereitwillig auf seine Ratschläge ein. Doch schon bald werden Sie das unangenehme Gefühl nicht los, daß Benno eigentlich gar kein wirkliches Interesse an *Ihnen* hat. Seine Anteilnahme ist nur vorgetäuscht. Sie merken, daß Sie selbst mehr und mehr ins angepaßte Kind-Ich geraten sind, daß Sie ihm wiederholt für weitere Hinweise danken, ohne wirklich dankbar zu sein, daß Sie mit dem Kopf nicken, während er Ihnen prahlerisch alles mögliche erzählt. Vielleicht entwickelt sich in Ihnen ein gewisser Trotz, Sie widersprechen ihm, befinden sich jedoch weiter im angepaßten Kind-Ich (denn Trotz ist eine Form von negativer Anpassung, die Art, in der vom angepaßten Kind her im b-Modus »gestreichelt« wird).

Personen vom Typ 2 wie Benno gehen von einem helfenden oder bevormundenden Eltern-Ich aus. Sie legen es darauf an, aus dem Partner nachgiebige, angepaßte oder auch trotzige Kind-Ich-Reaktionen hervorzulokken. Bei solchen Gesprächen können sowohl positive als auch negative Streichelkontakte ausgetauscht werden. Am Ende merken Sie, daß Sie auch von Benno in gewisser Weise ausgenutzt werden, selbst wenn Ihnen nicht gleich klar ist, wie das zuging. So versuchen Sie mit Benno zu einem erträglichen Abschluß zu kommen, aber das ist nicht so einfach: er verfolgt Sie mit weiteren Angeboten, Einladungen usw.

Was zwischen Benno und Ihnen ablief, war nur ein Anschein von Kommunikation. Sie wurden zu Dankesfloskeln und schließlich zu irritierten »kindlichen« Reaktionen verführt, die ihm allesamt die erwünschte Bestätigung seines »über-sicheren« Typs 2 bescherten. Auch wenn solche Menschen Ihnen »dienen«, tyrannisieren sie Sie in Wirklichkeit. Denn sie wollen Ihnen vorschreiben, was Sie fühlen, denken und machen sollen und was nicht. Zu Anfang handelt es sich nur um einen Drink. Doch alles zielt darauf ab, Sie im angepaßten Kind-Ich zu halten, von dem aus Sie Bennos Hunger nach Machtgefühl durch Ihre Zustimmung füttern sollen.

Wenn das Streichelkonto leer ist

Anne und Benno wirken in ihrem charakteristischen Verhalten äußerst gegensätzlich. Sie gehört zu Typ 1 und er zu Typ 2. In einem sind sie einander ähnlich; beide sind begierlich, jede Menge von (»leeren«) Streichelkontakten zu bekommen. In ihrem hektischen Bestreben nach Zuwendung gleichen solche Menschen Kletten oder gar Blutegeln. Man wird sie immer schwerer los, je mehr man in ihnen eine gewisse Erwartung weckt oder höflich bleibt und auf sie eingeht. Selbst schroffe Reaktionen halten sie nicht davon ab, weiterhin durch ihre aufgesetzte Zuwendung die Zuwendung anderer zu erzwingen und so die Nerven ihrer Mitmenschen zu strapazieren.

Personen wie Anne und Benno nenne ich Gefühlsausbeuter. Durch ihr ständiges Nehmen (Typ 1) oder Geben (Typ 2) setzen sie andere psychisch unter Druck, damit sie ihnen Zuwendung und Beistand (zu Typ 1) zukommen lassen oder Dankbarkeit und Folgsamkeit (zu Typ 2) erweisen. Allerdings hat man dazu nach einer gewissen Zeit keine rechte Lust mehr (selbst wenn man sich anfangs gern darauf einließ, weil das Gegenüber in mancher Hinsicht attraktiv oder interessant erschien).

Zuwendung, Kontakt, Zeichen der Bestätigung und der Sympathie, das brauchen wir alle – nicht nur in der Kindheit, sondern ein Leben lang. Eric Berne hat darauf hingewiesen, daß dieses Bedürfnis ganz normal ist. Es ist der Beweggrund für die meisten zwischenmenschlichen Transaktionen. (Es gibt nur ganz wenige Transaktionen, die allein der sachlichen Information dienen, Informationen, die man auf andere Weise wie Beobachtung, Erinnerung oder Lektüre nicht erhalten kann.) Als Erwachsene haben wir viele Möglichkeiten, unsere Kontakte auszuwählen, wir sind nicht wie Säuglinge darauf angewiesen, sofort und ausreichend gestreichelt zu werden, weil wir sonst sterben müßten. Außerdem verfügen wir über ein Streichelguthaben, ein gewisses inneres Reservoir von Erfahrungen der Zuwendung, die uns im Laufe der Entwicklung im Gedächtnis und im Herzen geblieben sind. Im Notfall können wir daraus schöpfen.

Deshalb sind die meisten Menschen normalerweise imstande, auf unbefriedigende und frustrierende Kontakte zu verzichten. Sobald sie merken: dem anderen liegt wenig an mir, oder: es macht Mühe, diese Beziehung fortzuführen, lassen sie davon ab. Personen wie Anne und Benno empfinden dagegen nie, daß sie »genug« Zuwendung oder Bestätigung erhalten haben. Sie sind von einem unstillbaren Hunger besessen und kennen weder Ziel noch Ende.

Süchtig nach Liebe

Das Traurige daran ist: wer sich immer und immer wieder bei anderen anbiedert, ruft völlige Abwehr hervor. Je intensiver der Gefühlsausbeuter sich um Aufmerksamkeit bemüht, desto mehr weicht man ihm aus, und desto weniger Streichelkontakte erhält er. Und selbst die Streicheleinheiten, die er auf seine Weise einheimst, erfüllen ihn nur mit geringer Befriedigung, weil sie mehr aus Höflichkeit oder Langeweile als aus echtem Mitgefühl und Verständnis gegeben worden sind.
Der Gefühlsausbeuter ähnelt einem Süchtigen: er braucht immer wieder seinen »Stoff«, an den er nur unter großen Schwierigkeiten und äußerstem Aufwand an Zeit und Energie gelangen kann, um doch nie genug davon zu bekommen. So gerät er in eine zunehmende Entfremdung sich selbst und der Umwelt gegenüber. Die anderen machen sich über seine aufgesetzt und unecht wirkenden Gefühle lustig oder ziehen sich von ihm zurück, ohne zu merken, daß er selbst eigentlich mehr unter den Folgen seiner Gefühlsausbeutung leidet als die Partner, die er ausbeutet. Warum er das tut, weiß er freilich selber nicht (ganz wie der Drogensüchtige, der nur den momentanen Druck empfindet und nicht, was sich dahinter verbirgt). Der Gefühlsausbeuter macht nur immer weiter mit seinem Hunger nach Zuwendung, den er seinem Typ entsprechend zu stillen sucht, und mit seiner Verzweiflung über seine unbefriedigten Bedürfnisse.
Dieser Ausbeutungsmechanismus und das fortwährende Verlangen nach neuen Beziehungspartnern, die nicht als Individuen geschätzt, sondern nur als Streichelquellen benutzt werden, ist der klassischen Sexualneurose des Don Juan vergleichbar, wie sie in Mozarts Oper dargestellt wird. Don Juan wirkt äußerst charmant und könnte als liebenswert gelten. Aber immer wieder setzt er all seine Energien dafür ein, eine neue Eroberung zu machen. Nach jedem Erlebnis bleibt er eigentlich noch unbefriedigter zu-

rück. Doch seine Hoffnung, mit der nächsten Partnerin die Erfüllung all seiner Wünsche zu erleben, bleibt ungebrochen – bis ihn stattdessen der Tod ereilt.
Wie kommt es nur zu den hektischen Bemühungen der Gefühlsausbeuter, unentwegt und undifferenziert Streichelkontakte einzuheimsen? Warum zeigen sie bestimmte Gefühle vor (wie die »Liebe« des Don Juan), die ein Beobachter höchstwahrscheinlich als »unecht« bezeichnen würde, die der Betreffende selbst aber als »echt« präsentiert und auch dafür hält?
Es liegt daran, daß der Gefühlsausbeuter unbewußt in sich bestimmte echte Gefühle verdrängt. Er verdrängt sie, wenn sie in sein Bewußtsein zu treten drohen, weil er vor ihnen Angst hat oder sich ihrer schämt . Völlig unbewußt vertausch er sie mit anderen, von Kindheit n aufgesetzten Gefühlen, die ihm als Ersatzgefühle dienen und die er wahrhaft zu empfinden glaubt (wie im obigen Beispiel Liebe oder Interesse, Zärtlichkeit usw.). Ihm ist aber nicht ganz wohl bei diesem Austausch. Er gerät in unangenehme Gefühlsverwirrungen und weiß nicht, wie alles zusammenhängt. Daraus entwickelt sich sein Bedürfnis, für seinen Typ sowie für die präsentierten Gefühle Bestätigungen zu bekommen. Auf diese Weise hofft er, den Druck der echten Gefühle, die unter den Präsentiergefühlen liegen, zu verringern, ohne daß die echten Gefühle zutage treten. So kommt es, daß Gefühlsausbeuter sich oft derart emsig um Zuwendung für ihre Ersatzgefühle bemühen. Sie wollen sich damit selbst deren »Echtheit« versichern.

7. Wie Ersatzgefühle entstehen

Das hat man schon als Kind gelernt

Wie entstehen eigentlich Ersatzgefühle? Warum und wann entstehen sie? Ich habe bisher schon öfter das Alter von zwei bis vier Jahren erwähnt. In dieser Entwicklungsphase lernt das Kind die Sprache: es weiß schon, wie die konkreten wichtigsten Gegenstände heißen, die es umgeben. Jetzt lernt es, Bewegungen zu benennen. Und es entwickelt seinen Wortschatz für Gefühle.

Wenn das Kind zwei bis vier Jahre alt ist, fühlt es instinktiv genau, wie sehr es noch auf das Wohlwollen und den Schutz seiner Eltern angewiesen ist. Gleichzeitig verspürt es bestimmte Impulse und Verhaltensregungen. Es merkt aber auch, was die Eltern gutheißen und was sie nicht so gerne haben. So lernen Kinder, daß sie den kleinen Bruder nicht schlagen dürfen, wenn sie zornig oder eifersüchtig sind, und auch nicht einfach so aus fröhlichem Übermut. Sie lernen gewisse gefährliche Impulse zu kontrollieren – z.B. sich nicht über die Balkonbrüstung zu beugen. In diesem Alter müssen Kinder ja tatsächlich oft von gewissen Verhaltensweisen zurückgehalten werden; sie müssen lernen, ihre Impulse nicht immer gleich in die Tat umzusetzen. Sie lernen das, noch ehe sie ganz kapieren, worum es geht und was die Folgen ihres Handelns sein können.

In dieser Zeit lernt das Kind auch, wie die Gefühle heißen, die es empfindet. Manche Kinder werden aber am Erlernen der passenden Bezeichnungen für bestimmte Gefühle gehindert. So werden vielleicht gewisse Worte zu Hause nie ausgesprochen. Oder das Kind merkt: die Äußerung dieses Gefühls erzeugt bei den Eltern Widerwillen, es macht ihnen Angst; man muß sich seiner schämen. Stattdessen wird dem Kind vielleicht ein *anderes*

Gefühl eingeprägt, das den Vorstellungen der Bezugspersonen mehr entspricht, und mit Streicheln verstärkt. Dieses wird fortan zum *Ersatz für das ursprüngliche Gefühl.*

Etikettenschwindel

Daß bestimmte Gefühle und Verhaltensweisen in der Kindheit von den Bezugspersonen mißbilligt oder auch falsch etikettiert werden, liegt häufig daran, daß die Eltern selber *Gefühl* und *Verhalten* miteinander *verwechseln.* Eben diese Verwechslung wird dann auf die Kinder übertragen. Das geschieht gerade auch innerhalb der Entwicklungsphase, von der die Rede ist. Jetzt müssen die Kinder sich für ihre Gefühle die entsprechenden *Worte* einprägen, die ihnen im späteren Leben beim bewußten Umgang mit Gefühlen helfen sollen. So kommt es, daß bestimmte Gefühle wie auch deren Wahrnehmung als gefährlich gelten, statt daß man sich den Unterschied zwischen Gefühl und Verhalten bewußt macht. Gefühle, wie z.B Mut, werden einfach übersehen oder bekommen keinen Namen. Oder sie werden mit einer anderen Bezeichnung versehen. So kommen bestimmte »gefährliche« Gefühle auch im späteren Leben nur in aufgesetzter Form, unter falscher Etikette, zum Vorschein. Vermutlich wurde das Ersatzgefühl (oder die Ersatzhaltung) in der Kindheitssituation auch noch gelobt und bestätigt, selbst wenn es den wahren Empfindungen des Kindes gar nicht entsprach.
Als erstes halten wir also fest: Die Unfähigkeit zur Wahrnehmung bestimmter eigener Gefühle oder Reaktionen beim erwachsenen Menschen ist schon in früher Kindheit entstanden. Die entsprechenden Gefühle waren bei den Bezugspersonen entweder verboten, wurden mißbilligt oder überhaupt nicht wahrgenommen.
Leider ist es in vielen Familien die Regel, daß die Eltern Gefühl und Verhalten und außerdem auch den Charakter des Kindes ständig miteinander verwechseln. An sich wäre dem Kind beizubringen: *alle* Gefühle sind normal, auch die unhöflichen und unsozialen wie Zorn, Haß, Eifersucht, Neugierde, Sexualität, Exhibitionslust. Nur birgt manches *Verhalten* eine Gefahr in sich und ist daher nicht erlaubt. Bzw. es ist da erlaubt und dort nicht erlaubt. Stattdessen empfängt das Kind Botschaften wie: Bestimmte Gefühle sind gefährlich. Es ist schon gefährlich, wenn sie mir bewußt werden. Ja, es darf solche Gefühle gar nicht geben, allenfalls bei »anderen«, wie Tieren, Verrückten usw., man ist anomal, wenn man sie hat.

Die Familie ist ausschlaggebend für den Wortschatz, den sich das Kind aneignet. In ihr lernt es in allgemeinverständlicher Sprache die noch unfertigen körperlichen Empfindungen, Wahrnehmungen und Reaktionen auszudrücken. Aber in nur wenigen Familien oder Kulturen wird ein breites Gefühlsspektrum als erlaubt betrachtet. In manchen Familien darf man nicht zeigen, daß man zornig oder frustriert ist. In anderen Familien haben die Eltern Schwierigkeiten, mit Gefühlen ihrer Kinder wie Trauer, Sehnsucht, Sexualität, Aufregung fertig zu werden. Der Wunsch nach Abhängigkeit oder aber das Verlangen nach Unabhängigkeit stören sie. Man signalisiert dem Kind, daß bestimmte Gefühlsäußerungen »unschön«, »schlecht«, »falsch«, »gefährlich« oder »böse« sind. Das Kind selbst sei »schlecht« oder »verrückt«, wenn es solche Gefühle habe. Manchmal werden derartige Verhaltensanweisungen dem Kind auch unverschlüsselt mitgeteilt: »Wehe, du unterstehst dich . . . (zu schreien, Fragen zu stellen, zu lachen, Zuneigung zu zeigen), das gehört sich nicht!« In anderen Fällen werden solche Gefühlsverbote indirekt vermittelt. Die Eltern wenden sich ab, runzeln mißbilligend die Stirn, greifen schnell ein anderes Thema auf, sobald sich im Ausdruck ihres Kindes ein unerlaubtes Gefühl abzeichnet. In jeder Familie werden andererseits bestimmte Gefühle und Verhaltensweisen positiv gemeistert. Das können Trauer, Trotz, Furcht, Tapferkeit, überschäumende Fröhlichkeit sein oder andere Gefühle. Welche es sind, hängt vom jeweiligen familiären oder sozialen Verhaltensmuster ab. Auch innerhalb ein und derselben Familie werden manchmal Unterschiede gemacht: Jungen dürfen etwas anderes als Mädchen, für das ältere Kind gilt etwas anderes als für ein jüngeres Kind.

Also: In zahlreichen Familien werden – meist unbewußt – große Anstrengungen unternommen, all die unerlaubten Gefühle des Kindes umzuwandeln in solche Gefühle und Verhaltensweisen, mit denen die Bezugspersonen besser zurechtkommen. Die »ungehörigen« Gefühle werden deshalb nicht nur mißbilligt oder mißachtet. Sie werden einfach *anders benannt.* Gerade dieser Vorgang läßt – mehr noch als ewiges Kritisieren und Herumnörgeln – das aufgesetzte Gefühl zum Ersatzgefühl werden. Ganz besonders, wenn die falsche Benennung von Gefühlen ständig wiederholt und verstärkt wird. So entsteht schon in früher Kindheit die Gewohnheit, die Wahrnehmung grundlegender Gefühle vor sich selbst zu verleugnen – oft sogar, bevor sie überhaupt mit Worten benannt worden sind.

Übrigens werden nicht immer bloß sozial unerlaubte Gefühle verdrängt. In einer ausgesprochen netten und fröhlichen Situation kann sich jemand mit

Ersatzgefühlen z.B. traurig oder verschlossen geben. Eigentlich hätte er schon Lust, sich der allgemeinen Ausgelassenheit anzuschließen. Aber in seiner frühen Kindheit war die Äußerung solcher Gefühle unstatthaft und damit blockiert. Ein anderer, der eigentlich Anlaß hätte, niedergeschlagen oder gereizt zu sein, wirkt dagegen rundum zufrieden. Ja, er legt sogar strahlenden Optimismus an den Tag. Bei beiden funktioniert der Wechsel anscheinend »automatisch«: die echten Gefühle werden sofort umgeformt und in der Gestalt von Ersatzgefühlen geäußert. Immer dann, wenn diese unerkannten und unbekannten Gefühle an die Oberfläche des Bewußtseins drängen, erzeugen sie einen starken Druck. So fühlt sich der Betreffende genötigt, nur *bestimmte* Ersatzgefühle zu empfinden. Sie sollen verdecken, was er *nicht einmal vor sich selbst* zeigen kann.

Auf falscher Fährte

Von seinen Eltern empfängt das Kind ursprünglich neben einem Empfinden für seinen eigenen Wert, seine eigene Identität, auch eine Art Wissen vermittelt, wie die Welt »eben so ist«. Derlei Einsicht mag in Wahrheit gar nicht der Realität entsprechen. Ein Beispiel: Wir alle sagen: »Die Sonne geht auf«, »sie verschwindet hinter dem Horizont« oder »Der Mond steht über uns am Himmel«. Unser Erwachsenen-Ich weiß, daß diese Aussagen eigentlich falsch sind. Trotzdem: Wir haben auf diese Art und Weise denken gelernt. Wir finden es mittlerweile viel zu umständlich, uns Himmel, Sonne und Mond (trotz der Astronauten) anders vorzustellen. Das Kind-Ich will an seinen Vorstellungen festhalten, auch wenn wir längst erwachsen sind. Im Gebet spricht es immer noch zu Gott »oben im Himmel«. Das heißt also: Alle unsere frühen Vorstellungen verbleiben auf der Ebene des Kind-Ichs.

Für unsere Gefühle trifft das in noch stärkerem Maße zu. Haben wir uns für sie erst einmal bestimmte Bezeichnungen eingeprägt, sind sie für uns mit bestimmten Verhaltensweisen verknüpft, so werden wir diese Einordnung beibehalten, auch wenn wir uns weiter entwickeln und unsere Gefühle eigentlich neu formulieren (und anders wahrnehmen) könnten.

Denken wir an ein Kind, dem immer wieder erzählt wurde, es solle doch »wirklich glücklich« sein statt traurig. Es hat vielleicht seinen geliebten Teddybär verloren. Oder die Katze, mit der es immer spielte, ist überfahren worden. Es bekommt zu hören: »Schau her, wir haben was viel Schöneres für dich! Freust du dich denn nicht?« Auf diese Art und Weise lernt es z.B. »glücklich« zu sein, wenn es in ein neues »besseres« Haus umzieht (und alle seine bisherigen Freunde verliert). Andere Gefühle, wie etwa den Schmerz über einen Verlust, gesteht es sich nicht ein. Nach einer Weile funktioniert dieser Ersatzmechanismus ganz automatisch, hauptsächlich gegenüber der Umwelt: von ihr möchte das Kind inzwischen für die präsentierten Gefühle gestreichelt werden.

Werden die ursprünglichen Gefühlsreaktionen eines Kindes so umgeformt wie eben geschildert, dann kann das den Grundstein für ein Ersatzgefühl »künstliche Fröhlichkeit« bilden. Sie tritt an die Stelle von Empfindungen wie Sorge, Schmerz oder Trauer. Das schließt nicht aus, daß der Betreffende unter bestimmten Umständen auch diese »unangenehmen« Gefühle, also Trauer, Schmerz und Sorge verspürt. Er *erkennt* sie nur nicht. Dann nämlich, wenn das Leben mit ernsthaften Problemen an die Tür klopft, wenn ein Verlust eingetreten ist, dessen Bewältigung man nicht ausweichen kann, wenn man sich in der Realität wieder zurechtfinden will. Ein anderes Beispiel: Einem kleinen Jungen wird immer wieder gesagt: »Wie mutig du bist!« Stets wird er als tapferer Junge gelobt, wenn er eigentlich Angst oder Zorn oder Schmerz äußern will. So lernt er, daß es die ursprünglichen Gefühle nicht geben darf. Für sein Überleben stellen sie eine Gefahr dar. Von unseren Bezugspersonen haben wir gelernt, daß manche Verhaltensweisen gefährlich sind. Z.B. kann es lebensgefährlich sein, vor ein Auto zu laufen, auch wenn es in der Kindheit vielleicht wie ein Spaß aussieht. Heutzutage ist uns die Lust an einem solchen Spaß vergangen. Nur, der Unterschied zwischen heute und damals ist: wir würden jetzt nicht mehr davor zurückschrecken, in der Phantasie mit der Vorstellung zu spielen, vor ein Auto zu laufen, denn wir wissen, daß das alleine uns nicht weh tut. Wir hätten auch keine Sorge, »erwischt« zu werden, wenn wir uns in der Phantasie etwas ausmalen. Und wir wissen, daß es nicht automatisch zu einer gefährlichen Tat führt, wenn ich sie mir vorstelle.

Bei Ersatzgefühlen dagegen ist das anders. Ersatzgefühle sind uns dermaßen zur »zweiten Natur« geworden, daß wir – selbst in der Vorstellung – ein Gefühl durch ein anderes ersetzen. Das geschieht ganz automatisch, ohne daß wir irgendeine alternative Möglichkeit erkennen.

Ich kehre zu dem kleinen Jungen im obigen Beispiel zurück. Wenn ihm wiederholt nicht erlaubt oder die Gelegenheit zugestanden wird, irgendwann einmal seine wahren Gefühle zu empfinden und zu benennen (gegebenenfalls nachdem man ihn für seinen Mut gelobt hat), prägt sich ihm ein: ich muß bestimmte Gefühle unterdrücken. Ja, ich darf sie gar nicht erst in mein Bewußtsein aufnehmen. Ablehnung durch die Eltern kann tödlich sein – diese Angst sitzt tief in seinem Kind-Ich drin und wird jedesmal lebendig, wenn die Gefahr droht, daß jene unbekannten, aber äußerst bedrohlichen Emotionen, die unterhalb der Ersatzgefühle brodeln, ihre Fesseln abstreifen. Als Erwachsener wird er dann weiterhin gewisse »namenlose« Gefühle äußern, indem er die erlernten Ersatzgefühle Mut, Tapferkeit oder Gleichgültigkeit vorzeigt. Er macht das sogar vor sich selbst, denn sein Eltern-Ich in ihm hat nunmehr die Rolle seiner Eltern übernommen. Er trägt – mit allen Vor- und Nachteilen – seine »Kinderstube« mit sich herum. Wenn ihn jemand verletzt hat, wird er eher mutig lachen und sagen: »Ich fühle mich gut!«, als zuzugeben, daß es weh getan hat.

Später kann ihm dieses Verhalten oft sogar von Nutzen sein, Erfahrungen als Halbwüchsiger mit den Kindern aus der Nachbarschaft und seinen Kameraden beweisen es ihm. Aber was ist das für eine Selbstverstümmelung, wenn er sich ein Leben lang ständig selbst hinters Licht führen muß? Wenn er so tun muß, als sei er selbst davon überzeugt, er sei mutig und stark? Und das in Augenblicken, die ihm eigentlich Angst machen oder in denen er sich aus irgendeinem Grunde verletzt fühlt? Wo ihm das Eingeständnis seiner wahren Gefühle echte Zuwendung bringen könnte, etwa im Rahmen einer Freundschafts- oder Liebesbeziehung.

Wie es begonnen hat, so geht es weiter. Sind innerhalb des familiären Rahmens erst einmal bestimmte Ersatzgefühle entstanden, so treten sie auch in anderen Bereichen auf. Die angehenden Gefühlsausbeuter wenden die »Technik« der Ersatzgefühle bereits als Schüler an, gegenüber Lehrern oder Gleichaltrigen. Sie tun das selbst in Situationen, in denen es weder nötig noch wünschenswert ist. Leider bringen sie auch noch die anderen dazu, ihnen ihre Ersatzgefühle zu verstärken. Solche Kinder bauen ein bestimmtes Bild von sich auf. Mit Hilfe ihrer »zweiten Natur« – z.B. als die »arme, hilflose Anne« oder der »solide, hilfsbereite Benno« – versuchen sie, Anerkennung zu gewinnen. Auf diese Weise erhalten sie von ihrer

Umwelt weitere Zuwendung für die präsentierten Ersatzgefühle. Die werden dann allmählich ihre Lieblingsgefühle. Als Heranwachsende sind solche Kinder weiterhin damit beschäftigt, ihre Ersatzgefühle bestätigt zu bekommen. Das soll sie ja auf unangemessene Weise davor »schützen«, unterdrückte Gefühle zu zeigen. So verpassen sie laufend Gelegenheiten, neue Erfahrungen zu machen. Erfahrungen, die ihnen ermöglichen könnten, im späteren Leben Verhaltensimpulse mit dem Erwachsenen-Ich steuern und sich einen Entscheidungsspielraum zu bewahren, wenn »unerlaubte« Gefühle auftauchen. Stattdessen spielen sich Gefühlsausbeuter auf eine gewisse Praxis ein. Was sie daran hindert, ihre echten Gefühle kennen zu lernen.

Verkrüppelt, um zu überleben

Worin besteht nun der Zusammenhang zwischen Ersatzgefühlen und Gefühlsausbeutung? Er liegt darin begründet, daß Ersatzgefühle in der gleichen Entwicklungsphase entstehen wie unsere Abwehrposition, nämlich im Alter von zwei bis vier Jahren. Wir wissen bereits, daß der Typ eines Menschen seiner Abwehrposition entspricht. Mit dem Typ wehren wir die Bedrohung durch grundlegende Daseinsangst ab, wie sie uns manchmal zu überschwemmen droht, wenn wir in einer angespannten Situation sind. Jeder Typ bevorzugt die Gefühle, die ihm als Kind in dieser Entwicklungsphase eingeprägt und durch Streicheln, durch Zuwendung verstärkt worden sind. Hinzu kommt noch, daß Ersatzgefühle dem, der sie empfindet, ein gewisses Unbehagen bereiten. Besser gesagt, der Druck der unerlaubten Gefühle bereitet dem betreffenden Menschen Unbehagen. So drängt es ihn in besonderem Maße und immer wieder, um sich mit seinen Ersatzgefühlen »gut« zu fühlen, Bestätigung durch andere zu empfinden. Darum sucht sich der Betreffende zwanghaft jemand zum Gefühlsausbeuten. Das heißt, er sucht Leute, die ihm dadurch, daß sie ihn sofort streicheln, Anerkennung in seinem Typ und für seine Ersatzgefühle geben. So werden Personen mit starken Ersatzgefühlen zu Gefühlsausbeutern, wie Anne oder Benno. Sie versuchen, mit dem Gegenüber eine Beziehung anzuknüpfen, die den anderen nicht so leicht wieder losläßt, und zwar nach dem Muster komplementärer Transaktionen. Jeder Gefühlsausbeuter probiert es immer wieder von seiner Grundeinstellung aus; sie ist ihm ja zur »zweiten Natur« geworden. Eine Gefühlsausbeuterin wie

Anne wird deshalb immer wieder Zuwendung vom angepaßten Kind-Ich her suchen. Ein Gefühlsausbeuter wie Benno dagegen unternimmt dasselbe von seinem Eltern-Ich aus[1].

Werden im Alter von zwei bis vier Jahren Gefühle und Verhaltensweisen falsch eingeordnet, so entwickelt das Kind auch die entsprechenden »Überlebensstrategien«. Sie bleiben ebenfalls für das ganze Leben im Kind-Ich (oder im Eltern-Ich) erhalten. Anderen gegenüber äußern sie sich dann in Form von Übertragungen. Eine solch unbewußte Strategie wäre z.B.: »Ich werde in mir nie Wut (oder Zorn oder Haß) zulassen. Denn wenn man mir so etwas anmerkt, riskiere ich Verlassenwerden und Tod.« Natürlich ist eine derartige Strategie nicht bewußt geplant. Ich habe hier nur in Worte gefaßt, was sich im Kind als Strategie aus Gefühlsverwirrungen ergeben kann. Ist solch eine Strategie ein fester Entschluß, so treten möglicherweise Ersatzgefühle auf wie Liebenswürdigkeit oder Fürsorglichkeit. Oder es entstehen bestimmte Einstellungen (die wie Ersatzgefühle wirken), z.B. »Ich bin nun einmal so blöd«. Auf diese gleiche Weise können sich Ersatzgefühle des Zorns und Rachephantasien entwikkeln – vielleicht anstelle von Sehnsucht oder Liebe (aber dementsprechend auch Angst und Verletzlichkeit).

Manche Kinder werden unversehens als »gemein« oder »herzlos« oder gar als »gefährlich« bezeichnet, weil sie sich spontan geben. Statt dem Kind beizubringen, sich zu bestimmten Zeiten stilleren Spielen zu widmen, oder ihm andere Verhaltensmöglichkeiten aufzuzeigen, bekommt es zu hören: »Wie kannst du nur so gefühllos sein! Immer machst du solchen Lärm mit deiner Trommel. Das kann einen ja rasend machen!« Aha, denkt das Kind, diesen Impuls, den ich eben hatte (den Sie und ich – im Gegensatz zu dieser Familie – als Spontaneität bezeichnen würden oder vielleicht gar als Interesse an Musik), nennt man »gefühllos«. Also bin ich gefühllos und rücksichtslos. Dafür erhalte ich Zuwendung – wenn auch nur negative. Auf diese Weise werde ich wenigstens bemerkt.

Werden seine Absichten, seine Gefühle, ja sein ganzes Wesen ständig

1. Es ist zu beobachten, daß auch das Eltern-Ich des Gefühlsausbeuters oft nicht »echt« funktioniert, so wie es das gut entwickelte Eltern-Ich einer erwachsenen Person tut. Das Eltern-Ich des Gefühlsausbeuters wirkt recht rigide und wenig differenziert. Es entspricht in gewissem Umfang dem rudimentären Eltern-Ich des Kleinkindes. Der übersichere Gefühlsausbeuter vom Typ 2 hat ja gerade sein Eltern-Ich ziemlich starr entwickelt und als Stütze gebraucht, um überleben zu können. Ihm fehlte die fürsorgende Zuwendung der eigenen Eltern, die ihm die Erfahrung von Flexibilität hätte vermitteln können.

falsch wiedergegeben, so lernt ein Kind, die ihm nahegelegten Gefühle an die Stelle der ungenannten ursprünglichen zu setzen. Das geht so weit, daß das Kind schließlich die Ersatzgefühle tatsächlich verspürt. Es redet sie sich ein. Es hat die Wörter für die Ersatzgefühle erlernt. Nun vergleicht es diese Bezeichnungen mit den Gefühlen und Verhaltensweisen, die die anderen erkennen lassen, wenn sie diese Worte benutzen. So »verschwinden« die ihm zugrundeliegenden ursprünglichen Gefühle, Wünsche oder Phantasien. Weiterhin macht das Kind die Erfahrung, daß die aufgesetzten Gefühle und Verhaltensweisen als Double oder als Versteck für andere Gefühle dienen können, die an die Oberfläche drängen wollen.

Pfui, schäme dich! – Der Fall Armin

Bestimmte Überlebensstrategien samt den entsprechenden Ersatzgefühlen und Einstellungen sind aber nicht unbedingt das Ergebnis von irreführenden Bezeichnungen der Gefühle eines Kindes. Sie können auch darauf zurückgehen, daß dem Kind im Alter von zwei bis vier Jahren irgendwann einmal sehr eindrücklich klar gemacht wurde, es solle sich schämen. Möglicherweise wurde ihm vermittelt: »Schäme dich!«, als es ganz bestimmte Gefühle oder Gedanken äußerte. Andere Gefühle und Verhaltensweisen (positive wie negative) dagegen wurden unwillkürlich verstärkt. Hierbei hat das Kind wohl die *Bezeichnung* für ein bestimmtes Gefühl kennengelernt. Es hatte aber nicht auch die Möglichkeit, das Gefühl selbst *in sich* wahrzunehmen. Es konnte die entsprechende Empfindung nur bei anderen beobachten. Infolgedessen behält es Ersatzgefühle oder falsche Verhaltensweisen bei, mit deren Hilfe es die Gefühle zudeckt, für die es sich schämen sollte. Denn ein Kind empfindet Beschämung wie eine tödliche Bedrohung. Es wird deshalb diese Gefühle später nicht wieder in sich wahrnehmen wollen.
So hatte z.B. Armin tödliche Angst, ausgelacht zu werden. Er wurde jedesmal ganz erregt, wenn er sich in ausgelassener Gesellschaft befand. Stets überfiel ihn die Furcht, man könne sich über ihn lustig machen. Selbst wenn es sich um etwas ganz Geringfügiges handelte, konnte er auch den gutmütigsten Spaß, der sich gegen ihn richtete, nicht ertragen. Er verhielt sich durchweg mißtrauisch, war schnell beleidigt und wütend. Wut durfte er äußern, die Berechtigung dazu gab ihm sein Eltern-Ich (er hatte sich zum Typ 2 entwickelt). Besonders gefährlich war es für ihn, wenn

man, statt seine Wut ernst zu nehmen und sie zu fürchten, einfach darüber hinwegging. Wenn man die Sache gar von der heiteren Seite nahm und etwa sagte, die ganze Angelegenheit, über die er sich aufrege, sei nicht der Rede wert. Gleich befiel ihn die Furcht, man könne ihn für »kindisch« und »komisch« halten. Man könne gar seine »kindlichen« (d.h. verdeckten) Schamgefühle bemerken, denn er wurde leicht rot. Im Bestreben, Scham und Verwirrung zu verbergen, verkrampfte er sich immer mehr. Er litt an verschiedenen körperlichen Beschwerden (die er zu verbergen und durch Willensstärke zu überwinden suchte). Nach und nach wurde wegen dieser Eigentümlichkeiten auch sein Freundeskreis immer kleiner. Endlich entschloß er sich zu einer Therapie. Dort begann er zu erfassen, was er als seine »ständige Alarmbereitschaft« bezeichnete. Er sagte: »Sobald man mich auslacht, bin ich geliefert, ebenso, wenn man merkt, daß ich vor Scham rot werde und mich aufrege.« Letzteres konnte er sich erst nach einer gewissen Zeit therapeutischer Behandlung eingestehen, nachdem ihm der Mechanismus seiner Ersatzgefühle teilweise aufgegangen war. Zu einem wirklichen Fortschritt kam es, als er nicht nur die Gefühle von Scham und deren Ursachen in sich wahrnehmen konnte, ohne sie sogleich wieder mit Wut zu verdecken, sondern auch lernte: es ist nicht lebensgefährlich, im Freundeskreis gelegentlich Verlegenheit einzugestehen und dafür vielleicht ganz gutmütig ausgelacht zu werden. Zu Beginn der Therapie reagierte er freilich wie alle anderen, die stark eingewurzelte Ersatzgefühle haben. Die Möglichkeit, seine tieferliegenden Gefühle könnten aufbrechen, erschien ihm als tödliche Gefahr. Genauso mochte er als Kind – aus Angst vor Zurückweisung oder Vernichtung durch seine Eltern – reagiert haben, wenn diese ihn bei einem Verhalten »erwischt« hatten, das sie für »ungehörig« oder beschämend hielten.

Bitte recht feindlich! – Der Fall Gerd

Betrachten wir nun Gerd als weiteres Beispiel für »Feindseligkeit«, »Gemeinheit« oder »Wut«. Anders als Armin äußert er seine Ersatzgefühle von einer Typ 1-Einstellung her. Er bedient sich des provozierenden Modus b (negatives Streicheln), den er zur Bestätigung seines rebellischen Kind-Ichs bevorzugt. Gerd hatte seine Mutter im Alter von zwei Jahren verloren. Davon aber war bei ihm nie die Rede, er pflegte seine Stiefmutter als Mutter anzusprechen. Im Laufe der Therapie kam nach und nach folgende Kindheitsgeschichte zum Vorschein: Sein Vater hatte bald nach dem Tod seiner ersten Frau wieder geheiratet. Vater und Stiefmutter fühlten sich (vermutlich) von dem Ausmaß bedroht, mit dem Gerd seiner Mutter nachtrauerte. Sie ignorierten seinen Schmerz. Wenn er weinend nach der »Mutti« rief, so taten sie, als verständen sie ihn nicht. Stattdessen wiesen sie immer wieder auf die Stiefmutter hin: »Das ist deine Mutti.« Verhielt er sich weiterhin verschlossen, brandmarkte ihn die Stiefmutter als »schwierig« oder »feindselig«. Und ihrem neuen Ehemann gegenüber demonstrierte sie, wie großherzig sie sich zu dem »bösen kleinen Jungen« verhielt. Auch der Vater warf Gerd stets dann, wenn er seinen Schmerz merken ließ, vor, er sei »schwierig«. Gerd bekam mit, daß stets als »feindselig« galt, wenn er eine unbegreifliche Rührung in sich aufkommen spürte, die zu einer gefühlsmäßigen Entladung wie Weinen hätte führen können. Und er wußte nun: Für »Feindseligkeit« erhalte ich von der »großmütigen« Stiefmutter positive Zuwendung, vom Vater zumindest negatives Streicheln. Auf jeden Fall kann ich mit diesem Gefühl Aufmerksamkeit auf mich ziehen, nicht aber mit jenen unbegreiflichen und namenlosen Gefühlen wie Liebe, Sehnsucht oder Zärtlichkeit. In seinem späteren Leben bezeichnete Gerd sich selbst »scherzhaft« als »unerträgliches Scheusal«. Er provozierte andere, um so ihre Aufmerksamkeit zu erlangen. Es war ihm ganz und gar verborgen, daß er dies genau dann tat, wenn er Gefahr hätte laufen können, von Empfindungen wie Sympathie, Wärme, Sehnsucht, Zärtlichkeit oder gar Liebe erfaßt zu werden. Der Schlüssel zur Lösung seines Problems zeigte sich erstmals, als er sich in einer therapeutischen Gruppe über die schwere Krankheit einer Teilnehmerin auf grob provozierende Weise lustig machte. Mit dieser Frau hatte ihn bis dahin eine freundschaftliche Beziehung verbunden. Entsprach dieses Ereignis nicht dem Verlust seiner Mutter, als er kaum zwei Jahre alt war? Als Erwachsener hatte er keine Erinnerung an jene Zeit. Aber im Vorfall mit jener Frau in der Gruppe hatte er es nacherlebt.

Die Geschichte mit seiner Mutter erfuhr ich »zufällig« erst später, aufgrund vieler Nachfragen. Ich wollte die genaueren Umstände seiner Entwicklungsphase zwischen zwei bis vier Jahren erkunden. Ich vermutete mittlerweile, daß die überstarke »Feindseligkeit« anläßlich der Krankheit jener Frau, die er insgeheim sehr schätzte, irgendeinen Hinweis auf den Ursprung seines Ersatzgefühls geben könne.

Haben sich Ersatzgefühle erst einmal eingeprägt und ist, wie bei Gerd, die Erinnerung an die ursprünglichen Umstände ausgelöscht, dann gewöhnt

sich ein Kind leicht daran, seine Ersatzgefühle zu übertreiben. Sie haben ja gerade die Funktion eines Doubles. Man kann sie mit einem Hochstapler vergleichen, der das vorgetäuschte Verhalten besonders unterstreicht, um sich damit – auch in den eigenen Augen – mehr Glaubwürdigkeit zu verschaffen. Dies gilt um so mehr, wenn Ersatzgefühle in der Kindheit fortwährend bestätigt wurden, sei es positiv oder (wie bei Gerd) negativ.
Das Beispiel Gerds beantwortet übrigens auch eine andere Frage: Wie kann es geschehen, daß bei erwachsenen Menschen Gefühle oder Verhaltensweisen als Ersatzgefühle auftauchen, die vom sozialen Standpunkt her weit weniger akzeptiert werden als die unterdrückten, die ersetzt worden sind? Würde Gerd den ursprünglichen, den verborgen gehaltenen Gefühlen (Sehnsucht, Liebe usw.) folgen – heute würde er sich keinerlei Gefahr aussetzen, ganz im Gegenteil. Aber in seiner Kindheit wünschten weder sein Vater noch seine Stiefmutter, daß er die Sehnsucht nach seiner Mutter zu erkennen gab. Ihnen war lieber, wenn er sich feindselig oder trotzig zeigte. Auf diese Weise entwickelte er sich zum »unerträglichen Scheusal« und benahm sich so auch später als erwachsener Mensch.

Wie kannst du nur so fröhlich sein! – Der Fall Thea

Ähnlich war es mit Thea. Allerdings handelt es sich bei ihr um eine ganz andere Kategorie. Theas Gefühle hatten weit unangenehmere – und für ihre Gesundheit sogar gefährliche – Folgen, als die darunterliegenden, ursprünglichen Gefühle heute für sie haben würden. Aber das wußte sie nicht. Als ich sie kennenlernte, war sie bereits 65 Jahre alt. Sie war eine ausgeprägte Gefühlsausbeuterin, unter Traurigkeit und Depressionen leidend. Sie äußerte das aus ihrer Typ 1-Einstellung heraus und versuchte ständig vom Eltern-Ich aller ihrer Bekannten Sympathie für ihre Leiden einzuhandeln. Zeit ihres Lebens hatte sie Hilfe in Anspruch genommen. Von den verschiedensten Therapeuten waren ihr »stützende Behandlung« und Beruhigungstabletten verabreicht worden.
In ihrer Kindheit hatte sie ihre Mutter nur als bettlägerige kranke Frau erlebt. War sie mit ihren Spielkameraden ausgelassen und vergnügt, reagierte der Vater traurig-vorwurfsvoll: »Wie kannst du nur so gefühllos sein und so viel Krach machen, während deine Mutter doch so krank ist!« Gab sie sich dagegen als »sein kleines trauriges Mädchen«, lobte er sie über die Maßen dafür. Er war zufrieden, wenn sie wie er mitfühlend, niederge-

schlagen und bedrückt war über die Krankheit der Mutter. Auf diese Weise hatte der Vater ihr beigebracht, sich deprimiert zu zeigen und auch so zu empfinden, wenn sie eigentlich zu Spiel und Frohsinn aufgelegt war. So gut hatte er ihr diese Ersatzgefühle eingeprägt, daß sie sich auch im späteren Leben gerade dann zum Erleiden von Depressionen genötigt sah, wenn sie eigentlich heiter gestimmt war oder sexuelle Erregung empfand. Schließlich wurde sie zum notorischen Spielverderber. Bei Parties oder anderen geselligen Anlässen fühlte sie sich immer mies. Bezeichnenderweise heiratete sie einen Arzt, der ganz zum Typ 2 gehörte. Auch bei ihm waren Ersatzgefühle im Spiel, mit denen er beflissen gewisse Ängste im Blick auf seine Männlichkeit verbarg. Es beruhigte ihn, wenn Thea »krank« (depressiv) war. Dann konnte sie sich ja nicht für andere Männer interessieren. Er verhätschelte sie geradezu, wenn sie ihre depressiven Phasen hatte. Genau wie ihr Vater schätzte er es gar nicht, wenn sie fröhlich war. Sie führten eine »gute« Ehe. Thea allerdings zahlte dafür den hohen Preis ihres Leidens.

8. Echte Gefühle und Ersatzgefühle

»Teurer Freund! Was soll es nützen,
Stets das alte Lied zu leiern?
Willst du ewig brütend sitzen
Auf den alten Liebes-Eiern?«
(Heinrich Heine)

Der »teure Freund«, der in diesem Gedicht angesprochen wird, hat anfangs sicher echte Liebe empfunden. Auch die Trauer über den Verlust der Geliebten war vermutlich echt. Aber die Verse lassen erkennen, daß er das Mitgefühl des Dichters überstrapaziert hat. Das unaufhörliche Bejammern seines Liebeskummers fängt dem Dichter an zu »stinken« so wie zu lange bebrütete Eier. Der Liebesschmerz ist zu einem Ersatzgefühl geworden, mit dem der »teure Freund« den Dichter ausbeutet, und der Dichter will ihn dafür nicht länger bemitleiden.
Dieser Vers von Heinrich Heine führt uns zu der Frage: Wie lassen sich echte Gefühle und Ersatzgefühle voneinander unterscheiden?

Ist denn nicht jedes Gefühl echt?

Echte Gefühle und Wahrnehmungen sind *unmittelbare Reaktionen* auf innere oder äußere Reize. Sie werden empfunden, als Sinneseindruck aufgenommen und sind nach einer gewissen Zeit zu Ende. Sie werden nicht wiedergekäut und ständig von neuem hervorgeholt. Ein Mensch, der mit sich selber im Einklang ist, kann es sich leisten, alles und jedes Gefühl zuzulassen. Sein Erwachsenen-Ich ist in der Lage, zwischen Gefühl und

Handeln zu unterscheiden. Er ist auch imstande zu wählen, welches Gefühl er wann zeigen und zum Ausdruck bringen will, und wie lange er sich einer Regung überläßt.

Ersatzgefühle sind im Gegensatz dazu Empfindungen, die von dem Betreffenden *präsentiert* werden. Sie haben einen falschen Ton, einen schalen Beigeschmack. Gewiß, die entsprechende Person hat ihren Grund dafür, ein bestimmtes Gefühl gerade so zu äußern. Der Umwelt aber kommt es vor, als höre sie immer wieder die gleiche Platte. Mit ähnlichen oder neuen Begründungen wird immer wieder dieselbe Sorte Empfindung gezeigt. Dabei sind, wie schon betont, viele der so präsentierten Gefühle ab einer gewissen Stufe – die dem Erwachsenen-Ich jedoch nicht bewußt ist – in Wahrheit aufgesetzt. Das ist ja gerade die Funktion der präsentierten Gefühle, auch wenn der Betreffende es selbst nicht wahrnimmt: sich und anderen bestimmte Gefühle vorzumachen, um andere, darunterliegende Gefühle zu *ersetzen*. Immer dann, wenn in bestimmten Situationen solche unbewußten, verdeckten Gefühle, die die betreffende Person selber nicht identifizieren kann, an die Oberfläche des Bewußtseins drängen, macht sich stattdessen ein Ersatzgefühl bemerkbar. Es ist begleitet von dem Verlangen, jemand anderen von der Echtheit des eigenen Empfindens zu überzeugen, also dieses Ersatzgefühl durch Streicheln bestätigt zu bekommen.

Aus diesem Grund werden dieselben »Gefühle« und Äußerungen – die gleichfalls oft Ersatzgefühle sind – ständig und bis zum Überdruß präsentiert. Auch wenn sie mit der Situation oder der Beziehung überhaupt nicht zusammenpassen. Damit wird diese Person zum Gefühlsausbeuter. Sie benützt jede Gelegenheit dazu, ihre »Gefühle« zu zeigen. Sind ihre Empfindungen zufällig einmal der Situation angemessen, so übertreibt sie sie, um noch mehr Zuwendung zu ernten. Auf diese Weise werden Betroffene oder Außenstehende in ein »unehrliches« Spiel einbezogen, das ziemlich unangenehm werden kann. Und selbst wenn solche Reaktionen einmal echt und angemessen sind, benützt sie der Gefühlsausbeuter genauso wie seine Ersatzgefühle: nämlich als unausgesprochene Forderungen, von anderen gestreichelt zu werden.

Wer einmal »lügt«, dem glaubt man nicht . . .

Das hat zur Folge, daß man einem Gefühlsausbeuter auch echte, angemessene Regungen nicht mehr abnimmt. Denn wer einmal auf einen Gefühlsausbeuter hereingefallen ist, wird sich natürlich hüten, es ein zweites Mal zu tun. Wenn wir also schon früher einmal bei Anne Traurigkeit, Sorgen oder Angst erlebt haben, werden wir ihre Gefühle als »falsch« oder aufgesetzt empfinden, selbst wenn sie aufgrund besonderer Umstände irgendwie gerechtfertigt sind. Ähnlich wird es jemandem wie Benno ergehen: wir werden seinen Äußerungen von Zuneigung, Zuvorkommenheit oder Ärger wenig oder gar kein Gewicht beimessen. Wir möchten uns einfach davor schützen, wiederum in den Sog von Dankbarkeit, Bewunderung oder Widerstand zu geraten, den er hervorlocken will.

Bei dem Gedicht von Heinrich Heine kann man sich, wie schon gesagt, denken, daß der »treue Freund« durchaus einmal echte Liebe und echte Trauer empfunden hat. Nun aber präsentiert er diese Gefühle wiederholte Male. Sie sind ihm jetzt auch als Ersatzgefühle von Nutzen. Vielleicht will er so vor sich und anderen seine Wut oder Minderwertigkeitsgefühle oder Langeweile oder Hilflosigkeit verbergen – Empfindungen also, die er nicht in Verbindung mit seiner Geliebten (und auch sonst nicht) wahrhaben möchte. Ähnlich fand Thea, ehe ihr die Therapie helfen konnte, immer wieder guten Grund, traurig zu sein. Entweder war sie »traurig«, weil es regnete, oder weil sie sich an ein trauriges Ereignis erinnerte, oder weil man ihr etwas Verletzendes gesagt hatte usw. Gerd verfiel immer wieder in Ärger und Trotz, und das lag daran, daß andere ihn dazu »provoziert« hatten.

Wenn Sie solche Beispiele lesen, können Sie sich gewiß vorstellen: Gefühlsausbeuter finden immer irgendeine neue Berechtigung oder einen neuen Vorwand dafür, ihre Gefühlsäußerungen zum hundertsten Mal zu wiederholen. Denn der *Inhalt* ihrer Transaktionen sieht vielleicht jedesmal anders aus. Das eine Mal ist es eine Erinnerung, das andere Mal die Herausforderung durch irgendjemanden oder ein zufälliges Ereignis. Tritt eine Situation ein, in der die Reaktionen des Gefühlsausbeuters durchaus angemessen sind, weil auch bei anderen ähnliche Gefühle entstehen, so machen sich Gefühlsausbeuter diese Gelegenheit zunutze, um anzudeuten: »Siehst du, du reagierst auch so wie ich. Warum werden dann meine Gefühle nicht ebenso akzeptiert wie die Äußerungen anderer Leute?« In der Tat, innerhalb ihrer bevorzugten Gefühlsskala haben Gefühlsausbeuter auch *echte* Gefühle. Das Problem besteht nur darin, daß sie sich keine Gefühle außerhalb dieser Skala gestatten, und daß sie von ihrem Partner übermäßiges Streicheln für ihre Ersatzgefühle verlangen.

Wenn ich darüber mit den Teilnehmern meiner Ausbildungskurse rede, beklagen sie sich manchmal. Sie sagen, ich mache es ihnen so schwer, die Ersatzgefühle bei den Klienten zu erkennen und die darunterliegenden authentischen Gefühle zu erraten. Einerseits spräche ich von tief verborgenen Gefühlen. Sie könnten nur mit Hilfe und Beteiligung Außenstehender ans Licht gebracht und so erkannt werden, daß der Klient sie für sich selbst akzeptiert. Andererseits würde ich sie davor warnen, beim Klienten neue Ersatzgefühle zu erzeugen. Diese letztere Gefahr ist allerdings nicht so groß; denn man macht sich nicht so leicht neue Gefühle zu eigen, es sei denn, man hätte sie bereits als alternative Ersatzgefühle in sich. Was sich meine Ausbildungskandidaten vor allem von mir wünschen, ist eine Art »Gefühlswörterbuch«. Aber das kann ich natürlich nicht liefern. Es gibt eben keine direkte Entsprechung zwischen einem bestimmten Ersatzgefühl und dem darunterliegenden »verbotenen« echten Gefühl.

Wege aus dem Irrgarten

Trotz dieser Bedenken habe ich nachfolgend eine Liste von Gefühlen und Wahrnehmungen zusammengestellt. Sie soll mehr zur Anregung dienen als ein umfassendes Verzeichnis abgeben. Darum empfehle ich dem Leser: Fügen Sie Ihre eigenen Einfälle oder Erfahrungen hinzu. Bedenken Sie dabei bitte, daß eine Person mit stark ausgeprägten Ersatzgefühlen sicher auch über andere, durchaus authentische Gefühle und Reaktionen verfügt. Und das, was gewöhnlich bei ihm als Ersatzgefühl auftritt, kann unter gewissen Umständen auch eine angemessene Reaktion sein, wenn sie nicht übertrieben wird.
Ersatzgefühle – das muß ich noch einmal sagen – verbergen nur *bestimmte* Gefühle und Einstellungen. Oft (aber nicht immer) kommen sie dem Gegenteil des Ersatzgefühls nahe, das empfunden oder vorgezeigt wird.
Gefühle und Wahrnehmungen können wir in drei Kategorien aufgliedern. Sie entsprechen der körperlichen Entwicklung des Menschen.

1. *Grundlegende körperliche Bedürfnisse,* an die das Überleben gebunden ist, sowie Sinneswahrnehmungen: Hunger, Durst, Kälte, Hitze, Schlaf und andere körperliche Wahrnehmungen (des Kreislaufs, des Verdauungssystems, der Drüsenfunktionen usw.). Tasten und Berühren, Riechen, Hören, Sehen, Sprechen, das Verlangen nach Streichelkontakten, elementare sexuelle Bedürfnisse, eventuell der Bewegungsdrang.

2. *Reaktionen* auf Erfüllung oder Enttäuschung der oben angeführten Bedürfnisse oder auf andere äußere Reize wie Lärm, Wiegen, Schütteln, warme Milch, Streicheln, rohe Behandlung usw., z.B. Vergnügen, Wohlbehagen, Schmerz, Unbehagen, Haß, Trauer (aufgrund eines Verlustes), Freude usw.

3. *Später auftretende Bedürfnisse* im Zusammenhang mit Trieben, die im Rahmen der weiteren körperlichen Entwicklung auftreten, sowie Reaktionen auf Erfüllung bzw. Enttäuschung dieser neuen Bedürfnisse. Gefühle dieser Kategorie sind weitaus komplexer als die der beiden vorgenannten Kategorien. Was von ihnen sichtbar wird, kommt im einzelnen oft kombiniert mit anderen Merkmalen zustande, die kennzeichnend für menschliches Verhalten sind. Diese Gefühle sind mit Vorstellungskraft und Denken verbunden. Beispiele: Neugier, Überschwänglichkeit, Ausgelassenheit, Aggressivität, Konkurrieren, Gier, Neid, Sexualität, Zärtlichkeit, Geltungsbedürfnis, Verlangen nach Entwicklungsmöglichkeiten (psychisch), nach Selbständigkeit, nach echter Intimität.

Nachfolgend habe ich echte und Ersatzgefühle nebeneinandergestellt. Ich hoffe, daß das nützlich ist. Der Leser möge selber Zusätze und Veränderungen vornehmen. Denn Überschneidungen sind kaum zu vermeiden, und es haben auch sehr persönliche Formulierungen Eingang gefunden.
In Spalte A sind alle Gefühle in ihrer echten, unverkleideten Form aufgeführt. In Spalte B finden Sie, wie Gefühle aussehen, wenn sie *zu Ersatzgefühlen verzerrt* sind. Bitte halten Sie sich vor Augen: Sie können nicht einfach mit dem Finger von Spalte B zu Spalte A wandern. Die Bezeichnungen in Spalte B sind *keineswegs* jeweils ein Ersatz für die entsprechenden authentischen Gefühle in Spalte A. Wenn ein Gefühl links steht, dann heißt das einfach: Das echte Gefühl in dieser Kategorie war *erlaubt,* und das unerlaubte ist in einer anderen Kategorie zu finden. Zum Beispiel Theas Ersatzgefühle waren Trauer und Depression. Als Kind konnte sie durchaus auch echte Traurigkeit zeigen. Und Gerd konnte sich seinen Schulkameraden gegenüber im »Kampf« und dergleichen durchaus aggressives Verhalten erlauben.

Panorama der Gefühle – und was wir aus ihnen machen können

A. Echte, spontane Bedürfnisse und Gefühle	B. Ersatzgefühle (künstliche Gefühle, als real kaschiert)
I. Körperliche Grundbedürfnisse. Verlangen nach Streichelkontakten, Impulse zu körperlichem Ausdruck (Gesicht, Rumpf und Gliedmaßen). Bewegungsfähigkeit. Empfindungen (Riechen, Tasten, Hören, Sehen). Wut. Keimende sexuelle Gefühle.	Chronisches Unbefriedigtsein. Nervosität, Ekel, Reizbarkeit, Erschöpfung, Verzicht (»Ich brauche das nicht . . .«), Übersättigung, Brechreiz, Nikotin- und Alkoholsucht, Kleptomanie, Hypersexualität, leichte Depressionen.
II. Wohlgefühl, Unbehagen, Zufriedenheit, Freude, Enttäuschung, Schmerz, Wut (Ärger), Furcht, Verwirrung, Leeregefühl (Verlust). Wünsche und Sehnsüchte. Hoffnung. Selbstbewußtheit oder -wahrnehmung. Echte Hilflosigkeit. Allmachtsphantasien. Haß, Wunsch zu zerstören oder zu besiegen.	Psychosomatische Leiden, einschließlich Verdauungs-, Haut- und Atembeschwerden. »Lieb und nett«. Trotz. »Immer gleich eingeschnappt«. Opfer (Märtyrer). »Warten aufs Christkind«. Hoffnungslosigkeit. Hartnäckige Bestätigungsforderungen. Mäkeln an sich selbst und an anderen (»Foltermasche«). Feindseligkeit und Gewalt. Mord- und Suiziddrohungen. »Kleines Dummerchen«. Konfus. Trauermasche (ausbeutend). Ängstlichkeit (»Was wäre, wenn . . .«). »Kleiner Junge, der sich verlaufen hat«.
III. Neugier, Überschwänglichkeit und Ausgelassenheit (diese können, zusammen mit Phantasie, zu Kreativität führen).	Nervöse Wißbegierde und Fragerei. »Der Voyeur«. Klagen, jammern, nörgeln. Geschäftigkeit bis zur »Gschaftlhuberei«.
Bedürfnis nach Ausdruck und Weiterentwicklung, oft in Verbindung mit den vorgenannten Eigenschaften. Dazu gehören auch Aggressivität, Freude am Wettstreit, Neid, Ärger.	Angestrengtes »dem anderen stets eine Nasenlänge voraus sein«. Erpresserisches »Ich bin in Ordnung, du bist es nicht« oder umgekehrt »Dir geht es gut, mir nie«.
Gefühle, bezogen auf das sich entwickelnde Bedürfnis nach Identität und Selbstbestimmung.	Hartnäckiger Sarkasmus. Aufsässigkeit. »Mich werdet ihr nicht klein kriegen.« Gereiztheit. Sich geistesabwesend abwenden. Gewalt.

Anerkennungsbedürfnis. Gefühle, bezogen auf den Drang nach Vertrautheit (Einfühlungsvermögen). Traurigkeit. Echtes Bedauern. Sorgen. Gier.	Plump vertrauliches Gutgelauntsein, »Wir sind doch alle Kumpels, haha«. Zuviel Geselligkeit, »alle müssen mitmachen«. Parties, Parties! Angst vor dem Alleinsein. Schuldgefühle, Scham (»Wenn die Leute wüßten . . .«). Immer in Schwierigkeiten.
Sexualität, von infantilen bis zu reifen sexuellen Bedürfnissen und Gefühlen. Diese überschneiden sich manchmal mit dem physisch empfundenen Bedürfnis nach Streichelkontakt.	Unzählige sexuelle Ersatzgefühle einschl. provokativem sexuellem Verhalten. Angst vor Vergewaltigung, Kastrationsängste. Sexuelle Perversionen. Extreme Prüderie. Superman-Syndrom. »Schockierend!« Sexualopfer.
Fortpflanzungstrieb. Gefühle, bezogen auf schöpferische und produktive Impulse. Großzügigkeit. Humane ok-Gefühle. Anteilnahme, Fürsorge, Sympathie, Loyalität.	Übermäßiges Behüten. Extreme Hilfsbereitschaft. »Selbstlose Güte und Freundlichkeit«. »Hingabe« (Mutter, Frau, Sohn, Nachbar usw.). Chronische Nachträglichkeit (»Ich werde nie vergessen, daß . . .«).
Existentielle Sorge und Verzweiflung, Bewußtheit der Ungereimtheiten und Schwierigkeiten des Daseins. Erkenntnis der menschlichen Unvollkommenheit sowie der Realität des Todes. Fähigkeit, optimistisch im Jetzt zu leben. Mut.	Suizidale Ersatzgefühle, Mordimpulse, Schuldgefühle und Depression. Chronischer Pessimismus. Zerstörungssucht. Gewalttätigkeit. Ständiges Infragestellen. »Mit dem Tode ist sowieso alles aus, also . . .«
Echtes Selbstwertgefühl mit voller Anerkennung des anderen. Realistisches Gefühl des »Ich bin in Ordnung – du bist es auch«. Liebe.	Aufgesetzte Zuversicht, Euphorie. Forcierte »Hoffnung«. »Immer nachsichtig sein«. »Wie konntest du mir das antun?« Uneinfühlsames, den anderen behinderndes Liebes- und Beglückungsverlangen. »Alles, was du brauchst, ist Liebe, sehr viel Liebe.«

Falls diese Liste nach mehr aussieht, als Sie brauchen können, halten Sie sich vor Augen:

1. Es ist nicht nötig, jedes Ersatzgefühl genau zu benennen. Auch nicht, wenn Sie als Therapeut mit jemandem zu tun haben. Wann Ihnen ein Ersatzgefühl begegnet, werden Sie vermutlich mit Ihrem Kind-Ich herausfinden, denn Ihr Kind reagiert meist ganz spontan auf Ersatzgefühle. Sie werden sicher auch eine eigene Bezeichnung für dieses Ersatzgefühl finden. In jedem Fall haben hartnäckige Gefühlsausbeuter gewöhnlich mehr als nur *ein* vorgezeigtes Gefühl.
2. Weitaus schwieriger ist es zu erraten, welche verdeckten, unerlaubten und unbekannten Gefühle früher für die Bezugsperson des Gefühlsausbeuters unakzeptabel waren und jetzt verborgen sind. Darauf habe ich aber schon hingewiesen. Wie kann man trotzdem dahinter kommen?

   Lassen Sie sich zunächst selbst spontan einen Einfall kommen, welches echte Gefühl verdeckt sein könnte. Probieren Sie Ihre Vermutung in Gedanken aus. Wenn Sie Berater oder Therapeut sind, flechten Sie Ihre Idee in den Verlauf des Gesprächs ein. Achten Sie auf die Reaktion des Klienten.

Nach einigen Versuchen kommen Sie der Sache oft schon näher. Übung spielt hier eine große Rolle. Hören Sie auf die Art und Weise, in der Gefühlsausbeuter sich ausdrücken. Schließlich können Sie Ihre anfängliche Vermutung genauer fassen und dann mehr Einzelheiten aus den frühkindlichen Verhältnissen des Klienten erfragen.

Die fünf Himmelsrichtungen unserer Empfindungen

3. Ich möchte Ihnen noch einen weiteren Anhaltspunkt liefern, wie Sie sich eine ungefähre Vorstellung von den verdeckten Gefühlen einer Person mit Ausbeutungstendenzen verschaffen können. Es handelt sich um das Schema der vier Grundkategorien von Gefühlen, das Fritz Perls entwickelt hat. Ich habe ihnen noch eine fünfte hinzugefügt. Zu jeder Kategorie sind auch die spezifischen somatischen Vorgänge angegeben.

A. *Wut* (einschließlich Zorn, Reaktionen auf Frustrationen, Eifersucht, Neid, Grausamkeit, Konkurrenzgefühle, Gier, Rachegedanken usw.). Diese Gefühle erzeugen Veränderungen im Denkvermögen, im Blutdruck, in der Adrenalinausschüttung usw.

B. *Liebe* (einschließlich des Verlangens nach Zärtlichkeit, Sinnlichkeit, Sexualität, Abhängigkeit, Intimität, Vertrautheit, Treue usw.). Diese Gefühle gehen mit Veränderungen im Blutkreislauf, in den Drüsenfunktionen, in der Muskelspannung usw. einher.

C. *Trauer* (einschließlich Weinen, Sehnsucht, Sorgen, Klagen, Verzweiflung, Verwirrung, Mitgefühl, auch Schuldgefühle, Bedauern, Identifikation mit Leiden anderer). Diesen Gefühlen entsprechen Tränen, Veränderungen in der Drüsenfunktion und im Blutdruck, Reaktionen im Magen- und Darmtrakt sowie im Schlafverhalten usw.

D. *Freude* (einschließlich Spontaneität, Jauchzen, Sich-eins-Fühlen, Neugier, Aufregung, Unternehmungslust, Verspieltheit, Kreativität usw.). Diese Gefühle und Verhaltensweisen äußern sich in Lachen (auch bis zu Tränen), Veränderungen in der Drüsenfunktion, der Muskelspannung, Pupillenerweiterung usw.

E. *Angst* (einschließlich Feigheit, Kampf/Flucht-Reaktionen, Furcht- und Schamgefühl). Angst bringt Veränderungen in der Drüsenfunktion und der Adrenalinausschüttung, im Blutkreislauf, Herzklopfen, Schweißausbruch usw. mit sich.

Diese letzte Kategorie ist die schwierigste. Angst, Furcht oder Scham sind oft das Grundgefühl, das von einer der vorgenannten anderen Kategorien überdeckt wird. Generell läßt sich sagen: Furcht, Angst oder Scham sind stets die Ursache dafür, daß man andere Gefühle unterdrückt und verbirgt. Gleichwohl halte ich es für nötig, diese Kategorie getrennt aufzuführen. Manche von uns sind beispielsweise durchaus bereit, zuzugeben, daß sie sich in bestimmten Situationen fürchten oder schämen; dennoch mögen wir unsere Angst, für feige gehalten zu werden, nicht zu erkennen geben. Denn als Kinder hatten wir vielleicht Angst davor, Furcht oder Scham zu zeigen statt tatsächlich offen mit Furcht oder Scham zu reagieren, wenn sie sich einstellten. Armin, mit dem wir uns in einem früheren Kapitel beschäftigt haben, ist ein Beispiel dafür.
Humor und Pathos der Filme Charlie Chaplins verdichten sich in Charlies fortwährenden Versuchen, Furcht, Scham oder Verwirrung auf äußerst ungeschickte Weise zu verstecken. Man weiß nicht, ob man lachen oder weinen soll: Charlies Talent macht offenbar, was sich dahinter verbirgt, wenn er seine Angst überspielend »tapfer« oder »selbstsicher« auftritt.

Auch Shakespeare wußte viel von Ersatzgefühlen. Er hat verschiedentlich gezeigt, wie derjenige zur komischen Figur wird, der sich ihrer nicht bewußt ist, sondern sie für echt hält. Im »Hamlet« ist es Polonius, der seinem Sohn rät: »Sei deinem eigenen Selbst getreu«, sich selbst aber mit seiner Unaufrichtigkeit lächerlich macht. Und in »Wie es euch gefällt« läßt uns der windige Jacques, der alles daran setzt, ernst genommen zu werden, wissen: »Die ganze Welt ist eine Bühne . . .«

9. Ersatzgefühle bei anderen – wie gehe ich darauf ein?

Eine ganz alltägliche Geschichte. Ich sitze im Café . . .

Wie Ersatzgefühle zustande kommen, läßt sich im Alltag jederzeit beobachten. Vor einiger Zeit besuchte ich ein Café. Am Nebentisch befand sich eine Familie. Die Mutter hatte den Säugling auf ihrem Schoß und gab ihm die Flasche, während der Vater dem Zweijährigen beim Essen half. Das älteste Kind, ein Mädchen von etwa drei oder vier Jahren, war schon mit dem Essen fertig und saß etwas verlassen zwischen Eltern und Geschwistern. Sie fühlte sich offensichtlich ausgeschlossen. Vielleicht war sie sogar eifersüchtig. Aber sie wagte ihren Eltern nicht klar zu machen, daß sie sich ausgeschlossen fühlte – möglicherweise wußte sie auch nicht, wie sie das hätte anstellen sollen. Als sie merkte, daß ich sie beobachtete, lächelten wir uns gegenseitig zu und verständigten uns mit Blicken und Gesten. Irgendwann machte sie nach, wie ihr kleiner Bruder aß. Der Vater hatte sie bis zu diesem Augenblick völlig ignoriert. Jetzt schaute er sie mit gerunzelter Stirn tadelnd an. »In dieser Familie unterhält man sich nicht«, sagte sein Blick, »und schon gar nicht mit Fremden! Lieber langweilt man sich. Und seine Geschwister lacht man nicht aus!« Beschämt (denn sicher hatte sie diese Botschaft schon öfter erhalten) wurde das kleine Mädchen rot, wandte den Blick von mir ab, guckte nach unten und wendete sich dann ihrer Mutter zu (mag sein, daß sie sich nach dem Tadel des Vaters dort Trost erhoffte). Die Mutter war aber noch immer intensiv mit dem Säugling beschäftigt. Da wurde ich Zeuge eines Ersatzverhaltens, wie es zum Entstehen von Ersatzgefühlen führen kann oder diese begleitet. Mit einem süßen Lächeln (das Scham und Frustration verdeckte) bot sie der Mutter an, die Flasche für das Baby zu halten. Die Mutter nickte mit Vergnügen.

Und nun zog das kleine Mädchen eine richtige Show ab: sie liebkoste den Säugling als »kleine Mutter« und gab sich jede Mühe. Das konnte ich an dem angestrengten Ausdruck in ihrem Gesicht erkennen. Für die Mutter aber war es ein »liebevoller« Ausdruck. Dafür erteilte sie dem Mädchen auch entsprechende Zuwendung. Ohne jedes Wort funktionierte hier der Mechanismus: das Kind war vom Vater beschämt worden wegen eines unerwünschten Verhaltens, das jedoch seinen spontanen, echten Gefühlen entsprochen hatte; diese Impulse ersetzte es nun durch erwünschte »liebevolle«, »fürsorgliche« Gefühle und Handlungen. Das kleine Mädchen war also gerade dabei, in seinem Bewußtsein Ersatzgefühle wie »schwesterliche Liebe« und Fürsorge an die Stelle von Neid, Eifersucht, Trauer oder auch Albernheit zu setzen.
Ersatzgefühle entstehen natürlich nicht aus einmaligen Erlebnissen, und Kinder können vieles ohne schlimme Folgen ertragen. Ersatzgefühle entwickeln sich, wenn in früher Kindheit das gleiche Motiv ständig wiederholt wird. Ebenso kommen Lernerfolge wie etwa das Sprechen durch Wiederholung und Verstärkung zustande, bis z.B. ein gewisser Wortschatz wie von selbst erworben ist.

In der Schule geht es los. Tips für Lehrer

Bei Schulkindern der unteren Klassen lassen sich die echten Gefühle, die unter den Ersatzgefühlen verborgen sind, noch relativ leicht erraten. Das gilt, obwohl sie den Kindern selbst nicht unbedingt bewußt sind. Lehrer und Schulpsychologen können deshalb eine Menge dazu beitragen, Kindern aus dem Mechanismus herauszuhelfen, ihre Ersatzgefühle laufend zu verstärken. Statt Ersatzgefühle zu bestätigen, kann man solchen Kindern das Werkzeug in die Hand geben, ihre echten Gefühle zu erkennen. Vielleicht können sie dann künftig besser damit umgehen.
Eine derartige Hilfe ist gerade in dem Augenblick möglich, in dem die Kinder den Ersatzmechanismus anwenden. So kann z.B. selbst der beschäftigtste Lehrer, wenn er ein bißchen aufpaßt, die Zeit für die Bemerkung finden: »Jürgen, du hast eben ganz aufgeregt gewirkt, als ich vom Schulausflug sprach, und dann sahst du mit einem Mal traurig aus. Es ist doch ganz in Ordnung, wenn man aufgeregt ist und Spaß daran hat!« oder »Susi, mir fiel auf, wie du Björn nachsichtig angelächelt hast. Das verstehe ich nicht, denn er hat doch gerade deine schöne Zeichnung zerrissen. Du

hast ja recht, wenn du böse auf ihn bist und es auch zeigst, nur möchte ich nicht, daß du ihm dafür eine runterhaust!« und »Björn, ich halte es für besser, wenn du uns allen sagst, daß du gern so gut zeichnen möchtest wie Susi, statt ihre Zeichnung zu zerreißen.«

Auf diese Weise können Lehrer oder sonstige Erziehungspersonen jungen Gefühlsausbeutern helfen, zumindest einen gewissen Wortschatz für die eigenen Gefühle zu erwerben, selbst wenn diese aufgrund der Erfahrungen von zu Hause als gefährlich und ungehörig betrachtet werden.

Lehrer mögen einwenden: ganz gleich, was in der Schule geschieht, das Kind muß sich ja doch den emotionalen Verhaltensmustern daheim anpassen. Das läßt sich schlecht bestreiten. Für das Kind ist es jedoch von großem Nutzen, wenn es durch den Lehrer erfährt: Ich kann bestimmte Gefühlsäußerungen, die zu Hause als gefährlich gelten, in anderen Situationen ohne Gefahr zum Ausdruck bringen. So mag ein Kind seine Wut in seiner Familie weiterhin verbergen müssen – es kann sie nun aber wenigstens wahrnehmen. Damit wäre eine Voraussetzung dafür geschaffen, daß in Zukunft das Erwachsenen-Ich die Herrschaft über das eigene Verhalten übernimmt. Das geängstigte Kind muß die bewußte Wahrnehmung bestimmter Impulse nicht mehr unterdrücken. Das Kind braucht nicht mehr, im gleichen Umfang wie früher, echte Gefühle durch künstlich »erlaubte« Gefühle zu ersetzen. Ersatzgefühle haben wenig Chance, sich festzusetzen, wenn das Kind sagen kann: »Alles, was ich fühle, kann ich angstfrei fühlen. Ich kann entscheiden, was ich zeige, wo ich es zeige und was ich tue.«

Man kann dem Kind auch beibringen, daß es sich sagt: Wenn ich ein Gefühl äußere, muß das nicht zwangsläufig dazu führen, daß ich mich auch entsprechend verhalte. »Es ist gar nicht mehr nötig, mich mit Hannes auch noch zu prügeln.« Dann aber, wenn jemand echte Gefühle äußert, sollten Sie großzügig mit Ihrer Streichelzuwendung sein, selbst wenn es sich um »unerlaubte« Gefühle handelt. »Ich finde gut, wenn du deinen Ärger aussprichst. Es ist in Ordnung, auch einmal richtig wütend zu sein.«

Wer mit Kindern so umgeht, verschafft ihnen für ihre Zukunft beträchtliche Erleichterung. Denn sonst spürt der heranwachsende Gefühlsausbeuter in der Situation, in der die präsentierten Gefühle aufkommen, nur ein unbestimmtes Unbehagen. Er merkt nicht, wie da Ersatzgefühle auftauchen und an die Stelle anderer Empfindungen treten – so wenig wie dem Mädchen in der obigen Geschichte klar war: Ich vertausche jetzt meine wahren Gefühle mit dem Ersatzgefühl »mütterlicher Besorgtheit«.

Bei einem Erwachsenen läßt sich ziemlich schnell erkennen, wenn Gefühlsausbeutung mit im Spiele ist: ich fühle mich im Kontakt mit dem Betreffenden nicht ganz wohl, strebe weg, fühle mich einem Zwang ausgesetzt. (Die Beispiele von Anne und Benno führen das anschaulich vor Augen.) Man kann auch verhältnismäßig bald bestimmte Ersatzgefühle wahrnehmen (z.B. war es bei Anne Hilflosigkeit und Verwirrung, bei Benno Hilfsbereitschaft, Sicherheit und Klugheit). Aber es ist – auch mit Hilfe des vorangegangenen Kapitels – gar nicht so leicht, die darunterliegenden Gefühle zu erraten. Ersatzgefühle sind ja schon lange Jahre Bestandteil der »zweiten Natur« des Menschen. Sie sind tief eingewurzelt und nunmehr auch außerhalb der ursprünglichen Familie seine »üblichen« Reaktionen geworden.
Personen mit Ersatzgefühlen wehren sich ängstlich dagegen, daß ihre geheimen verborgenen Gefühle entdeckt werden. Diese Abwehr hat starke Ähnlichkeit mit der Vorsicht, die wir entwickeln, wenn wir uns »instinktiv« nicht zu weit aus dem Fenster lehnen, um nicht hinauszufallen. Eine solche Reaktion ist nicht wirklich »instinktiv«. Aber der Instinkt hat uns in der Kindheit auch dazu gedient, von der Umwelt zu lernen. So kann man leider die Angst vor bestimmten Gefühlen »erlernen«. Eben deshalb ist es manchmal – gerade auch im Rahmen einer therapeutischen Behandlung – äußerst schwierig, einem hartnäckigen Gefühlsausbeuter zu helfen, seine echten Gefühle wahrzunehmen. Denn er empfindet seine Ersatzgefühle als »natürlich«. Er sperrt sich dementsprechend dagegen, daß seine Gefühle offensichtlich werden. Auch wenn sie sich hin und wieder von außen erkennen oder erraten lassen, ist der Klient davon überzeugt, sie keinesfalls zu haben. Zwar sucht er Abhilfe für seine Leiden (z.B. wollte Thea Linderung ihrer Depression, Armin litt unter Einsamkeit). Doch sieht er den Zusammenhang mit den verborgenen Gefühlen nicht. Ihm kann jedoch nur dadurch geholfen werden, daß er seine echten Gefühle entdeckt und äußert. Auf diesem Wege kann er Schritt für Schritt seine Abhängigkeit von unechter Zuwendung und seinen Drang nach Gefühlsausbeutung überwinden.
Aber wie schon gesagt, eine besondere Schwierigkeit liegt darin, daß es keine genaue Entsprechung zwischen den Ersatzgefühlen und den darunterliegenden echten Gefühlen gibt. Wir wissen nur, daß sie nicht der gleichen Kategorie angehören. Wahrscheinlich sind sie einander eher entge-

gengesetzt. (Z.B. kann Sehnsucht und Liebe von Feindseligkeit, Traurigkeit von Vergnügungssucht überdeckt sein. Doch mag das gleiche Ersatzgefühl bei dem einen Menschen dieses und beim anderen etwas ganz anderes verbergen.)
In jedem Fall hat übermäßiges Streichelbedürfnis mit unbekannten Ersatzgefühlen zu tun. Das wird nicht immer gleich offenbar. Es ist auch am jeweiligen Verhalten gewöhnlich nicht so schnell abzulesen, um was für unbekannte Gefühle es sich handeln könnte. Außerdem sind es oft mehrere unerkannte Gefühle, die automatisch durch Ersatzgefühle ausgedrückt werden.

Wenn die Türen verschlossen sind. Tips für Therapeuten

Einem ausgesprochenen Gefühlsausbeuter wird nicht dadurch geholfen, daß man ihn einfach geradewegs auf seine Gefühlsausbeutung hin anspricht. Vielmehr läßt sich nur etwas ändern, wenn er zunehmend fähig wird, sich die darunterliegenden Gefühle bewußt zu machen. Deshalb sollte sich der Therapeut so bald wie möglich einen Eindruck von der Kategorie der unerkannten Gefühle seines Klienten verschaffen. Anfangs kann dieser Erkundungsgang vielleicht nur in kleinen Schritten vor sich gehen. Sonst erschrickt der Betreffende und findet um so mehr Anlaß, seine wahren Gefühle wegzuschieben.
Der Therapeut kann an dieser Stelle seine eigene Phantasie zu Rate ziehen. Benützt ein Klient jede Gelegenheit, um stets die gleichen Gefühle oder Gedanken zu äußern? Vertritt er ein und dieselbe starre Meinung? Dann ist die Frage angebracht: Wie würde wohl ein durchschnittlicher Mensch in einer ähnlichen Situation empfinden und sich äußern? Wenn mir das Gefühl oder der Gedanke, den ich immer wieder vorgeführt bekomme, bloß aufgesetzt, mit Fleiß vorgezeigt vorkommt, was würde mir (oder anderen) stattdessen echt erscheinen?
Wenn man im Verlauf der therapeutischen Behandlung sorgfältig beobachtet, wenn man sich z.B. in einer Therapiegruppe auch die Beobachtungen anderer zunutze macht, kann man durchaus Hinweise erhalten, welche Gefühle verdeckt werden.
Einige Beispiele: Jemand erzählt mit einem leichten Lächeln von seinen Depressionen. Oder er erklärt mit Feuer und Flamme, wie erschöpft und leer er ist. Jemand berichtet mit Leichenbittermiene von seinem berufli-

chen Aufstieg. Oder er zeigt sich nahezu heiter, während er Menschen erwähnt, die er in letzter Zeit verloren hat.
Was im Hier und Jetzt abläuft, liefert die wichtigsten Anhaltspunkte. Bei Gerd war aufschlußreich: die schwere Krankheit einer Frau, die er liebgewonnen hatte, provozierte ihn zu besonderer Aggressivität und zu groben Späßen über diese ihre Krankheit, während andere ihr Mitgefühl bekundeten. Bei Thea fiel auf: sobald etwas Spaßiges zur Sprache kam, redete sie um so nachdrücklicher von ihrer Depression. Sie saß dann nach vorn gelehnt und war an dem Vorgang interessiert, reagierte darauf freilich mit einem »kalten Guß«.
Ein weiterer Schritt ist, Beobachtungen, die man in der Gegenwart macht, und Vermutungen, die man im Kopf hat, mit Informationen aus der Kindheit in Zusammenhang zu bringen. Mancher Klient vermag sich nicht zu erinnern, wie im Falle Gerds. Dann kann man entsprechende Fragen nach den familiären Verhältnissen zu jener Zeit stellen. Oder man veranlaßt den Betreffenden, sich bei Verwandten zu erkundigen. Die Informationen, die er holen soll, sind in die vermutete Richtung zugespitzt. Beispielsweise: »Ist einer der Mitbewohner im Hause oder ein naher Verwandter in der Zeit gestorben, als Sie ca. zwei bis vier Jahre alt waren?« »Gab es in der Zeit einen besonderen Ortswechsel oder eine längere Krankheit, und wer war währenddessen eine wichtige Bezugsperson?« Oder »Was können Sie weiter von den Leuten in Erfahrung bringen, die zur Zeit, an die Sie sich nicht mehr erinnern, eine besondere Rolle für Sie gespielt haben (z.B. Großeltern)?«

Güte, die auf den Geist schlägt

Liesel ist ein Beispiel für jemand, der unerlaubte Gefühle wie Neid und Eifersucht hinter »Liebenswürdigkeit«, »Güte« und sogar »Liebe« verbirgt. Als Typ 2 trug sie diese Ersatzgefühle in übertriebener Weise zur Schau. Auch in ihrem Fall wurde an ihrer Beziehung zu einem anderen Gruppenmitglied erkennbar, was für Gefühle sie bisher verdrängt hatte. Nicht daß Liesel nie echte Güte hätte empfinden können. Ihr Problem war vielmehr, daß sie zeitweise die Güte in Person war, und zwar (wie sich später herausstellte) genau dann, wenn sie eigentlich Neid oder Haß empfand. Als erster Hinweis in die Richtung fiel allen Teilnehmern der Therapiegruppe auf: sie überschüttete Franziska, eine andere Klientin in der Runde, geradezu mit Freundlichkeiten. Dadurch lockte sie jede Menge »Dankeschön«-Streichelreaktionen aus ihr heraus. Liesels Liebenswürdigkeit Franziska gegenüber wurde besonders aufdringlich, wenn jemand in der Gruppe Fortschritte bei Franziska feststellte oder wenn sich Franziska selbst positiv über sich äußerte.

Liesel war in einer Reihe von Geschwistern die älteste gewesen. Christa, ihre zwei Jahre jüngere Schwester, wurde von den Eltern vorgezogen – wohl weil sie die Klügere und Hübschere war. In dieser Familie wurden alle negativen Gefühle unter den Teppich gekehrt. Christa war bei allen lieb Kind und stach Liesel in jeder Beziehung aus. Als Entschädigung dafür lobten die Eltern Liesel in den höchsten Tönen: sie sei so nett, hilfsbereit, freundlich und großzügig, insbesondere ihrer Schwester gegenüber. Als das in der Therapie zur Sprache kam, bestand Liesel darauf, sie und ihre Schwester seien unzertrennlich gewesen, und sie habe sich stets über das Vorankommen ihrer Schwester gefreut.

Liesel war Diplomsoziologin. Dementsprechend verfügte sie über ein beachtliches Ausdrucksvermögen bei sozialen Zusammenhängen. Ihr Kind-Ich jedoch hatte keine Worte, um ihren verdeckten Gefühlen Ausdruck zu verleihen. Das geht oft so. Man kann später die richtige Bezeichnung für ein bestimmtes Gefühl lernen, ohne es in sich wahrzunehmen oder nachzuvollziehen.

So erwiderte Liesel, als das erste Mal die Vermutung aufkam, sie könnte auf ihre Schwester eifersüchtig gewesen sein: in puncto Geschwisterrivalität sei sie umfassend im Bilde; sie selbst sei aber von solchen »schrecklichen Gefühlen« verschont geblieben. Liesels Erwachsenen-Ich kannte die Begriffe »Eifersucht« und »Neid«. Ihr Kind-Ich konnte diesen Begriffen die dazugehörigen inneren Gefühle jedoch nicht zuordnen. Die Gefühle Neid und Eifersucht waren ihrem Kind-Ich und ihrem Bewußtsein nur in der Ersatzform von »Liebe« und »wohlwollender Güte« verfügbar. Schließlich mußte sie einsehen, daß nicht immer zutraf, was sie sagte. Unter gewissen Umständen war ihr Impuls, gegenüber Stellvertreterinnen ihrer Schwester (wie Franziska) »liebevoll« zu sein, eigentlich der Ausdruck für neidische Gefühle. Diese Erkenntnis war schwer für sie. Denn Neid war für sie ja ein »unbekanntes Gefühl«. Sie hatte es nur im Kopf, die Bezeichnung war ihr nur im Blick auf andere geläufig. Trotz ihrer umfassenden Fachkenntnisse als Soziologin mußte ihr Kind-Ich also die grundlegende Einsicht erlernen: es besteht ein Unterschied zwischen

- dem Gewahrwerden eines Gefühls,

- dem Erkennen und Benennen eines Gefühls in sich selbst (mit einfachen, nicht wissenschaftlichen Worten),
- dem Zulassen des Gefühls bei sich selbst,
- dem Entschluß, ob man es zeigt und äußert oder aber verbirgt,
- und schließlich dem Entschluß, ob man dementsprechend handelt.

Wenn man glaubt, Gedanken töten

Wie alle Menschen mit ausgeprägten Ersatzgefühlen hatte Liesel »wahnsinnige« Angst davor, das Erkennen und Akzeptieren ihrer »schrecklichen« Gefühle könne zu einem gefährlichen Verhalten führen. Nur Schritt für Schritt vermochte sie unter dem Schutzmantel der Therapie mit ihren echten Gefühlen zurechtzukommen. Lange bestand sie darauf, das neue Selbstbewußtsein sei zu gefährlich. Es könne sie zu verhängnisvollen Handlungen provozieren: »Was wollen Sie eigentlich von mir! Soll ich meine Schwester umbringen, die ich liebe?« Ihr Kind-Ich hegte die nicht unbegründete Angst, sie werde übereilt handeln. Denn eingefleischte Gefühlsausbeuter brauchen günstige Umstände, um ihre Ersatzgefühle allmählich durch neues echtes Bewußtsein abzulösen. Andererseits sind Verhaltenskurzschlüsse tatsächlich eine realistische Gefahr: ein Gefühl kann sich explosionsartig in unüberlegten Handlungen entladen, wenn die Steuerung durch das Erwachsenen-Ich fehlt.
Liesel hatte sich wegen ihrer chronischen Kopfschmerzen in Behandlung begeben. Diese Kopfschmerzen hatten natürlich mit ihren »liebenswürdigen« Ersatzgefühlen zu tun. Doch war dieser Zusammenhang nicht gleich zu Beginn der Behandlung zu erkennen. Die Kopfschmerzen gingen zum Teil auf den starken Blutdruck zurück, den ihr starres Typ 2-Verhalten verursachte. Sie reagierte wiederum so starr, weil sie die verborgenen Gefühle von Neid und Wut unterdrücken mußte. Die Kopfschmerzen kamen auch, wenn sie nicht genug Anerkennung für ihre »Liebenswürdigkeit« bekam, also für die Anstrengung, Eifersucht und Wut zu verschließen. So war sie in einem Teufelskreis gefangen. Die Verbindung der migräneartigen Kopfschmerzen mit ihrer ausbeutenden Liebenswürdigkeit ließ sich nur indirekt erklären: aus dem Zusammenhang beider Phänomene mit verborgenen Eifersuchtsgefühlen. Zwar wußte Liesel, daß sie die Kopfschmerzen zumeist nach einem Besuch bei ihrer Schwester oder ihren Eltern bekam. Sie meinte aber, das hinge mit ihren Sorgen um deren

Befinden zusammen. Allenfalls hätte sie noch als Erklärungsmöglichkeit eingeräumt, daß sie keinen Dank für ihre Hilfsbereitschaft erfuhr (das heißt: sie erhielt für ihre Ersatzgefühle nicht genügend Zuwendung). Sie begriff jedoch nicht den verdeckten Zusammenhang mit ihren verborgenen Gefühlen. Liesels Kopfschmerzen sind kein Zufall. Personen mit stark ausgeprägten Ersatzgefühlen zeigen oft auch psychosomatische Symptome. Die können selbst so etwas wie alternative Ersatzgefühle sein. Es kommt oft vor, daß zwei verschiedene Ersatzgefühle einen gemeinsamen Ursprung haben, der jedoch von einem dritten, ganz anderen Gefühl verdeckt wird. Der Klient und leider in manchen Fällen auch der Therapeut verwechseln dann leicht, was Ursache und was Folge ist, eben weil die zugrundeliegenden Gefühle derart verborgen und unerkannt sind.

In ähnlicher Weise beklagen sich oft Leute mit starken Ersatzgefühlen, ihre Partner in Freundschafts- oder Geschäftsbeziehungen seien die *Ursache* bestimmter aktueller Probleme. Sie verhielten sich nicht mehr »so wie früher«. Das kann tatsächlich der Fall sein. Vielleicht sind sie es inzwischen leid, weiterhin bestimmte Ersatzgefühle genügend zu streicheln. In dieser Situation fällt der Gefühlsausbeuter gern in andere (oft psychosomatische) Ersatzgefühle zurück, die sich jedoch gegebenenfalls als recht schmerzhaft erweisen. Er hofft, es werde ihm Entlastung bringen, wenn er einen anderen Partner findet oder der jetzige sich wieder so wie früher verhält. Das mag zu Zeiten auch so sein, nur kann darin nicht die eigentliche Lösung liegen. Auch in der Therapie hieße es eine falsche Richtung einzuschlagen, wenn man den Klienten in der Meinung bestärkt, ihm sei mit erneuter Bestätigung der bisherigen Ersatzgefühle wirklich geholfen. Denn das verschafft ihm ja nur eine vorübergehende Erleichterung, wie eine Spritze für den Süchtigen.

Glücklicherweise kann ich berichten, daß Liesels Kopfschmerzen mit dem Durcharbeiten ihrer Neidgefühle geradezu »magisch« verschwanden, wie sie sich selber ausdrückte. Nach und nach entwickelte sie eine echtere (damit aber auch distanziertere) Beziehung zu ihrer Schwester. Zu ihrem Erstaunen offenbarte die ihr ein Jahr später, daß sie sie jetzt viel sympathischer fände. Auch sie hatte Liesels (übertrieben) »liebevolle« Art als falsch empfunden.

Wie Liesel und das kleine Mädchen im Café gibt es viele Menschen, die Empfindungen von Eifersucht oder Neid durch »Zuneigung« oder »Betroffenheit« oder »Sympathie« oder das »Retter-Verhalten« ersetzen. Besonders häufig sind es Menschen, die auf ihre Geschwister oder andere nahe Angehörige oder gar auf Vater und Mutter eifersüchtig waren und das nicht zeigen durften. Ihre Gefühle wurden entweder direkt mit einem »Schäm dich!« gebrandmarkt. Oder man stritt sie entrüstet ab. Stattdessen wurden diese Kinder vermutlich besonders dann gelobt, wenn sie hilfreich, freundlich und duldsam waren – inbesondere denjenigen gegenüber, auf die sie im Grunde eifersüchtig und wütend waren. So kann sich ein Gefühlsausbeuter besorgt um jemanden kümmern, der ihm eigentlich unsympathisch ist. Er reagiert aber äußerst beleidigt, wenn man diese Fürsorglichkeit nicht anerkennt oder, noch schlimmer, sie ihm nicht glaubt!

Und ewig währt die Therapie – Liebe auf Krankenschein?

Bei der Therapie mit Gefühlsausbeutern gibt es eine große Schwierigkeit: sie wollen Hilfe für ihr Leiden (wie Liesel für ihre Kopfschmerzen), man soll aber nicht an die unbewußten, verdeckten Gefühle rühren. Nicht selten kommen sie nur zum Therapeuten, um weitere Zuwendung für ihre Ersatzgefühle zu bekommen. Andere Partner fehlen. So suchen sie in Therapien und Selbsterfahrungsgruppen nach Gelegenheit, ihre Ausbeutungstechnik anzuwenden, um diese zu verstärken und sich in der Abwehrposition ihres Typs weiter zu behaupten. Meines Erachtens ist an vielen sog. »stützenden« Therapien und Gruppenaktivitäten bedauerlich, daß der Mechanismus der Ersatzgefühle und die Problematik falsch placierter Zuwendung nicht erkannt wird. Was oft als »stützende« Behandlung betrieben wird, bekräftigt gerade Ersatzgefühle. Z.B. wenn man Liesel für ihre »liebevollen« Empfindungen bewundert oder Thea für ihre »Traurigkeit« zuviel Sympathie schenkt. Es ist schade, wenn der Therapeut selbst nicht die kleinen Andeutungen verdeckter Gefühle wahrnimmt, hervorlockt und bestätigt. Es ist schädlich, wenn er dem Klienten nur die Zuwendung gibt, die dieser erwartet, um seinen Typ zu verstärken und sich damit gegenüber den verdeckten Gefühlen »beherrschen« zu können. Der Klient täuscht sich, aber er weiß es ja nicht besser. Er zahlt gern für eine »Behandlung«, die ihm gegen Geld die Zuwendung bringt, die er anderswo nicht mehr ausreichend bekommt. Er beklagt sich: »Mein Partner hat mich verlassen!« Oder, wenn er da ist: »Er gibt mir nicht genug Zuwendung!« Aber wie fein – jetzt ist der Therapeut da, und das ist fast so schön wie damals in der Kindheit, daheim. Wunderbar! Solche »Therapien« dauern oft jahrelang, ohne daß sich beim Klienten wirklich etwas ändert. Manchmal enden sie zudem unter recht traurigen Umständen – nicht zuletzt für den Therapeuten. Er ist erschöpft und frustriert von seiner Erfolglosigkeit, gerade weil er sich gefühlsmäßig ausbeuten ließ, ohne es rechtzeitig zu merken. Und dem Klienten geht es, wie bei seinen sonstigen gescheiterten Beziehungen, nur noch schlechter als zuvor.

Wer zu viele Ersatzgefühle hat, kann sich selbst nie wirklich wahrnehmen. Sicher, als Kind braucht jeder von uns Streichelkontakte, um ein gutes Selbstgefühl zu entwickeln. Aber den Erwachsenen vermitteln noch so viel Streichelkontakte nicht das Bewußtsein: ich bin voll und ganz am Leben. Zu Lebendigkeit gehört die eigene Kreativität. Sie kann sich nur entfalten, wenn man seine Gefühle, auch die unangenehmen, vor sich selbst nicht zu verbergen braucht. Starke Ersatzgefühle machen einen zu sehr von Streichelkontakten abhängig. Weil man die eigenen Entfaltungsmöglichkeiten nicht erfährt – sie beruhen auf echten und akzeptierten Gefühlen, sind allerdings zuweilen auch mit Zweifel und Daseinsangst verbunden –, fehlt eine wichtige Möglichkeit, sich selbst zu bestätigen. Gefühlsausbeuter suchen (wie Kinder) ihre Bestätigung außen, obwohl sie beim Erwachsenen im wesentlichen aus dem Selbst kommen muß.

Was die Typen mit Ersatzgefühlen machen

Aber nun möchte ich den Leser noch auf etwas anderes aufmerksam machen. Bei Liesel haben wir gesehen, wie sie ihre Ersatzgefühle dazu benutzte, ihre Abwehrposition und damit ihren Typ zu verstärken. Das ist nicht zufällig. Ersatzgefühle haben diese Tendenz. Trotzdem besteht keine direkte Entsprechung zwischen spezifischen Ersatzgefühlen und der Typzugehörigkeit. Jedes Ersatzgefühl kann sowohl mit Typ 1 als auch mit Typ 2 zusammenfallen. Der einzige Unterschied ist, daß die Ausbeutungstransaktionen anders zur Geltung kommen. Nehmen wir zum Beispiel das Ersatzgefühl »*Erschöpfung*«. Bei einer Person vom Typ 1 wird sie sich vermutlich vom Kind-Ich her äußern, etwa auf weinerliche Art: der Betreffende will vom Eltern-Ich des Partners Trost und Zuwendung erhalten. Bei einer Person vom Typ 2 wird sie eher im Gewande einer Forderung auftreten: der Betreffende wird Rücksichtnahme oder eine Entschuldigungsgeste vom Kind-Ich des Partners einklagen (»Gerade wie ich endlich eingeschlafen bin, mußt du das Licht anknipsen!«) oder Dank abverlangen (»Mach dir keine Gedanken über meine Müdigkeit, ich bin im

Wohnzimmer geblieben und war ganz erschöpft, wollte aber deinen Schlaf nicht stören!«).

Oder nehmen wir *»Liebenswürdigkeit«*. Ich habe sie schon in der Darstellung von Liesel (Typ 2) geschildert. Ihre »Nettigkeit« und »Güte« gegenüber Franziska rührt hauptsächlich von ihrem Eltern-Ich her. Bereits in ihrer Kindheit hatte sie ja ihrer jüngeren Schwester Christa gegenüber »fürsorglich« gehandelt. Bei Karin indessen, die ebenfalls mit Ersatzgefühlen umgeht, kommt die »Nettigkeit« aus dem angepaßten Kind-Ich. Karin versucht »nett« zu sein und überall zu »helfen«, tut das aber so ungeschickt wie ein dreijähriges Kind, das der Mutter in der Küche »beim Kochen hilft«.

Ein weiteres Beispiel ist die *»Hilflosigkeit«*. Gewöhnlich paßt sie zur Abwehrposition von Typ 1. *»Hilfsbereitschaft«* dagegen ist im allgemeinen der Abwehrposition des Typs 2 zuzurechnen. Aber Vorsicht! Wenn Sie den betreffenden Typ erkennen wollen, müssen Sie mehr auf den Ich-Zustand achten, in dem ein Gefühl (oder Ersatzgefühl) ausgedrückt wird, als darauf, was inhaltlich gesagt wird.

»Hilflosigkeit« (oder »Opfer sein«) kann nämlich auch Ersatzgefühl bei einer Person vom Typ 2 sein – nur kommt sie dann aus dem Eltern-Ich statt aus dem »hilflosen« Kind-Ich wie beim Typ 1 (z.B. »Ich wollte dir helfen, aber du hast es mir nicht gestattet«). Und »Hilfsbereitschaft«, gewöhnlich eher bei Typ 2 angesiedelt, kann auch Ersatzgefühl bei einer Person vom Typ 1 sein. Nun aber stammt sie vom angepaßten Kind-Ich, das ständig fragt: »Wie kann ich dir jetzt helfen?«, wie ein gelangweiltes, angepaßtes Kind es tut, das seine Mutter in der Küche nervt.

Bei »Hilflosigkeit« muß man übrigens achtgeben, daß man sie nicht mit der Hoffnungslosigkeit des Verzweifelten verwechselt. Echte Verzweiflung oder Hoffnungslosigkeit kann ein Alarmzeichen für Suizidgefahr sein, unabhängig davon, ob die betreffende Person zum Typ 1 oder 2 gehört.

Sehen wir uns noch einige weitere Beispiele an, wie sich das gleiche Ersatzgefühl bei zwei unterschiedlichen Typen äußern kann. Armins *Feindseligkeit*, von der ich sprach, erinnert an Verhaltensweisen bei Gerd. Der war als Typ 1 wesentlich vom rebellischen Kind-Ich bestimmt. Im Gegensatz dazu ist Armins Einstellung als Typ 2 von einem ärgerlichen, herrischen Eltern-Ich geprägt (»Ihr habt überhaupt keine Ahnung, wenn ihr bloß auf mich hören würdet, wäre alles in Ordnung!«).

Sogar eine aufgesetzte *»Depression«*, die im allgemeinen mit der »Opfer«-Einstellung vom Typ 1 einhergeht wie etwa bei Thea, kann auch bei Personen vom Typ 2 erscheinen. Margret schleppte, ähnlich wie Thea, depressive Ersatzgefühle mit sich herum. Auch bei ihr waren dadurch Fröhlichkeit, Kreativität bis hin zu vitaler Sexualität überdeckt. Genau wie Thea hatte auch Margret eine chronisch kranke Mutter gehabt. Doch während Thea aufgrund der Zuwendung ihres Vaters zum Typ 1 wurde und von dieser Grundeinstellung aus mit ihren Depressionen die Gefühle der anderen ausbeutete, hatte sich Margret zum Typ 2 entwickelt. Schon als Dreijährige mußte sie auf ihren kleinen Bruder achtgeben. Sie mußte auch noch ihre sterbende Mutter betreuen, von deren Kind-Ich ihr Eltern-Ich damals reichlich Zuwendung erfuhr, u.a. mit der flehentlichen Bitte, nach ihrem Tode für den Bruder »Mutter« zu sein. So war sie einesteils traurig-depressiv als Person vom Typ 2, anderen gegenüber jedoch fürsorglich. Andererseits erreichte sie von ihrem Eltern-Ich her, z.B. wenn ihre Kinder ihr nicht folgten, die begehrte Zuwendung mit Vorwürfen: »Wie könnt ihr so herzlos sein und mir das antun!« Dies entspringt ganz den früheren Empfindungen, als sie den kleinen Bruder beaufsichtigen mußte. Margret führte sich also zwar als »Märtyrer« oder »Opfer« auf, aber mit der tyrannisierenden Einstellung eines Typ 2. Normalerweise würde man bei »Opfer« oder »Märtyrer« auf jemand mit Typ 1-Einstellung tippen, zumal sich Personen vom Typ 2 meist keine Gefühle der »Schwäche« erlauben.

Es kann demnach durchaus vorkommen, daß ein Typ 2 mit »Hilflosigkeit« arbeitet. Als Regel gilt gleichwohl: Wer Angst und Furcht verbirgt und durch Mut, Tapferkeit, Eigensinn und sogenannte Stärke ersetzt, ist eher ein *Typ 2.* Sonstige verbotene Gefühle werden gewöhnlich ebenfalls mit »Stärke« oder andere Ersatzverhalten überdeckt. Denn der Typ 2 kommt ja gerade dadurch zustande, daß das Kind im Alter von zwei bis vier Jahren gleichfalls eine gewisse unrealistische »Stärke« in sich entwickeln und vorzeigen muß. So behalf sich die kleine Person – wenn auch nur in der Phantasie – gegenüber ungewissen Umweltverhältnissen.

Wer dagegen, wenn andere Leute dabei sind, Wissen und Gewißheit, die er hat oder haben kann, durch »Orientierungslosigkeit«, »Hilflosigkeit« oder auch »Panik« ersetzt, gehört eher zum *Typ 1.* Seine Eltern freuten sich nicht, wenn das Kind zu klug war und sie auch einmal zu überlisten verstand. Vielleicht sahen sie darin eine Bedrohung für künftige Zeiten. Jedenfalls belohnten sie es durch Zuwendung und Bestätigung eher für unsicheres als für selbstbewußtes Auftreten.

10. Ersatzgefühle bei mir – was nun?

Spieglein, Spieglein an der Wand . . .

Inzwischen, lieber Leser, stellen Sie sich vielleicht besorgt die Frage: Habe auch ich unerkannte Ersatzgefühle? Handle auch ich als Gefühlsausbeuter, zumindest zeitweise? Behindere auch ich durch Ersatzgefühle meine Entfaltungsmöglichkeiten, meine Kreativität? Wie ist das: Haben Sie manchmal den Eindruck, daß Sie zu lange an Beziehungen festhalten, die Ihnen eigentlich nicht mehr viel bedeuten? Zögern Sie, Kontakte aufzugeben, die Sie ärgern oder Ihnen sogar schaden? Passiert es Ihnen leicht oder öfter, daß Sie sich – stets auf die gleiche Weise – ausnützen lassen? Daß Sie sich immer wieder auf einen Austausch von Streicheleinheiten einlassen, den Sie als künstlich oder falsch empfinden, der Sie mehr ermüdet als befriedigt? Ja? Wenn das so ist, dann gehen Sie mit Ihren Gefühlen möglicherweise nicht ganz so offen um, wie Sie es könnten. Vielleicht liegt das an gewissen uralten Ängsten. Bestimmte Gefühle in Ihnen dürfen nicht raus, weil das in Ihrer Kindheit nicht erlaubt war.
Bei Verbrennungen unterscheiden die Mediziner verschiedene Schweregrade. Verbrennungen ersten Grades sind am leichtesten (man hat sich etwa mit einem Streichholz den Finger verbrannt). Verbrennungen zweiten Grades sind gefährlicher, sie müssen unbedingt behandelt werden. Verbrennungen dritten Grades schließlich gehen, wenn ein bestimmter Anteil der Körperoberfläche betroffen ist, in jedem Fall tödlich aus. Eine ähnliche Unterscheidung können wir auch bei Ersatzgefühlen und Gefühlsausbeutern machen.
Viele von uns sind, so meine ich, zu *Gefühlsausbeutern ersten Grades* geworden. Wir leben mit Ersatzgefühlen, deren Ursprünge in die Kindheit

zurückreichen. Damit ist beileibe nicht gesagt, daß wir »anormal« wären. Kaum ein Mensch ist in idealer Weise und unter idealen Umständen groß geworden. Die meisten von uns tragen Ängste der ersten Jahre mit sich herum. Gespenster aus der Kindheit überleben in unserem Inneren. Sie scheuen das Tageslicht der Realität. Wollen wir sie loswerden, so müssen wir sie uns in diesem Lichte anschauen. Das haben wir oft noch nicht gemacht. Wir folgen weiter bestimmten »Überlebensstrategien«, die in der Vergangenheit vielleicht lebensnotwendig waren. Zu unserem Leben heute passen sie vielfach nicht mehr.

Als wir Kinder waren, haben wir so gut wie alle gelernt, bestimmte Gefühle zu unterdrücken und andere vorzuzeigen. Unseren Eltern war das so lieber. Das habe ich in diesem Buch schon ausführlich geschildert. Das Kind-Ich unserer Eltern hatte ja selbst Angst vor »gefährlichen« Gefühlen wie Wut oder »unguten« Gefühlen wie Nörgeln. Auch unsere Eltern hatten nicht gelernt, daß es zwei ganz verschiedene Sachen sind: ein Gefühl treffend zu bezeichnen und ein Gefühl in eine – möglicherweise ungehörige – Handlung umzusetzen. Mag sein, daß ihnen auch die Selbsterkenntnis fehlte, die sie in die Lage versetzt hätte, für sie abstoßende oder unanständige Gefühlsäußerungen zu ertragen (wie z.B. kindliche Sexualität).

Außerdem wollten sie uns vielleicht Gutes tun. Sie wollten uns »anständige« und »anerkennenswerte« Gefühle beibringen oder diese in uns fördern. Solche »lobenswerten« Empfindungen haben wir dann auch folgerichtig und gehorsam als Ersatzgefühle präsentiert anstelle der ungewünschten Gefühle.

Fanita als Beispiel

Ich glaube, dies ist eine gute Gelegenheit, etwas von mir selber zu berichten. Meine therapeutischen Erfahrungen haben mich zwar vor mehr als zehn Jahren dazu geführt, die Theorie der Ersatzgefühle zu entwickeln. (Dafür hat die Internationale Gesellschaft für Transaktionsanalyse mich mit dem Eric Berne Gedächtnis-Preis für wissenschaftliche Leistungen ausgezeichnet.) Trotzdem war mir lange Zeit verborgen, daß ich selbst gewisse Ersatzgefühle benutzte.

Man hat mich oft wegen meines Mutes gelobt. Manchmal hat man mich dafür auch kritisiert: in bestimmten Situationen neige ich, so sagte man mir, zu schnellen Problemlösungen; oft sei es doch besser, zunächst noch ein Weilchen abzuwarten. Erst vor etwa vier oder fünf Jahren wurde mir mit Hilfe einiger Freunde allmählich klar: was wie Mut und Sicherheit wirkte, trat immer wieder als Ersatzgefühl an die Stelle von Sehnsucht, Trauer, Verlustgefühlen und entsprechenden Regungen. Ich selbst vermochte die Ängste hinter dem Mut und der Sicherheit nicht wahrzunehmen. Ich empfand sie zuinnerst und unbewußt, hatte sie aber als »nicht akzeptabel« und »nicht vorhanden« verdrängt. So versteckte ich sie vor mir selbst. Dafür mochte ich es, für meinen Mut gestreichelt zu werden. Oder ich tat mich mit aktivem Verhalten hervor. Auf diese Weise erhielt ich von anderen (und von mir selbst) Bestätigung für mein Typ 2-Verhalten. An diesem Beispiel können Sie sehen, wie unbemerkt und fast mechanisch das Ersetzen eines Gefühls durch ein anderes vor sich gehen kann.

Verlassen in der Türkei

Ich kann mir heute vorstellen – aufgrund dessen, was ich inzwischen über meine Kindheit weiß –, wie und wann sich dieser Ersatzmechanismus in mir entwickelt hat. Als ich vier Jahre alt war, mußte ich meine rumänische Heimat verlassen, das Land meiner ersten Kindheitsjahre und meiner Muttersprache. Meine Eltern siedelten mit mir in die Türkei über. Der Umzug bedeutete zugleich: Trennung zu erleiden von meiner gütigen Tante und meinem geliebten Großvater. Bis dahin waren eigentlich sie so etwas wie Eltern für mich gewesen. In der Türkei lebten wir ziemlich isoliert. Hinzu kam noch, daß ich zunächst keinerlei sprachlichen Kontakt mit der Umwelt bekam, denn dort sprach niemand rumänisch. Dies alles geschah in dem Alter, in dem man als Kind endlich sprachlich verstanden werden möchte. Daß ich mich nicht mit anderen verständigen konnte, muß ziemlich frustrierend auf mich gewirkt haben.
Wie ich heute weiß, litten meine Eltern damals aus verschiedenen Gründen unter eigenen uneingestandenen Ängsten. Darum mochten sie weder meine Trauer noch mein Heimweh nach Großvater und Tante noch meine Verständigungsschwierigkeiten wahrnehmen. Sie hatten an der gleichen Stelle Probleme und mußten mit ihren eigenen Schwierigkeiten fertig werden. Dabei waren sie bemüht, auch bei sich selbst Kummer und Unsicherheit zu verleugnen. Bei uns »gab es« einfach keine Sehnsucht nach früher, keine Trauer über die verlorengegangenen Beziehungen und Ge-

wohnheiten. Vorwärtsgehen ja, Zurückblicken nein – das wurde offensichtlich eine meiner wichtigsten »Überlebensstrategien«. Auf dieser Grundlage sind meine Ersatzgefühle von Mut und (falscher) Sicherheit entstanden. Verstärkt wurden sie dadurch, daß ich mich (gegenüber den Grundeinstellungen meiner Tante und meiner Mutter) zum Typ 2 entwikkelt hatte. Dazu paßten meine Ersatzgefühle gut. Weiter erfuhr ich auch von meinem Vater Freundlichkeit, wenn ich mich »unabhängig« verhielt. Solchem »unabhängigen« Verhalten lag oft keine echte Unabhängigkeit zugrunde, vielmehr entsprach es meinem Typ und meinen Ersatzgefühlen. Denn mein Vater reagierte wegen eigener uneingestandener Ängste auf weibliche bzw. kindliche »Abhängigkeit« mit Ungeduld.
Ich kann mich nicht erinnern, je vor meinen Eltern eigene Unsicherheit oder Angst geäußert zu haben. Ich kann mich nicht entsinnen, irgendwann vor ihnen geweint zu haben. Und was noch bedeutsamer ist: ich kann mich nicht einmal erinnern, in dieser Zeit so etwas wie Unsicherheit *empfunden* zu haben. Doch nach dem, was wir aus der Kinderpsychologie wissen, hätte ich ohne Zweifel oft Gelegenheit gehabt, Ängste zu verspüren und in mir wahrzunehmen – wenn sich nicht stattdessen Ersatzgefühle wie »Mut« und »Sicherheit« gemeldet hätten. Auf diese Weise gewöhnte ich mich wahrscheinlich auch daran, Probleme rasch anzugehen und aktiv zu sein. Das hat mich vom Druck der uneingestandenen Gefühle entlastet und meinen Energien Auftrieb gegeben. Von meinen Eltern (und später von anderen) wurde ich reichlich gestreichelt für meinen Mut, meine Selbstbeherrschung, Unabhängigkeit, Initiative und auch die Fürsorge meiner Mutter gegenüber. Damit erhielten mein Typ, meine Abwehrposition sowie meine Ersatzgefühle stetige Verstärkung. Und das Leben in meiner jetzigen amerikanischen Umwelt wirkt sich in der gleichen Richtung aus.

Es geht doch gut – wozu soll's denn anders werden?

Zu der Zeit nun, als ich als Erwachsene all dies allmählich begriff, drängte sich mir natürlich die Frage auf: Was für Vorteile liegen eigentlich im Wahrnehmen der neuen Gefühlsmöglichkeiten? Mut und Einsatzbereitschaft haben mir im Leben viel geholfen. Dadurch habe ich beispielsweise verschiedene Sprachen erlernt. Weshalb sollte mir also nach derart langer Zeit an der Erlaubnis liegen, Trauer, Angst, Sehnsucht und Leid empfinden zu können, und das auch noch zu üben? Ich hatte nicht einmal gesundheitliche Gründe, etwas zu ändern. Körperliche Beschwerden, deretwegen mir an Entlastung hätte gelegen sein können, machten mir nicht zu schaffen. Bei Klienten ist das häufig der Hauptgrund dafür, über ihre Gefühle Klarheit gewinnen zu wollen. Auch hatte ich nicht erkannt, daß ich mir manche Freundschaften verdarb, eben weil ich nie zugeben wollte, daß mich etwas gefühlsmäßig schmerzte.

Noch etwas anderes hielt mich zurück. Anfangs hatte ich – genau wie meine Klienten – die falsche Vorstellung: Wenn ich meine bisher unerkannten Gefühle bejahe, dann muß ich meine Persönlichkeit total umkrempeln. Und das wollte ich natürlich nicht! Ich wollte nicht einsehen: Wenn ich den Mechanismus bei mir durchschaue, wie ich Ersatzgefühle an die Stelle echter Gefühle setze, dann heißt das nicht unbedingt: in Zukunft sollst du *ständig* mit den zugrundeliegenden Gefühlen herumsitzen; die anderen Gefühle, die stets gelobt wurden, darfst du *gar nicht mehr* empfinden. Das wäre ja nur eine neue Form von Ersatz oder Empfindungszwang! In meinem Fall bedeutet das: Ich muß keineswegs auf meine Möglichkeiten verzichten, auf Mut und Selbstbeherrschung. Auch nicht auf meine Fähigkeiten, Sprachen zu erlernen und Probleme anzupacken. Auch nicht auf meine Neigung, nach vorn zu gehen statt zurückzublikken.

Was hat mich nun dazu gebracht, mit meinen Gefühlen flexibler umzugehen?

In diesem Zusammenhang muß ich auf den tragischen Verlust meines Sohnes Brian zu sprechen kommen. Er war ein wunderbarer, vielversprechender und energischer junger Mann. Im Oktober 1977 verunglückte er tödlich beim Schwimmen. Nach seinem Tode überkamen mich mancherlei Empfindungen: Erschrecken, Trauer, Verlustgefühle, Sehnsucht und vieles sonst. Innerlich konnte ich einige dieser Gefühle zulassen, auch wenn ich mir zeitweise wie verrückt vorkam. Ich weiß auch, daß es mir in den Jahren damals besser gegangen wäre, wenn ich bereits mehr Übung darin gehabt hätte, mit meinen Gefühlen umzugehen und nicht »automatisch« an die Stelle von Trauer meine Ersatzgefühle zu setzen. Widerstreitende Gefühle wühlten mich so auf, daß ich mich stark »vorwärts« bewegte, in Richtung auf Selbstmordgedanken. Nur dank der Hilfe guter Freunde konnte ich über sie hinwegkommen.

Heute weiß ich, daß ich mit meiner Falschtitulierung bestimmter Gefühle dem zweiten oder dritten Grad »psychischer Verbrennung« nahe war.

Hoffentlich betrüge ich mich nicht wieder! Hoffentlich werde ich mich, wenn's darauf ankommt, auf die Predigten besinnen, die ich selber meinen Klienten und Lesern halte. Nämlich, sich in Erinnerung zu rufen, auch wenn man es immer wieder zu vergessen pflegt: mein Erwachsenen-Ich kann mein Verhalten je nach Situation (oder auch je nach dem eigenen Wertmaßstab) bestimmen, *ohne daß das bedeuten muß,* die Wahrnehmung der eigenen echten Gefühle zu verschließen. Wir brauchen nicht weiterhin auf die Gefühle oder den Gefühlsmangel fixiert zu bleiben, der einst in unserem Elternhaus erwünscht war. Das schützt uns doch nicht wirklich vor den Problemen des Lebens. Das haben wir inzwischen in unseren Köpfen kapiert – und dennoch haben es sich viele von uns seit ihrer Kindheit zur Gewohnheit gemacht, bestimmte Gefühle »automatisch« durch andere zu ersetzen.

Ruhestörung angebracht

Deshalb ist es nicht mein Ziel, Sie als Leser um jeden Preis über mögliche Ersatzgefühle bei Ihnen selbst zu beruhigen. Vielmehr erlaube ich mir, Ihnen zu sagen: Auch wenn Sie zufrieden sind mit der Art und Weise, wie Sie funktionieren, könnte es von Nutzen sein, wenn Sie sich überlegen: Gibt es bestimmte Gefühle, die ich »nie« empfunden habe? Die ich »nie« in mir wahrgenommen habe, oder die zu empfinden ich mich fürchte? Kommt es vor, daß Ihnen Freunde oder Bekannte, zu denen Sie normalerweise Vertrauen haben, zu verstehen geben: »Du, wie du mit deinen Gefühlen reagierst, wirkt nicht immer ganz echt«, oder »ist der Situation nicht ganz angemessen«? Statt sich gleich gekränkt zurückzuziehen, sollten Sie sich einmal besinnen. Vielleicht ist an diesen Hinweisen etwas dran. Sind Ihre Empfindungen öfter »anders« als die anderer Leute, mit denen Sie dieselbe Erfahrung teilen? Oft hilft es schon, wenn einer einfach beim Namen nennt, was Ihnen in der Bandbreite des Gefühlsspektrums fehlen mag. Das kann Sie der Erkenntnis näher bringen: Vielleicht halte ich den Reichtum der vollen Selbstwahrnehmung von mir fern und mindere damit meine kreativen Fähigkeiten. Eine derartige Fähigkeit ist es z.B., in Krisensituationen sein Erwachsenen-Ich wirklich effektiv einzusetzen. Schon solches Nachdenken kann Ihnen vertiefte Selbsterfahrung bringen. Es kann Sie zu einem besseren Kontakt mit Ihren wahren Gefühlen führen. Wahre Gefühle – dazu gehören auch die »negativen« wie Zorn,

Eifersucht, Furcht, Habgier oder Sorge. Wenn wir uns diese Gefühle ebenfalls bewußt machen, wenn wir ihre Wahrnehmung zulassen, so geht das wahrscheinlich nicht ohne Angst ab. Wir verhindern aber, daß sie sich in uns festsetzen und uns unbewußt durch Ersatzgefühle beherrschen. Gegenüber früher bestehen da zwei Unterschiede:

- Wir können die meisten Gefühle *beim richtigen Namen nennen.* Wir sind in der Lage, bei uns selbst *alle* Arten von Gefühlen wahrzunehmen, auch die »schlechten«. Also auch die Einstellungen und Empfindungen, die unsere Eltern nicht akzeptiert haben. Und wir können uns diese Einsichten jetzt erlauben, ohne unseren Eltern die Schuld für das Vergangene in die Schuhe zu schieben.
- Außerdem sind wir imstande zu *wählen*, wann, wo und wem wir Gefühle zeigen und wie wir uns verhalten wollen. Paradoxerweise hilft uns gerade dieses Bewußtsein dabei, in Krisenzeiten unser Erwachsenen-Ich einzusetzen.

Die Gefahr, daß wir uns selbst betrügen, besteht freilich weiterhin – wie in meinem Fall. Wir halten die eigenen Ersatzgefühle für »echt«. Scheinbar entsprechen sie unserem eigentlichen Wesen. Die zugrundeliegenden Gefühle kommen uns fremd oder unverständlich oder sogar verrückt vor. Denn wir betrachten sie unbewußt als gefährlich. Wie unsere Eltern meinen wir, solche Gefühle gehörten unter strenge Kontrolle, weil wir Gefühle mit Verhalten gleichsetzen. So fürchten wir z.B.: Wut ist unbezähmbar und artet zwangsläufig in Gewalttätigkeit aus. Oder wir bilden uns ein, unkontrollierte Gefühle machten uns verrückt. Oder wir befürchten, Trauer, Sehnsucht oder Angst, ließen wir sie zu, überwältigten uns derart, daß wir zu nichts anderem mehr fähig wären.

Doch ich habe es schon öfter gesagt: genau das Gegenteil stimmt. Gerade das *Akzeptieren* von Gefühlen – bis hin zu mörderischer Wut – bewahrt uns vor gefährlichem Verhalten und psychosomatischen Problemen.

Die unakzeptierten, verdrängten Gefühle dagegen brechen oft unversehens durch und explodieren mit schweren Folgen wie Mord oder Selbstmord. Oder sie schaden uns auf andere, weniger dramatische Weise. Wir leiden beispielsweise unter hohem Blutdruck oder sind Kandidat für einen Herzinfarkt.

Alkoholismus, übermäßiges Rauchen, Verfressenheit, Drogensucht – auch das ist oft die Kehrseite verdrängter Gefühle. Ebenso übermäßiges Verlangen nach Streichelkontakten, das zum Gefühlsausbeuten ausartet;

es fällt einem dann auch schwer, anderen komplementären Gefühlsausbeutern zu entgehen, während man eigentlich freier sein möchte. Weiter sind Schuldgefühle oder ewige Selbstkritik oft Ersatzgefühle für Wut, Eifersucht, Faulheit, Vergnügungslust oder Sexualität, deren Bewußtwerden wir uns nicht erlauben. Weithin sind wir richtig scharf darauf, für unsere Schuldgefühle getröstet oder kritisiert zu werden (von anderen, wie auch von uns selbst), statt die echten Gefühle wahrzunehmen.

Wie aufregend Erschöpfung sein kann

Ein häufiges Ersatzgefühl ist »Erschöpfung«. Bei vielen Menschen wirkt es sich wie eine Depression aus und wird vom ersten bis zum dritten Grad erlebt. Kinder bekommen oft zu hören: »Du bist wohl müde!« – in Wirklichkeit sind sie gerade besonders lebhaft oder verärgert, sexuell erregt oder neugierig. Setzen sie ihre Aufregung in aktives Verhalten um, so wird ihnen eingebläut: »Du brauchst Schlaf!« »Du bist übermüdet, geh mal schnell ins Bett! Dann fühlst du dich morgen wieder viel besser!« Oder man »beruhigt« Kinder mit Streicheln, Medikamenten oder Süßigkeiten, sobald sie die Erwachsenen mit ihrer Unternehmungslust stören. Sind solche Kinder dann groß, so werden sie weiter ihre Energie, die sich in Gefühlen wie Aufregung, Neugier, Unternehmungslust, Sexualität oder auch Verunsicherung ausdrücken könnte, dazu benützen, sich »müde« zu machen. Sie werden versichern, sie »brauchten Schlaf«, vielleicht sogar »Beruhigung« durch Alkohol oder Essen vor dem Einschlafen. Und dann wälzen sie sich schlaflos im Bett hin und her. Die unterdrückten Gefühle ihrerseits verursachen Frustration. Die wiederum versuchen sie wettzumachen, indem sie sich später um Zuwendung für ihre »Erschöpfung« bemühen. Sie erzählen, wie schlecht sie geschlafen haben, wie ausgeleert sie sich fühlen (man soll sie füllen), was für ein Krach sie aufgeweckt hat, unter welcher Niedergeschlagenheit sie leiden müssen usw. Dadurch bekommen sie Streichelkontakte, die möglichst denjenigen ähneln sollen, die sie in ihrer Kindheit für das Verdrängen ihrer Lebhaftigkeit erhalten hatten. Unglücklicherweise hält dieser Ablauf nur die angelernte Neigung in Gang, in der nächsten aufregenden Situation sogleich wieder »erschöpft« zu reagieren. Menschen mit einem starken Ersatzgefühl des Erschöpftseins werden es aber nicht glauben wollen, wenn man ihnen sagt, sie wirkten überhaupt nicht müde. Sie werden nur noch stärker auf ihrem Ersatzgefühl beharren. Sie werden sich selbst und anderen beweisen wollen, daß sie wirklich unendlich erschöpft sind und dafür Zuwendung brauchen. Meist erreichen sie mit ihren »erschöpfenden« Bemühungen auch ihr Ziel: sie ermüden andere und sich selbst. Aber dann ist auch ziemlich sicher, daß sie nachts weiterhin unter Schlaflosigkeit leiden, weil sie tagsüber ihre wahre Energie und Erlebnisfähigkeit mit der sogenannten »Müdigkeit« nicht befriedigend genutzt haben. Jetzt liegen sie voll ungenutzter Kräfte im Bett herum.

Eigentlich ist ihre Schlaflosigkeit gerade ein Beweis dafür, daß sie gar nicht so müde sind, wie sie es immer wieder behaupten. Weil sie aber die Funktion ihrer Müdigkeit nicht einsehen und die darunterliegenden Gefühle nicht zu benennen wissen, wagen sie es nicht, in den Momenten der Schlaflosigkeit ihre Erregungen auszukosten. Vielmehr geben sie sich der Sorge um ihre jetzige und bevorstehende »Erschöpfung« hin. So entwikkelt sich ein besonderer Bedarf an ausgleichenden Streichelkontakten. Sind sie verheiratet, wecken sie den schlafenden Partner – aber nicht, um Spaß mit ihm oder ihr zu haben – und sind um so enttäuschter, wenn der Partner sie, weil er wirklich Schlaf braucht, nicht genügend (und »genügend« genügt nie!) für ihre Schlaflosigkeit tröstet.

Ersatz für Sex

Über das Thema »Ersatzgefühle im sexuellen Leben« ließe sich ein ganzes Buch schreiben. Hier will ich mich mit einigen Andeutungen begnügen. Sie sollen zeigen, wie das Konzept der Ersatzgefühle neue Perspektiven zum Verständnis sexueller Probleme eröffnet, und wie Sie einiges auf sich selbst beziehen können.

Die Ersatzgefühle entstehen bereits vor dem vierten Lebensjahr. Wie lassen sich da, könnte man fragen, die sexuellen Gefühle Erwachsener durch den Mechanismus ersetzen, den ich in diesem Buch beschrieben habe?

Die psychoanalytische Theorie und Praxis betrachtet die Phasen der kindlichen Sexualität als Stufen zur Entwicklung der »genitalen« Sexualität des Erwachsenen. Doch auch deren Anfänge verlegt man in die Zeit *nach* dem vierten Lebensjahr, nach der sogenannten »ödipalen« Phase. Freuds Entdeckung des Unbewußten entstammt zum Teil seiner Beschäftigung mit den psychosomatischen Symptomen der Hysterie. Freud hatte Frauen vor Augen, deren sexuelle Wünsche aus ihrem Bewußtsein verdrängt waren. Zu jener Zeit galt es ja als erniedrigend und abstoßend, wenn Frauen ein

Verlangen nach sexuellem Verkehr zeigten oder empfanden. Das war vor allem für Frauen von adliger oder bürgerlicher Herkunft so. Heutzutage gibt es kaum mehr Fälle von klassischer Hysterie, wie sie zu Freuds Zeiten existierte. Mädchen und Frauen werden von der Gesellschaft nicht mehr wegen sexuellen Interesses und Verhaltens getadelt. Man akzeptiert, daß Frauen den Orgasmus genießen. Man gesteht ihnen sogar zu, daß sie öfter als der Partner zum Orgasmus kommen. So ist auch der Vorwurf der »Nymphomanie« nicht mehr zeitgemäß.

Heute dagegen kommen viele Frauen wegen sogenannter Frigidität zur therapeutischen Behandlung. Sie erleben den Orgasmus gar nicht oder nur unbefriedigend. Manche Frauen kommen nur unter besonderen Umständen zum Erleben des Höhepunktes, z.B. ausschließlich durch Masturbation. Andere zwar mit ihrem Partner, aber nur wenn ganz bestimmte Voraussetzungen erfüllt sind.

In der therapeutischen Behandlung solcher Frauen habe ich mit der Theorie von den Ersatzgefühlen und von der Gefühlsausbeutung gute Erfahrungen gemacht. Zunächst unternehme ich natürlich die üblichen diagnostischen und therapeutischen Schritte: ich registriere aufmerksam körperliche Faktoren; schaue, wie die Beziehung der Partner aussieht; gebe acht, wieweit in den sexuellen Problemen andere Beziehungsstörungen zutage treten. Daneben sollte man aber in jedem Fall die Möglichkeit in Betracht ziehen, daß *»Frigidität« als Ersatzgefühl* auftritt, »automatisch«, wie Ersatzgefühle das tun. Als die Frauen Mädchen waren, war Vergnügen (oder Vergnügungslust) vielleicht insgeheim verboten. Dieses Verbot bezog sich nicht unbedingt nur auf den sexuellen Bereich. Es mochte allgemeiner auf Genießen, Loslassen usw. zielen. Die Mädchen haben das Verbot befolgt, und die Folge waren körperliche Verkrampfung, Sich-Zurückhalten, Sich-Verschließen, Kampfbereitschaft – und zwar genau in den Augenblicken, in denen die Möglichkeit bestanden hätte, sich in Lust zu »verlieren« oder Neugier für körperliche Besonderheiten zu zeigen.

Wenn Kinder zwei bis vier Jahre alt sind (und auch vorher), haben sie besonderes Interesse an ihrem Körper. Sie entwickeln auch eine besondere körperliche Sensitivität. Sie betasten sich gern überall und entdecken Vergnügen an den Genitalien. Dies kann zur Grundlage für ein gesundes Körperbewußtsein und später für gesunde Sexualität werden. Nichts ist daran »schmutzig«, aber auf viele Erwachsene wirkt es ungehörig und abstoßend. Solche Leute sehen darin nicht eine gute Anlage, sondern Gefahr für die künftige Entwicklung. Das wird dem Kind jedoch nicht mit Worten, sondern durch Verhalten zu verstehen gegeben. Auf diese Weise können vielerlei Ersatzgefühle zustande kommen wie Ekel, Angst vor Sexualität usw.

Frigide und impotent – wenn uns die Lust überkommt

Bei zahlreichen »frigiden« Frauen handelt es sich um körperliche Ersatzreaktionen. Muskeln und Gefäße ziehen sich zusammen – die in der Kindheit verschriebene »Selbstbeherrschung«, um die vergnüglichen Spiele mit dem eigenen Körper zu vermeiden, setzt ein. Diese »automatische« Kontraktion von Muskeln und Gefäßen führt im späteren Leben zu Migräne-Anfällen und zu Vagina-Schmerzen beim sexuellen Verkehr, oder gar schon beim Gedanken daran. Und so leiden in der Tat viele unglückliche Frauen an diesen sekundären körperlichen Symptomen, die indirekt und paradoxerweise *Ersatzgefühle* sind gerade *für das Verlangen nach körperlicher Lust.* Im späteren Leben haben diese Frauen wahrscheinlich alles mögliche an sexueller Aufklärung zur Kenntnis genommen. Sie behaupten aber, sie hätten »nie« an Masturbation gedacht. Oder sie sagen, sie hätten so etwas nur in der Backfischzeit erlebt. Sie können sich auch nicht daran erinnern, im Alter von zwei oder drei Jahren beim »Spielen« erwischt und, ehe sie überhaupt etwas von ihrem Körper und den Lustgefühlen, die er bereiten kann, begriffen hatten, in Ersatzbahnen gelenkt worden zu sein. Sie haben das Zusammenziehen der Muskeln und Gefäße als Gegenreaktion auf mögliches Lustempfinden zu einer Zeit entwickelt, in der sie noch nicht zwischen Bewußtsein, Ausdruck und Verhalten unterscheiden konnten. Daher vermochten sie auch später nicht recht die namenlosen sinnlichen Empfindungen zu begreifen. Diesen Frauen kann weitgehend geholfen werden: wenn ihnen *zunächst* die Zusammenhänge einsichtig und *dann* bestimmte Entspannungstechniken erlernt und geübt werden. Setzt man dagegen nur mit Entspannungstechniken an, so besteht kaum Aussicht auf Erfolg. Es handelt sich ja um uneingestandene Ersatzgefühle. Ohne Erklärungen machen Entspannungsübungen eher Angst. Angst, wie sie das Kind vor der tödlichen Gefahr empfand, sich dem Vergnügen hinzugeben. Solche Übungen allein können also genau das Gegenteil erreichen, nämlich Angst zu erzeugen. Sie führen dann zum Abbruch der Behandlung sowie zur Flucht in die Resignation; »es geht eben nicht«.

Manche Männer haben Probleme mit *vorzeitigem Samenerguß*. Für sie gilt ähnliches wie für die Frauen. Als Jungen haben sie es sich vielleicht angewöhnt, sexuelle Empfindungen und Erektionen nicht wahrzunehmen und sie durch andere Gefühle oder Reaktionen zu ersetzen, z.B. durch rasche Muskelaktivität beim Urinieren oder dann beim Sport. Im späteren Leben kommen sie dann »automatisch« zum vorzeitigen Samenerguß, um schnell »fertig zu werden«, bevor sie sexuelle Regungen wahrnehmen (dabei durfte man als Kind ja nicht »erwischt« werden). Sie lassen sich nicht auf die Ebene des Kind-Ichs ein. Das Kind-Ich muß ja beteiligt sein, wenn man Lust empfinden will. Eben diese Empfindungen, die man zusammen mit den »erwachsenen« sexuellen Gefühlen braucht, um Geschlechtsverkehr genießen zu können, lassen sie nicht in sich aufsteigen. Deshalb ist übrigens die von Masters und Johnson angewendete Sexualtherapie bei vorzeitigem Samenerguß so erfolgreich. Die Klienten werden dazu gebracht, sich der Erektion und ihrer Erregung *bewußt* zu werden, ehe sie zum Samenerguß kommen. Sie sollen nicht mehr beim (alten) Versuch beharren, den Samenerguß und dessen Vergnügen »unbewußt« geschehen zu lassen; damit wollten sie vermeiden, für ihr Lustempfinden von den Elternfiguren, den Gespenstern der Kindheit, bestraft zu werden.

Wovor Sie sich hüten sollten

Nun habe ich Sie, lieber Leser, mit diesem Kapitel hoffentlich nicht auf den Gedanken gebracht: Man muß ja unheimlich aufpassen! Man muß ja *immer* seine echten Gefühle erkennen! Das wäre schlimm und außerordentlich beängstigend. Wenn man sich hier und da ein Ersatzgefühl leistet, um nicht regelmäßig den unerwünschten Gefühlen der Kindheit ausgeliefert zu sein, so entspricht das – wie schon gesagt – dem ersten Grad des Ersetzens und ist nicht weiter schlimm. Zwar unterdrücken wir so bestimmte Gefühle, die an die Oberfläche drängen, und das wiederum verstärkt unser Verlangen nach Streichelkontakten. Und auf diese Weise kann es zum Gefühlsausbeuten ersten Grades kommen. Aber wenn wir das tun, so ist es an sich nicht unbedingt gefährlich, so wie auch eine geringfügige Verbrennung es nicht ist. Darum können wir mit einer harmlosen Tendenz zum Gefühlsausbeuten durchaus locker umgehen. Warum soll man sich nicht hin und wieder auf Streichelaustausch einlassen, auch wenn er ein bißchen gekünstelt oder übertrieben ist? Hauptsache, man findet dabei einen komplementären Partner. Viele Bekanntschaften und Beziehungen haben so begonnen, ob zu einer kurzen Unterhaltung oder zu einem Kontakt von Dauer. Solche Transaktionen kann man kaum von völlig normalen, einander ergänzenden Partnerbeziehungen unterscheiden, wie sie in Kapitel 5 beschrieben sind.

Es ist anstrengend, immer und überall echt zu sein. Es ist manchmal eben angenehmer, »müde« zu sein statt ärgerlich, und dann für diese Erschöpfung ein paar Streichelzuwendungen zu ernten. Oft macht es mehr Spaß, als »Rebell« aufzutreten, statt sich traurig oder verschreckt zu fühlen und zu zeigen. Für eine Person vom Typ 1 kann es richtig schön sein, mal von jemandem vom Typ 2 verwöhnt zu werden. So etwas wirkt vielleicht wie Öl, das die Beziehungen schmiert, oder wie eine Zutat, die dem Leben ein wenig Würze verleiht.

Verlasse ich mich jedoch zu sehr auf Ersatzgefühle, wenn andere Empfindungen an die Oberfläche drängen, dann besteht die Gefahr: Ich lasse mich nur auf Beziehungen ein, die mir – ganz wie im Elternhaus – hauptsächlich Zuwendung für meine Ersatzgefühle bringen. Ich pflege die falsche Überzeugung in mir: Ich werde ja nur für meine Ersatzgefühle oder für mein »typisches« Verhalten geliebt. So verbaue ich mir Gelegenheiten, das Gegenteil von dem zu erfahren, was sich mir in der Kindheit eingeprägt hat, nämlich Selbstbestätigung, Freundschaft und Vertrauen gewinnen zu können, wenn ich mich offen und ehrlich erkenne und zeige. Ersatzgefühle behindern unsere Entwicklung und die Entfaltung unserer menschlichen Möglichkeiten. Sie engen die Wahl unserer Partner – für den im Alltagsleben oder für dauerhaftere Beziehungen – erheblich ein.

Die Hauptgefahr liegt also nicht so sehr darin, *daß* wir gelegentlich Gefühle ersetzen, sondern vielmehr darin, *wie oft* wir das tun und *wie stark* unsere Ersatzgefühle sind. Es geht darum, in welchem Umfang Ersatzgefühle das bewußte Wahrnehmen anderer Gefühle einschränken oder ausschließen und den Drang zum Mechanismus des Gefühlsausbeutens fördern. Eine zusätzliche Gefahr besteht darin, daß Ersatzgefühle die Abwehrposition verstärken. Im alltäglichen Umgang mit anderen Menschen und in Reaktionen auf Krisenlagen bin ich dann allzu sehr auf meinen Typ angewiesen. Noch einmal: Es ist gut, seinen Typ zu akzeptieren und sich entsprechende Zuwendung gefallen zu lassen, wenn bei diesem Streichelaustausch Realitätsfaktoren keine wesentliche Rolle spielen. Entscheidend ist dabei, daß man nicht »automatisch« auf typ-gemäße Reaktionen verfällt, wenn die Umstände eigentlich ein anderes Verhalten erfordern.

11. Kampf, Flucht und der Sprung in die Gewalt

Mit dem Rücken zur Wand

Wenn Tiere in Gefahr sind, zeigen sie oft zwei Reaktionen: sie kämpfen oder flüchten. Bricht ein unvorhergesehenes Ereignis herein, spürt das Tier eine Bedrohung, so kommt es in seinem Körper zu vermehrter Adrenalinausschüttung. Das Tier empfängt dadurch einen besonderen Impuls zu Kampf oder Flucht. Der Tierpsychologe N. Tinbergen hat dieses Verhalten ausführlich beschrieben. Den übertriebenen Verhaltensumschlag zu Kampf oder Flucht, wie er angesichts einer Gefahr oder als Antwort auf einen Unfall eintritt, bezeichnet er als »Übersprungbewegung«.

Kampf/Flucht-Reaktionen wurden zuerst bei Tieren bemerkt und von den Biologen erforscht. Doch sie treten auch beim Menschen auf. Nur äußert sich die »Übersprungbewegung« beim Menschen nicht unbedingt körperlich. Vielfach wirkt sie sich eher als plötzlicher Wechsel von einem Ich-Zustand zu einem anderen aus. Überfallen uns Schreck, Bedrohung oder Angst, so bewirkt das einen Adrenalinstoß in unserem Körper. Dieser mobilisiert Kräfte in uns, damit wir die Situation meistern. Der Idealfall wäre: Wir schalten unser Erwachsenen-Ich ein. Das aber geschieht selten. Stattdessen gehen wir allzu oft in unsere typische Abwehrposition zurück. Sie hat uns ja in der Kindheit am besten vor Angst und Bedrohung geschützt. In der Krise reagieren wir also zunächst entsprechend unserem Typ. Nur sind wir eher auf negative als auf positive Streichelkontakte eingestellt. So sieht die Kampf-Reaktion aus.

Danach kommt aber die Flucht-Reaktion. Wir »fliehen« aus unserem typgemäßen Ich-Zustand. Leider nicht zum Erwachsenen-Ich, sondern wir springen ins Gegenteil des früheren Ich-Zustands. *Untersichere Personen vom Typ 1* werden bei einem Schock beispielsweise in vermehrte Angst geraten. Ihre Tendenz wird sein, sich von anderen leiten zu lassen, wie ich das im Kapitel 3 gezeigt habe. Im Gegenschlag dazu können sie dann aber ganz plötzlich und impulsiv von einem meist kritischen oder ärgerlichen Eltern-Ich aus agieren. Nach einiger Zeit, wenn sie sich etwas beruhigt haben, werden sie wieder in den gewohnten Kind-Ich-Zustand zurückkehren. Umgekehrt werden *übersichere Personen vom Typ 2* bei Gefahr oder Erschrecken zunächst noch bestimmender auftreten. Nützt das nichts, besteht die Gefahr fort, so werden sie als Flucht-Reaktion ins verzweifelte Kind-Ich überspringen, was sich gewöhnlich in depressivem oder regressivem Verhalten äußert.

Extremisten in uns

Also: Kampf/Flucht-Reaktionen stellen zwei extreme Verhaltensweisen dar. In der Kampf-Reaktion verstärkt jemand anfangs seine existentielle Abwehrposition, springt dann aber mit der Flucht-Reaktion in den *gegenteiligen* Ich-Zustand. Dieser Wechsel geschieht innerhalb eines kurzen Zeitraumes, und ganz abrupt. Bei einem extremen Gefühlsausbeuter kann er den Umschlag in gefährliches Verhalten bedeuten.
Wird jemand nach einem solchen Umschwung wieder »normal«, d.h. kehrt er in seine gewohnte Position zurück, so sagt er vielleicht mit seinem Erwachsenen-Ich: »Ich weiß gar nicht, was ich hatte. Was war denn los, daß ich mich so aufgeführt habe? Nur, irgendwie *mußte* ich plötzlich so reagieren.« Der Betreffende vermittelt also den Eindruck, als sei ihm der frühere Zustand fremd und von äußeren Kräften verursacht: »Es kam so über mich . . .« »Mir war auf einmal so . . .« »Ich mußte . . .« Ein Stück weit stimmt das auch. Darum habe ich im ersten Kapitel, wo die Kampf/Flucht-Reaktion schon als eine Lösung des Streits auftauchte, vermutet: Inge und Fred finden später wieder in ihr gewohntes Beziehungsverhalten zurück, auch wenn Inge ihren Mann in einer Kampf/Flucht-Reaktion unvermittelt attackiert und er sich entsprechend zurückgezogen hätte.
Bei normalen Menschen oder auch Gefühlsausbeutern ersten und zweiten Grades ist die plötzliche Kampf/Flucht-Reaktion eines Partners nicht besonders schädlich. Nach der »gekreuzten« Transaktion, wie sie durch die Übersprungbewegung entsteht, kann später wieder der gewohnte Kontakt aufgenommen werden. Äußerst gefährlich wird es jedoch, wenn zu

viele verdrängte Gefühle dritten Grades im Spiele sind, die stets nur durch Ersatzgefühle verdeckt wurden.

Nach einer heftigen Kampf/Flucht-Reaktion wird auch ein extremer Gefühlsausbeuter wieder in den gewohnten Ich-Zustand zurückkehren. Doch *während* dieser kurzen Zeit kann er völlig unberechenbar handeln. Er mag sich in Mord oder Selbstmord steigern, und das durchaus nicht nur in Worten. Man muß mit dem Schlimmsten rechnen, auch wenn es beim ersten Mal nicht so gefährlich aussieht. Er behauptet dann: »Das war nicht ich selbst, es wird sich nicht wiederholen.« Beim nächsten Mal ergreift ihn die Panik voraussichtlich noch heftiger. Der Umschlag von einem Extrem zum anderen wird noch abrupter – ein Vorgang, der sich im Lauf der Zeit immer häufiger und immer verhängnisvoller wiederholt. Von da an ist das Leben solcher Menschen von Rührseligkeit und Gewalttätigkeit geprägt. Sie brechen »überraschend« zusammen und landen in der Nervenklinik. Oder sie haben sich in irrationalen Gewaltausbrüchen verstrickt.

An dieser Stelle noch ein Hinweis: Der Wechsel im Ich-Zustand bei einer Kampf/Flucht-Reaktion ist etwas ganz anderes als ein Entlastungsverhalten. Da wird ja ebenfalls zum gegenteiligen Ich-Zustand gegriffen. Das aber geht unter »normalen« Umständen vor sich und ähnelt den alltäglichen fließenden Veränderungen im Ich-Zustand. Es fehlt also das Abrupte, Unkalkulierbare, das den Umschwung (oder das »Ausflippen«) der Kampf/Flucht-Reaktion kennzeichnet. Dieses letztere Umschalten ist eben deshalb so schroff und aufwühlend, weil es jäh und unerwartet auftritt, und zwar sofort nach dem Versuch, die gewohnte Abwehrposition verstärkt einzusetzen. Es trifft die betreffende Person ganz unvorbereitet. Unterdrückte Gefühle oder Ängste kommen zum Ausbruch, die gewöhnlich durch Ersatzgefühle verdeckt sind.

Bei extremen Gefühlsausbeutern stellt sich eine Kampf/Flucht-Reaktion nicht erst ein, wenn ein Ereignis wie ein Autounfall eingetreten ist. Ein ganz kleiner Anlaß genügt: der Partypartner blickt müde, der Lebenspartner macht nicht mehr richtig mit. Eifersucht oder Angst, den zu verlieren, den man zum Gefühlsausbeuten braucht, lösen einen Angstimpuls aus. Übertriebene Kampf/Flucht-Reaktionen sind die Folge, so als sei man tödlich bedroht.

Der Ausbeuter hat nur einen Gedanken im Kopf: Ich bin »verlassen«. Ich werde »vergessen«. Ich bin in jedem Fall »allein«. Er empfindet einen Mangel, ein unerfülltes Verlangen nach Streichelkontakten. Darüber steigert er sich in Wut. Ihm steht nicht mehr alles so zur Verfügung, wie er es will. Er sieht nicht, daß nicht das Fehlen des Partners seine Zwangslage begründet, sondern daß er Streicheln für seine Ersatzgefühle »braucht«, um weiterhin echte Gefühle zu unterdrücken. Sein unerfülltes Verlangen ist vom Empfinden einer wachsenden Bedrohung begleitet (so wie heftiger Hunger Bauchgrimmen verursacht). Der erneute Adrenalinstoß drängt ihn zu einer Kampf/Flucht-Reaktion; paradoxerweise beginnt er nun gerade mit demjenigen Streit, von dem er gestreichelt sein wollte – um sich dafür zu rächen, daß er nicht genug bekam. Die Rache führt zu gewalttätigen Reaktionen: die unterdrückten Gefühle finden ihren Ausdruck in der *Tat,* und nicht im Bewußtsein oder in Worten. Zum Beispiel wird ein Gefühlsausbeuter von Sehnsucht oder Liebe statt von Wut reden wollen, wenn er in einer Kampf/Flucht-Reaktion einen Mord begangen hat!

Die sanften Mörder

In Texas ging vor einigen Jahren ein junger Mann in ein Geschäft, kaufte sich ein Gewehr, stieg auf einen Turm und begann auf Passanten zu schießen.

Bei den anschließenden polizeilichen Ermittlungen stellte sich heraus: dieser nette junge Mann hatte nicht nur elf Menschen erschossen, die zufällig vorbeigekommen und ihm völlig unbekannt waren. Zuvor hatte er auch seine Mutter und die eigene Frau getötet. Er hinterließ eine Mitteilung, in der er in rührender Hilflosigkeit sein starkes Verlangen nach Trost und Liebe zum Ausdruck brachte. Darin beklagte er sich, seine Mutter und seine Frau hätten ihn »vernachlässigt«, nachdem sie ihn früher »geliebt« hatten. Es stellte sich heraus, daß er tags zuvor die Hilfe eines Psychiaters in Anspruch nehmen wollte. Er war aber als einfacher, sich im Kreis drehender »depressiver Fall« (der er tatsächlich war) weggeschickt worden. Der Psychiater hatte nicht erkannt, daß er kurz davor stand, in das seinem Typ entgegengesetzte gewalttätige Verhalten zu verfallen. Aus einem übermäßigen Hunger nach Zuwendung hatte er seiner zugrundeliegenden und unerkannten Wut endlich nachgegeben. Als ihn die Polizei überwältigt hatte und vom Turm abführte, wirkte er wieder ganz sanft und liebenswürdig. Er war ins angepaßte Kind-Ich zurückgekehrt und erwartete sich vom Eltern-Ich der Polizei Zuwendung und Schutz, auch wenn dies auf negative Art geschehen sollte.

1980 wurde John Lennon erschossen. Der Mann, der ihn umbrachte, entspricht ebenfalls diesem Typ. Es heißt, er habe ausgesprochen mild und gar nicht gefährlich gewirkt. Überdies habe er Lennon über alle Maßen bewundert. Ehe der Mord geschah, hatte er stundenlang angestanden, um von ihm ein Autogramm (Streichelzuwendung) zu bekommen. Doch das war nicht »genug«, um seinen Hunger zu stillen, der ihn im Umschwung zum mörderischen Rächer werden ließ.

In den Zeitungen liest man oft von solch »unvermuteten« Gewalttaten, die normale, sanfte, anpassungsfähige Typ 1-Charaktere begangen haben. (»Wer hätte das gedacht? Er war doch immer so gutmütig und allen gegenüber gefällig«, meinte der Nachbar eines Mörders, der sich freiwillig der Polizei gestellt hatte.)

Man hört auch von Menschen, die alle für selbstbewußt, unabhängig, hilfsbereit und »stark« hielten (Typ 2), ehe sie plötzlich in kindhafte Psychosen verfallen sind oder Selbstmord begangen haben. (»Wer hätte das gedacht? Gestern machte er noch so einen stabilen und selbstsicheren Eindruck!«, sagten die ehemaligen Patienten eines Psychiaters nach dessen Selbstmord. Oder: »Aber er war doch so erfolgreich in seinem Beruf als Geschäftsführer! Warum hat er sich umgebracht?«)

In der letzten Zeit machte der Fall Jean Harris in der amerikanischen Presse Schlagzeilen. Sie hatte den skandalumwitterten Dr. Tarnower getötet und sich gleich danach der Polizei gestellt. Während des Prozesses beteuerte sie, wie sehr sie von ihm ausgebeutet worden war, und erregte damit allgemeines Mitleid. Offensichtlich war er ein Typ 2 und sie ein Typ 1, die im »Übersprung« die Tat beging.

Wo man mit Unberechenbarkeit rechnen muß

Oft sieht es demnach so aus, als passe eine Gewalttat gar nicht zu dem, der sie begangen hat. Ein so jäher Wechsel scheint außerhalb des Charakters eines Menschen zu liegen. Schaut man jedoch tiefer, so kann man verstehen, was vorgegangen ist. Nehmen wir zuerst die *Menschen vom Typ 1.* Zum Zeitpunkt der Gewalttat schlägt ihr Verhalten von der gewohnten Abwehrposition in das genaue Gegenteil um. Diese Menschen lebten mit dem Gefühl, der Partner (oder die Umwelt) habe ihnen gegenüber »versagt«. Auf diesen Befriedigungsverlust reagieren sie mit »Kampf«. Dabei ist die zunehmende Frustration oft die Folge ihrer eigenen Unfähigkeit,

»verläßliche« Partner zum Gefühlsausbeuten zu finden und sich zu erhalten. Nach dem plötzlichen Sprung von einem Ich-Zustand in den anderen, nach einem »Ausflippen«, wird ein Gefühlsausbeuter wieder in seinen gewohnten Ich-Zustand zurückkehren – bis zum nächsten Mal. Alle sind über das »Ausflippen« erstaunt, am meisten vielleicht der Gefühlsausbeuter selbst! Doch vergessen wir nicht: das Kampf/Flucht-Verhalten ist eine biologisch verankerte und errechenbare Verhaltensmöglichkeit. Sie kommt als Reaktion auf Furcht, Verlust oder Angst zustande. Angst entsteht nicht nur, wenn der Gefühlsausbeuter in Sorge gerät, die Quelle seines Sich-wohl-Fühlens, der zuwendungsbereite Partner, versage sich oder fehle ihm. Es genügt schon die Vorstellung: »Alle anderen kriegen was ab, nur mir gönnt man nichts!« Deshalb kommen gewalttätige Reaktionen durchaus auch bei einem scheinbar »hilflosen« Gefühlsausbeuter vom Typ 1 vor.

Gewalttätigkeit scheint eher zum Erscheinungsbild eines *Menschen vom Typ 2* zu gehören. In Wahrheit sind die Leute vom Typ 2 oft weniger gefährlich als diejenigen vom Typ 1, die zum »Übersprung« neigen. Bei Personen vom Typ 2 nimmt man sich von vornherein in acht und versucht sich ihrer zu erwehren. Wenn solche Menschen sich natürlich zu Gefühlsausbeutern dritten Grades fixiert haben, können auch sie in gefährlichem Maße eskalieren. »Retter« verwandeln sich in gewalttätige »Verfolger«, wenden sich zunächst gegen den Partner oder andere Menschen und schließlich gegen sich selbst. Eine solche Tragödie werden wir in Kapitel 13 am Beispiel von Shakespeare's »Othello« verfolgen.

Nicht immer führt bei abruptem Umschwung der Weg zum Selbstmord über Mord. Oft begehen Menschen vom Typ 2 direkt Suizid. In einer extremen Situation hat sie grenzenlose Verzweiflung jäh überwältigt. »Alles« haben sie versucht, um die Situation (oder den Partner) zu beherrschen. Vergeblich. Als letzten Ausweg raffen sie den Rest ihrer Kompetenz zusammen, um den Selbstmord ordentlich zu vollbringen. So ist wenigstens auf diese Weise ihre »Macht« bewiesen, wenn nicht im Leben, dann zum Tod. Wenn's weniger dramatisch zugeht, entwickeln sich solche Leute zu Anwärtern auf schwere Depressionen. Oder sie verfallen zielbewußt destruktivem Alkoholismus, der auch die erfolgreichste Karriere zugrunde richtet und damit sie selbst.

12. Wenn Beziehungen gefährlich werden

Heiß gekocht und kochend gegessen

»Aus Eifersucht den Freund im fahrenden Auto niedergestochen« – so oder ähnlich steht es fast täglich in den Zeitungen. Liebesbeziehungen voll Leidenschaft, mit Ungestüm begonnen, enden oft in einem »Verbrechen aus Leidenschaft«. Das ist bekannt, und die Polizeiberichte aller Länder sind voll davon. Statistiken beweisen: Gewalt- und Mordtaten richten sich viel häufiger gegen Bekannte, vor allem ehemalige Geliebte, als gegen Fremde. Wie kommt das? Die Antwort auf diese Frage wird Ihnen, lieber Leser, nach den vorangegangenen Kapiteln nicht schwer fallen. Extreme Gefühlsausbeuter finden oft als Paare zusammen. Ihre gegenseitigen Transaktionen ziehen sie an, besonders wenn sich ihre Bedürfnisse ergänzen, wie bei Typ 1 und Typ 2. Extreme Gefühlsausbeuter des gleichen Typs gehen seltener aufeinander zu, aber auch das geschieht gelegentlich. In diesem Kapitel soll es nun in der Hauptsache um extreme Gefühlsausbeuter und ihre Beziehungen gehen. In der Hauptsache heißt: Bei uns geht es meist weniger dramatisch zu – die Dynamik allerdings, die sich in den Beziehungen extremer Gefühlsausbeuter abspielt, können wir zeitweise auch bei uns erkennen.
Bisher war in diesem Buch meist vom Gefühlsausbeuten die Rede, bei dem man sich nicht unbedingt lebensgefährlich verbrannt hat. Es tut zwar weh, mit »kleinen« Verbrennungen zu leben. Auch ist es nicht immer ganz leicht, die Mißverständnisse mit dem Partner zu beseitigen. Aber oft kommt die Beziehung nach einiger Zeit dann doch wieder ins Lot. Eine offene Aussprache, bei der das Erwachsenen-Ich beteiligt ist, entspannt die Situation. Und wenn dann auch noch das spontane Kind-Ich mitwirkt,

kann ein gutes Gefühl von Verständnis und Intimität entstehen – ein Gefühl, das Gefühlsausbeutern dritten Grades leider nie zugänglich ist. Eigentlich, so könnte man sagen, müssen extreme Gefühlsausbeuter, die einander gefunden haben, doch glücklich und zufrieden miteinander sein. Sie verbringen soviel Zeit damit, sich gegenseitig zu streicheln – da müssen sie sich doch jede Menge Befriedigung verschaffen. Am Anfang, wenn sie sich kennen gelernt haben, ist das auch so. Beide Partner sind voneinander begeistert.

»Endlich habe ich den gefunden, den ich brauche (zu dem ich aufblicken kann)«, sagt Typ 1.

»Endlich habe ich den gefunden, der mich braucht (der mich schätzt)«, sagt Typ 2.

Und eine gewisse Zeit sieht es auch ganz danach aus, als sei alles in bester Ordnung. Zwei Gefühlsausbeuter, die sich ständig ihre Ersatzgefühle und die entsprechenden Abwehrpositionen bestätigen, sind vielleicht fest davon überzeugt: Wir sind dabei, eine enge Beziehung aufzubauen; wir wollen miteinander glücklich sein, »bis daß der Tod uns scheidet«. Allzu oft kommt es jedoch vor, daß der Tod, der sie scheidet, das Werk des anderen Partners ist. Denn bei Ehen und Partnerschaften zwischen extremen Gefühlsausbeutern ist das Unheil von vornherein im Keim angelegt. Weshalb das so ist, wollen wir uns jetzt im einzelnen anschauen.

Ineinander verkrallt – bis es knallt

Es fängt damit an, daß jeder Partner vom anderen *extrem abhängig* ist. Jeder ist voll damit beschäftigt, seine eigene Einstellung und seine Ersatzgefühle verstärkt zu bekommen. Dabei ist er auf den anderen angewiesen: der wird hauptsächlich dafür gestreichelt, daß er die Zuwendung erwidert. Deshalb hat solcher Streichelaustausch meist etwas Künstliches, Unnatürliches an sich. Er wirkt wie Plastik. Er geschieht nicht spontan, ohne echtes Mitgefühl und Interesse am anderen. Das spüren beide – und es führt dazu, daß beide sich nach einer gewissen Zeit um so unbefriedigter und letztlich vom anderen ausgenützt fühlen – ganz so wie es Ihnen und mir in der engen Beziehung zu einem extremen Gefühlsausbeuter ergeht. Der Unterschied ist allerdings, daß Gefühlsausbeuter dritten Grades nicht die innere Kraft haben, in ruhiger Weise vom anderen loszukommen. Es fehlt ihnen ja an Selbstsicherheit und psychischer Flexibilität. Ihre Strei-

chelrituale benützen sie, um sich gegenüber ihrer Angst vor Gefühlsausbrüchen zu »schützen«. So verwehren sie einander die Möglichkeit, autonomer zu werden. Ein Stück Autonomie aber wäre nötig, um in Krisensituationen ein erwachsenes Verhalten einzusetzen oder auch einmal Spontaneität und echtes Vertrauen zu zeigen. Allein die Vorstellung, den anderen loszulassen, versetzt den extremen Gefühlsausbeuter schon in Panik: er hat Angst, dann »gar nichts« mehr zu bekommen. Darum klammert sich jeder immer stärker an den anderen, um ihn ja nicht zu verlieren. Ist der Partner doch die wenn auch nicht völlig befriedigende, so wenigstens einzige absolut sichere Quelle der verzweifelt erstrebten Zuwendung.
Beginnt sich bei einem das Gefühl von Unsicherheit breit zu machen, so wird er möglicherweise gekränkt, wütend oder eifersüchtig reagieren. Er wird sich mit neuerlichen Forderungen nach Streichelzuwendung an den Partner wenden. Freilich wird er dabei eher auf negative als positive Transaktionen zurückgreifen. Selbst das kann die beiden noch eine Weile zusammenhalten. Aber zunehmend bewirkt die Unzufriedenheit Kampf/Flucht-Reaktionen, die dann Aggressionen, Zusammenstöße und schließlich den gewaltsamen Abbruch der Transaktionen und Beziehungen zur Folge haben.

Das Leben tritt nicht auf der Stelle

Ein anderer Grund, warum Beziehungen extremer Gefühlsausbeuter immer wieder mit einer Katastrophe enden, ist der folgende. Die Partner mögen beide alle ihre Energie darauf verwenden, sich gegenseitig in Abhängigkeit zu halten – sie können sich nicht ewig schützen. Das Leben geht weiter: Kinder werden geboren, Angehörige sterben. Die berufliche Entwicklung, ein Umzug, neue Kontakte und Freunde, andere kulturelle Aktivitäten als bisher schaffen neue Lebensumstände. Solche Veränderungen treffen fast zwangsläufig den einen Partner schneller oder tiefer. Sie schränken die gegenseitige Verfügbarkeit ein. Früher oder später stimmt also das Gleichgewicht in der Gefühlsausbeutung zwischen beiden nicht mehr.
Damit Sie sich das vor Augen halten können, möchte ich ein Bild benutzen. Stellen Sie sich einmal zwei Bretter vor, die aufrecht aneinandergelehnt einen spitzen Winkel bilden. Keines der Bretter kann sich allein aufrechterhalten. Sie bleiben stehen, weil sie aneinandergelehnt sind und ein-

ander stützen. Bewegt man eines der Bretter hin und her, so fällt das andere (vielleicht auch beide) mit Sicherheit bald um – entweder in die Richtung, in der es angelehnt war, oder in die andere, aus der der Stoß kam. Ist die gefühlsmäßige Balance zwischen den beiden Beteiligten erst einmal unausgewogen, so verspürt einer der Partner unter Umständen den Drang, sich zusätzliche Streichelkontakte zu sichern.

Er sucht sich neue Beziehungen – Liebhaber, Freunde, Therapeuten usw. Gelegentlich verhilft das dem einen Partner sogar zur Gesundung. In jedem Fall aber hebt es das abgestimmte System der gegenseitigen Gefühlsausbeutung aus den Angeln. Für den anderen führt es zu einer unerträglichen Bedrohung, auch wenn er in geringerem Maße als sein Partner an der Gefühlsausbeutung beteiligt war. Möglicherweise beginnt er nun wild um sich zu schlagen, um seinen Ansprüchen auf den Partner Nachdruck zu verleihen. Bei solchem Um-sich-Schlagen geschieht es dann leicht, daß irgendeiner nur noch schneller von einem Extrem ins andere fällt, um die verstärkten Bedürfnisse nach Bestätigung befriedigt zu bekommen.

Das Tempo des einen ist nicht das Tempo des anderen

Selbst relativ gut eingespielte und einander ergänzende Gefühlsausbeutungspartner können aus dem Gleichgewicht geraten, denn es gelingt ihnen nicht immer, die Zeit in Übereinstimmung miteinander zu strukturieren. Damit ist folgendes gemeint: Der eine ändert zeitweilig seinen Ich-Zustand. Z.B. wechselt er zum Erwachsenen-Ich oder gar zum spontanen Kind-Ich. Der andere aber vollzieht das entsprechende Verhalten nicht genau zur gleichen Zeit oder im selben Maß. Außerdem können extreme Gefühlsausbeuter auch nicht so miteinander umgehen, daß sie die gegenseitigen Ich-Zustände mal umkehren. Durchschnittspaare sind da besser dran. Sie können, wie schon beschrieben, ihre gewohnte Einstellung durch ein Entlastungsverhalten unterbrechen oder dadurch, daß sie mal ins spontane Kind-Ich gehen. Sie sind also in der Lage, ihre Streichelkontakte aus wechselnden Positionen heraus auszutauschen. Bei extremen Gefühlsausbeutern sind die Abwehrpositionen dafür zu festgelegt. Sobald einer seinen Ich-Zustand wechselt, etwa im Entlastungsverhalten, wird sich der andere »betrogen« oder »im Stich gelassen« fühlen. Er wird in eine Kampf/Flucht-Reaktion verfallen und in ein gefährliches Verhalten geraten.

Bei Partnern, die sich vom Typ her ergänzen (was bei Gefühlsausbeutern meistens zutrifft) und wo es eigentlich »am besten« gehen müßte, ergibt sich noch ein anderes Problem. Und zwar geht es um die zeitliche Koordination, wenn beide sich miteinander in einer von außen bedrängenden Situation befinden. Personen vom Typ 1 schalten, wenn eine Bedrohung auftaucht, nämlich etwas schneller in ihrer Kampf/Flucht-Reaktion um und setzen rascher ihr Eltern-Ich ein, als die Partner vom Typ 2 zum Kind-Ich wechseln. Woher kommt diese Diskrepanz? Beide finden das Elternverhalten geeigneter als das Kindverhalten, um lebensbedrohenden Vorkommnissen (z.B. finanzielle Schwierigkeiten, Verlust der Arbeitsstelle, Krankheit der Kinder usw.) zu begegnen. Ein Mensch vom Typ 1 mobilisiert daher angesichts solcher Probleme relativ schnell sein Eltern-Ich (doch leider geschieht das häufiger in Konfrontation mit dem Partner als mit dem Problem. D.h. er schiebt erst einmal dem Partner die Schuld dafür zu). Eine Person vom Typ 2 andererseits verharrt unter solchen Umständen relativ länger in ihrem gewohnten Eltern-Ich. Nur wenn Typ 2 keine Hoffnung mehr hat, das Problem selbst zu lösen, wird er als Flucht-Reaktion in sein Kind-Ich zurückfallen.
Mit anderen Worten: Wenn zwei Partner in einer solchen Beziehung der gleiche Schlag trifft (z.B. finanzielle Schwierigkeiten), wird der Typ 1-Partner voraussichtlich eher als der andere in das extreme Gegenteil seiner gewohnten Grundeinstellung umschwenken. Statt wie üblich als angepaßtes Kind tritt er seinem Partner nun im kritischen Eltern-Ich entgegen. Damit kreuzt er dessen gewohnte Eltern-Kind-Transaktionen. Der Partner wiederum wird voraussichtlich so lange wie möglich sein Eltern-Ich beizubehalten suchen, um alle möglichen Lösungen herauszufinden. Ist er jedoch mit seinen magisch erscheinenden Kräften am Ende, kann ihn die Frustration durch die Realitäten und das kritische Eltern-Ich seines Partners derart verletzen, daß er plötzlich in ein verzweifeltes Kind-Ich verfällt. In der Zwischenzeit ist aber der Typ 1-Partner wahrscheinlich wieder in seine alte Kind-Ich-Stellung zurückgekehrt. Nur fühlt er sich noch jämmerlicher und schutzbedürftiger als zuvor. Jetzt möchte er sich wieder als angepaßtes Kind der Entschlußkraft seines Typ 2-Partners unterstellen, muß jedoch schockiert feststellen: diese »starke« Person (die sich noch immer nicht erholt hat) befindet sich ebenfalls in seinem unselbständigen und verzweifelten Kind-Ich und ist im selben Maße schutzbedürftig. Offenbar leidet er immer noch darunter, in seiner Allmacht »versagt« zu haben und vom Eltern-Ich seines Partners angegriffen worden zu sein.

Nur weil er in einem Moment »schwach« war, als er eigentlich nicht versagen durfte.

Du hast dich so verändert!

So kommt es, daß beide, die ursprünglich doch relativ gut zusammenpaßten, in einer kritischen Situation jeweils durch das Verhalten des anderen in zunehmende Verwirrung und Bestürzung geraten. Sie haben auch keine Kommunikationsmöglichkeiten entwickelt, die es ihnen erlauben würden, selbst unter erschwerten Verhältnissen eine gute Beziehung zu bewahren. Kein Wunder, daß sich am Ende beide darüber beklagen: Du bist so »anders« geworden im Verlauf der Krise. Ihre Freunde stellen ebenfalls erstaunt fest, wie sehr sich beide »verändert« haben. Aus dem, der zuvor so fügsam war, bricht lauter Empörung hervor. Und der ehemals autoritäre Typ 2-Partner steckt voller Verzweiflung. Solche Veränderungen sind gewiß keine Verbesserungen, auch wenn sie von Außenstehenden manchmal so eingeschätzt werden. Denn das Umschlagen gewohnter Einstellungen ins extreme Gegenteil zeichnet den Weg zu gewaltsamer Trennung voll Feindschaft und Haß – eine Eskalation, die nicht selten mit ihren blutigen Folgen bis zur Verhandlung vor Gericht führt.
Schließlich will ich noch darauf hinweisen, daß verhältnismäßig selten beide Partner von Anfang an vom anderen gleich abhängig sind. Ist einer mehr ein Gefühlsausbeuter »dritten Grades« und der andere »zweiten Grades«, mag der Unterschied nicht sofort erkennbar sein. Beide können sich nämlich durchaus über eine gewisse Zeit hinweg (Minuten, Tage, Monate oder Jahre) recht »glücklich« miteinander fühlen und einander streicheln. Doch irgendwann läßt sich der Unterschied in ihrem Interesse am Ausbeutungsmechanismus nicht mehr verdecken. Die Diskrepanz zwischen ihnen wird um so größer, je mehr der Partner, der weniger einbezogen ist, seine Zeit so einteilt, daß der andere ausgeschlossen wird. Er zieht sich beispielsweise stärker zurück oder beschäftigt sich mehr mit anderen Leuten als mit ihm. Dieser Partner wird sich »verlassen« fühlen und zunehmend in Panik geraten, den Partner zu »verlieren«. Er braucht deshalb noch mehr Zuwendung als bisher, die er nicht bekommt, und wird darum mehr und mehr zu Kampf-Reaktionen neigen.

Partygeplauder – Anne und Benno finden sich

Jetzt erholen wir uns ein wenig von so viel Theorie und wenden uns einem einfachen und, wie ich hoffe, amüsanten Beispiel zu, an dem wir die Dynamik einer Beziehung zwischen zwei Gefühlsausbeutern »dritten Grades« im Hier und Jetzt studieren können. Wir kehren zur Party, die wir im sechsten Kapitel verlassen haben, zurück. Wir treffen unsere Helden wieder, die »Nervensägen« Anne und Benno: sie sind immer noch da. Stellen Sie sich vor, Sie seien gerade dem Zugriff zuerst des einen und dann des anderen entkommen[1].

(Wenn Sie zum Typ 1 gehören, sind Sie schneller von Anne losgekommen. Außer es hätte Ihnen als Mann an einem Flirt mit ihr gelegen. Dafür wurden Sie aber länger von Benno mit Beschlag belegt. Sind Sie ein Typ 2, so hat Anne Sie länger in Anspruch genommen. Dafür wußten Sie, wie Sie sich Benno entziehen konnten, es sei denn, Bennos Ratschläge hätten Sie zufällig wirklich interessiert.)

Nun aber haben wir sowohl Anne wie auch Benno verlassen. Beide sind allein. Sie schauen sich nach anderen Möglichkeiten um. Endlich finden sie sich. Welch ein Glück. Jetzt können sie einander großartig ausbeuten. Anne ist untersicher und »hilflos«. Sie bittet Benno um Rat und bewundert ihn. Er ist übersicher und »hilfsbereit«, erteilt Ratschläge und läßt sich gern von Annes Bewunderung einwickeln.

Eine ganze Weile läuft das prima. Mal angenommen, Anne befürchtet nach einiger Zeit, Benno könne fortgehen. Er hat etwa zufällig auf die Uhr geblickt oder sich langsam auf eine andere Gesprächsgruppe zubewegt, die sich ihm als weiteres Betätigungsfeld für seine Ratschläge anbietet. (Für Gefühlsausbeuter ohne ständigen Partner ist das charakteristisch: sie nutzen jede gesellige Situation, um zusätzliche Streichelkontakte einzuheimsen – sozusagen auf Vorrat –, selbst wenn sie gerade mit einem zeitweiligen Partner im Austausch sind.) Bennos Anstalten rufen bei Anne sofort Ängste hervor. Endlich hatte sie einen Partner gefunden, der ihr Er-

1. Um meine Beispiele möglichst einfach zu gestalten, habe ich absichtlich bei den »Musterpaaren« Anne und Benno, Inge und Fred sowie Lore und Jan Frauen vom Typ 1 und Männer vom Typ 2 gewählt. Ich wollte den Leser nicht zusätzlich mit einer Umkehrung der »üblichen« Rollenverteilungen zwischen Frauen und Männern verwirren. Ich möchte Sie aber nochmals daran erinnern, daß es viele Frauen vom Typ 2 und Männer vom Typ 1 gibt (auch wenn dies oft von der sozialen oder familiären Rolle verdeckt wird) und hoffe, daß die verschiedenden anderen Beispiele das deutlich machen.

satzgefühl »Depression« bestätigte (»Er gab sich so verständnisvoll«), und nun sieht es so aus, als wolle er sie schon verlassen! In ihrer Umgebung scheint niemand anderes zur Verfügung zu stehen. Wie wird sie den restlichen Abend ohne weitere Streichelzuwendungen über die Runden bringen? Als sie zur Party kam, empfand sie sich als so »schutzbedürftig« und rechnete fest mit entgegenkommender Zuwendung. Nun befürchtet sie, sie werde nicht »genug« bekommen. Panik! Das Adrenalin beginnt zu strömen, und die Kampf/Flucht-Reaktion setzt ein. Sie bemüht sich, Benno stärker an sich zu binden. Sie denkt sich eine Reihe neuer Fragen aus. Sie bestürmt ihn mit erneuter Bewunderunge (Kampf). Aber sie hat den Eindruck: er ist abgelenkt. Und nun kommt es zur Flucht. Wie ein verwöhntes Kind, das nach seiner Mutter ruft (»Mutter, er verläßt mich, das ist so gemein!«), flüchtet sie zu ihrem Eltern-Ich. Ohne überhaupt zu wissen, was sie in diesem ihr ungewohnten Ich-Zustand sagt, greift sie abrupt Bennos Kind-Ich an – mit aller Selbstgerechtigkeit eines erregten Eltern-Ichs (frischer Kampf mit neuen Waffen). Vielleicht benutzt sie dazu die gleichen Worte oder den gleichen Tonfall, der sich ihr eingeprägt hat, als sie mit drei Jahren von einer befehlshaberischen Bezugsperson in die Typ 1-Grundeinstellung gedrängt wurde. Oder sie greift auf das Vorbild von Elternfiguren zurück, die ihr in der späteren Kindheit so begegnet sind.
»Dieser Vorschlag taugt nichts. Sie wissen nicht, wovon Sie reden!«, sagt sie kritisch. Rumms, eine gekreuzte Transaktion!

Bäumchen, wechsle dich

Eben wollte Benno – der sich nach wie vor in seinem Eltern-Ich befindet – ihr noch wohlwollend ein paar Hinweise geben und bei dieser Gelegenheit gern von ihr einige zusätzliche Streichelkontakte entgegennehmen, da kritisiert ihn diese bisher durchaus sympathisch und anschmiegsam wirkende Frau und läßt ihn fühlen, daß er überflüssig ist. »Läßt ihn fühlen« sage ich hier ganz bewußt. Denn Leute mit Ersatzgefühlen haben nicht das Empfinden, daß sie ihre Gefühle selbständig beherrschen. Vielmehr sind sie in ihren Beziehungen vollständig von der Anerkennung und dem Verhalten anderer abhängig. Deshalb geben sie anderen soviel Gelegenheit, ihnen ein »gutes« oder »schlechtes« Selbstgefühl zu vermitteln. Das ist auch bei Gefühlsausbeutern vom Typ 2, die sich stets »mächtig« oder »überlegen« zeigen wollen, so.

Daher hatte auch die »hilflose« Anne genug Einfluß und »Macht«, Benno ein »gutes« Selbstgefühl zu vermitteln. Doch nun erreicht sie mit ihren Angriffen, daß er sich »schlecht« fühlt. Und jetzt gerät er in Panik, und aus Panik heraus in eine Flucht-Reaktion. Im Nu ist er von seinem überheblichen Eltern-Ich heruntergeholt (das ist die Flucht). Ohne es zu wissen, findet er sich in sein Kind-Ich versetzt – und taucht zugleich in die Gefühle der Verzweiflung ein, die er als Kind von zwei oder drei Jahren gehabt haben mag, wenn nicht alles nach seinem Wunsch ging. Damals wird es ihm nämlich, wenn er sich verzweifelt darum bemühte, Kontrolle auszuüben, mit Sicherheit nicht immer gelungen sein, seine Umwelt zu beherrschen – und da mag er gefühlt haben, er schwebe in größter Lebensgefahr. Genauso empfindet er sich auch in diesem Moment: erfolglos und von Verzweiflung übermannt. Mit einem Schlag hat er die stützende Bewunderung eingebüßt, die er in überschwenglicher Stimmung genoß.
Was nun? Jetzt fühlen sich beide Partner schlecht. Aber sie sind ja extreme Gefühlsausbeuter, unfähig, ungute Gefühle hintanzustellen oder zu verarbeiten. Darum haben beide nur noch mehr Hunger nach Streichelkontakten. Verwirrt sucht ein jeder in seinem »Schatzkästlein« nach: sind da etwa noch Streichelzuwendungen aus der Vergangenheit aufgespart, an denen ich mich wieder aufrichten kann? Vielleicht bringen sie ein schwaches Lächeln zustande im Bemühen, weitere Gefahr abzuwenden. Sie fühlen sich im Moment betrogen, betrogener als bei ihrem Zusammentreffen und geben sich Mühe, ihre Enttäuschung wieder zu überwinden. In dieser Lage werden beide voraussichtlich so schnell wie möglich zu ihrer typischen Grundeinstellung zurückkehren, aus der sie für gewöhnlich Streichelkontakte aufstöbern. So versuchen sie Zorn und Verletztsein, die aus der Frustration der gerade vergangenen gekreuzten Transaktion stammen, schnell zu vergessen.
Währenddessen hat sich Bennos »Publikum« entfernt. Für beide besteht keine Aussicht auf sofortige Zuwendung von anderen Partnern. Anne ist inzwischen zu ihrer gewohnten Typ 1-Einstellung zurückgekehrt. Benno dagegen befindet sich noch immer in der gleichen Verfassung. Da wird sie sich wahrscheinlich entschuldigen, und zwar vom angepaßten Kind-Ich aus: »Ich weiß gar nicht, was in mich gefahren ist! Können Sie mir wohl verzeihen?«

Steckte Benno nicht so voller Ersatzgefühle, dann wäre dies der gegebene Moment für ein kurzes humorvolles Intermezzo zwischen beider Kinder-Ich. Benno könnte natürlich auch sein Erwachsenen-Ich einsetzen und sich höflich von ihr verabschieden. Damit würde er sie zwar mit ihren Problemen allein lassen, ihr jedoch selbst immerhin entkommen. Doch nein – er schnappt gierig nach dem ausgeworfenen Köder. Der erneute Appell an sein Eltern-Ich baut auch dieses wieder auf. Vergessen sind die verletzten Kind-Ich-Gefühle, die ihn beinahe zur Bar getrieben hätten, um sich dort zu trösten. Gemütsruhe und Selbstbeherrschung – so scheint es – bestimmten wieder seine Haltung.

»Aber, ich kann deine Gefühle verstehen!«, sagt er liebenswürdig.

»Wirklich? Du bist einfach großartig. Und wie nett, daß du mich so spontan duzt. Warum, meinst du . . .«, sagt darauf Anne.

»Weil . . .« usw.

Beide fallen zurück in den Mechanismus der gegenseitigen Gefühlsausbeutung und verhelfen einander zu einem »guten« Selbstgefühl. Keiner wird sich die Fragwürdigkeit dieses ganzen Vorgangs eingestehen, auch nicht sich selbst gegenüber, und beide »vergessen« den Umschwung.

Benno ist zum jetzigen Zeitpunkt völlig von diesem Prozeß gefangen. Die Leute, mit denen er sich unterhalten wollte, sind schon gegangen. Doch da erscheint Conny auf der Bildfläche, den Anne als angenehmen Gesprächspartner in Erinnerung hat. Und schon kommt ihr der Gedanke, daß sie bei ihm noch besser aufgehoben sein könnte als bei Benno.

Nun ist es Anne, die weg will – was Benno sofort an ihrer Körperhaltung merkt. Will sie ihn jetzt wirklich auf dem Trockenen sitzen lassen, nach allem, was er für sie getan hat? Als Gefühlsausbeuter vom Typ 2 und von seinem Eltern-Ich her wird er mit Hilfe seiner durch Panik ausgelösten Kampf-Reaktion versuchen, Anne unter seinen Einfluß zu bringen, koste es was es wolle.

War Benno bisher liebenswürdig und zuvorkommend, so wird er jetzt anmaßend und befehlshaberisch. Er will das angepaßte Kind-Ich in Anne unbedingt fügsam machen. Er versucht sie am Fortgehen zu hindern. Nunmehr hängt viel davon ab, wieweit er Anne einschüchtern und sie nötigen kann, die Gefühlsausbeutung fortzusetzen. Jetzt kommt es immer mehr zum Austausch von negativen statt positiven Streichelkontakten. Da reagiert Anne auf seine anmaßende Herrschsucht mit aufbegehrendem Trotz. (Anne: »Oha, ist das wirklich so, wie du sagst? So so . . .« Benno: »Ja natürlich, und ich kann es auch beweisen!« Anne: »Kannst du das wirklich . . . jetzt, sofort?« Benno: »Ja, das kann ich« usw. usw.) Dieser Austausch von negativen Streichelkontakten könnte so bis zum Ende der Party weitergehen. Doch Anne möchte ja nach wie vor den Kontakt mit Conny aufnehmen, ehe dieser sich mit anderen Leuten beschäftigt. Darum kommt es bei Anne wieder zu einem Alarmsignal und einem Umschwung in ihrem Verhalten. Sie kehrt Benno gegenüber erneut ihr kritisches Eltern-Ich heraus. Damit wird sie seine nächste Transaktion vom Eltern-Ich zum Kind-Ich kreuzen. Sie sagt ihm: »So eine Grobheit lasse ich mir nicht bieten!« und marschiert dann würdevoll ab.

Nach dieser Szene fühlt sich Benno sogar von seinem eigenen überheblichen Eltern-Ich im Stich gelassen. Jetzt ist er wieder in sein verletztes Kind-Ich zurückgestoßen. Nach all den Anstrengungen, Anne festzuhalten, bleibt er leer zurück. Auch sein eigenes Kind-Ich ist nach wie vor hungrig, denn Annes Bestätigungen galten allesamt nur seinem Eltern-Ich. (Das ist typisch für Personen vom Typ 2. Sie verharren gewöhnlich im Eltern-Ich. Bei gleicher Ausbeutungstendenz verfestigen sie sich stärker als Personen vom Typ 1, deren Kind-Ich die Zuwendung empfängt – freilich geht diese Zuwendung an das angepaßte, nicht an das spontane Kind-Ich.)

Das Leben ist eben ungerecht. Alle Bemühungen Bennos, Anne von seinen Vorzügen zu überzeugen, waren umsonst. Ihm bleibt also gar nichts anderes übrig, als seinen Kummer an der Bar zu ertränken.

Doch siehe da! Gerade leert er sein viertes Glas, da kehrt Anne zurück. Conny hat sie offensichtlich verlassen. Jedenfalls braucht sie noch dringend Streichelkontakte, und Benno scheint im Moment dafür die beste Anlaufstelle zu sein. Mit dem charmantesten Lächeln ihres angepaßten Kind-Ichs kommt sie auf ihn zu. Welche Erleichterung! Gerade noch rechtzeitig, bevor der Alkohol ihn in den Zustand eines lallendes Kindes versetzt hätte. Also verzeiht ihr Benno noch einmal großmütig. (Und wieder fangen sie mit gegenseitigem Streicheln und Ausbeuten an – und verdrängen dabei ihre verborgenen Gefühle und Zweifel. Worum es sich handelt – um Ängste, Minderwertigkeitsgefühle, Aufregung, Neid, Traurigkeit, Sehnsüchte, allgemeines Mißtrauen –, läßt sich einstweilen noch nicht ergründen.)

Doch nun weg mit den Sorgen! Er lädt sie zum Essen ein. Dabei stellen sie fest, wie »wunderbar« sie zueinander passen. Sie sind glücklich. Endlich, so scheint es, hat ein jeder einen verläßlichen Partner gefunden, der seine Ersatzgefühle bestätigen und ihn in seiner typischen Einstellung bestärken wird. »Liebe auf den ersten Blick« sei es gewesen, werden sie allen erzählen und sich auch selbst einreden. Vergessen sind die peinigenden Momente und Zweifel, die *beide* im Blick auf den anderen durchgemacht hatten. Alles ist jetzt perfekt. Sie machen sich gegenseitig so glücklich, daß sie es einfach nicht ertragen könnten, einmal voneinander getrennt zu sein. Sie heiraten. Was für ein Fest.

Wie wird es weitergehen? Die Vorhersage überlasse ich Ihnen, lieber Leser. Viele verschiedene Umstände werden im Lauf ihrer Ehe eine Rolle spielen. Alles ist möglich, vom dauerhaften Glück bis zur Scheidung voller Verbitterung, ja bis zur Gewalttat. Vieles wissen wir noch nicht über die beiden: Wie zwanghaft sind die jeweiligen Bedürfnisse nach Streichelaustausch und Gefühlsausbeutung? Wieviel Ersatzgefühle haben sie? Welchen Stellenwert haben ihre Ersatzgefühle? Wie gefährlich sind die unterdrückten Gefühle, wenn sie sich einmal explosiv entladen? Wir wissen auch nicht, wie weit der eine im Vergleich zum anderen in einen fortschreitenden Prozeß der Gefühlsausbeutung geraten ist. Bewegt er sich im »dritten Grad« und der andere vielleicht nur im zweiten? Wenn das so ist, wird der engagierte Partner stets Angst davor haben, der andere sei weniger an ihm interessiert und werde abspringen. Das wiederum führt bei ihm – oder dem Partner, wenn er ihm zur Last fällt – leicht zu Kampf/Flucht-Reaktionen.

Gehen wir in diesem Fall davon aus, Anne sei die engagierte (im dritten Grad) im Gegensatz zu Benno (im zweiten Grad). Paradoxerweise wird wahrscheinlich sie es sein, die Benno häufiger attackiert, wenn er z.B. einen Teil seiner Freizeit statt mit ihr lieber mit anderen Dingen oder Menschen verbringen möchte. Dann wird sie ihn voraussichtlich kritisch angreifen wie bei der Party, als sie plötzlich sagte, seine Ratschläge, um die sie ihn doch wiederholt und bewundernd gebeten hatte, taugten nichts. Wenn solche Umschwünge anfangs auch schnell vorübergehen und Anne danach wieder in die übliche Bewunderungshaltung ihm gegenüber zurückfällt, so werden sie sich im Laufe der Zeit immer häufiger wiederholen. Auch Bennos Reaktionen dürften sich zunehmend verschärfen. Er

wird Anne mehr und mehr von seinem kritischen Eltern-Ich aus ansprechen mit negativem statt positivem Streicheln (vielleicht sogar in der Form körperlicher Mißhandlung), um danach als verzweifeltes Kind zusammenzubrechen, sei es in Depression, sei es im Alkoholismus. So mag er etwa mit der Beschuldigung auf den Lippen: »Du treibst mich ins Wirtshaus« brutal gegen sie (oder die Kinder) vorgehen.
Es kann aber auch sein, daß der eine oder der andere (freilich zum falschen Zeitpunkt) einen zusätzlichen Partner findet in der Hoffnung, bei diesem Trost für die Enttäuschungen der Ehe zu finden. In Wahrheit sucht er sich aber bloß einen neuen Mitspieler für eine neue Runde Ausbeutungstransaktionen.
Damit sind die verschiedenen Möglichkeiten für Verwicklungen aufgezählt, die durch Maßlosigkeit der Beteiligten gekennzeichnet sind.

Der Mord am Diätbuch-Autor

Und nun noch ein Beispiel aus dem Leben. Im vergangenen Kapitel hatte ich Jean Harris und Dr. Tarnower bereits kurz erwähnt. Jean Harris wurde im Februar 1981 in den USA wegen Mordes an Dr. Tarnower verurteilt. Vierzehn Jahre lang war er ihr Liebhaber gewesen, hatte aber noch Beziehungen zu anderen Frauen unterhalten. Jean Harris hatte all diese Zeit hindurch nie etwas von Eifersucht zu erkennen gegeben. Während des Prozesses sagte sie aus: von den anderen Frauen habe sie stets gewußt, derlei Geschichten aber nie ernstgenommen und darüber nur ihre Späße gemacht. Zuletzt sei Dr. Tarnower häufiger mit einer Frau namens Lynn zusammen gewesen. Und dieses Mal sei sie wahnsinnig eifersüchtig geworden.
Jean Harris war Direktorin einer exklusiven Privatschule und sehr angesehen. Während der Gerichtsverhandlungen kam heraus, daß ihr Beruf ihr in den letzten Jahren zunehmend schwer gefallen war. Die Verantwortung als Leiterin der Schule war ihr zur Last geworden. Das gibt mir zu der Vermutung Anlaß: sie war eine ausgesprochene Typ 1-Person. Die Direktorinnenrolle konnte sie dank ihrer Intelligenz und Kultur gut ausfüllen, fand sich selbst aber für diesen Posten nicht geeignet. Jedenfalls galt sie als äußerst »respektable« Persönlichkeit. Nie hätte man ihr einen Mord zugetraut. Zu diesem Eindruck paßt ihre Aussage vor Gericht, sie sei mit der Pistole zu Dr. Tarnower gegangen in der Absicht, vor seinen Augen Selbstmord zu begehen.

Die Fortsetzung der Geschichte stelle ich mir so vor – als Außenstehender kann man ja nie ganz sicher sein: Im Erwachsenen-Ich hatte sie keineswegs die Absicht, ihn zu töten. Und in ihrem Kind-Ich hegte sie als Person vom Typ 1 die Hoffnung, mit der Pistole sein Mitleid zu erregen (oder auch seine Wut herauszufordern). Ihr Ziel dabei war jedenfalls: erneute Aufmerksamkeit und Streichelzuwendung. Aber die Erwartung ihres Kind-Ichs wurde nicht erfüllt. Aus allen Beschreibungen geht hervor, daß Dr. Tarnower ein »übersicherer« und rücksichtsloser Mann war. Der Erfolg seines Diät-Buches hatte ihn wohl nur noch mehr in seiner arroganten Einstellung bestärkt. In der Zwischenzeit war er auch nicht mehr wie früher auf die Bewunderung seiner Geliebten angewiesen – er bekam sie ja nun von vielen anderen Seiten. So kam es bei ihr zu einer Kampf/Flucht-Reaktion – und die Pistole ging los. Die Folge war sein Tod, und nun sitzt sie im Gefängnis. In den Augen des Gerichts war der Mord nämlich beabsichtigt: sie war mit der Pistole zu ihm gekommen. (Ein Gericht kann ja nicht zwischen Absichten im Kind-Ich und solchen im Erwachsenen-Ich unterscheiden.)

Die Katastrophe muß nicht sein

Anne und Benno auf der Party – an diesem Beispiel habe ich auf mehr spielerische Art den wiederkehrenden Zyklus dargestellt, wie er bei Partnerschaften zwischen extremen Gefühlsausbeutern immer wieder auftritt. So begegnen uns diese beiden Typen auch im Alltag. Es wirkt durchaus erheiternd, wie sie miteinander umgehen.

Und keiner käme auf den Gedanken, daß eine Gefahr im Verzug sein könnte. Aber aus manchen von ihnen entwickeln sich nach und nach Desperados: Menschen, die zu jeder Verzweiflungstat fähig sind, die sich mit Gewalt nehmen wollen, was sie nicht geschenkt bekommen. Und ist erst einmal die Grenze zur Gewalttätigkeit überschritten, sind Mord oder Selbstmord nicht fern. Trotzdem, derartige Katastrophen sind nicht zwangsläufig. Bevor es zum Äußersten kommt, suchen viele bei einem Therapeuten oder Eheberater Rat, und wenn der mit entsprechender Kenntnis die Intensität der Ersatzgefühle und des Gefühlsausbeutens wie auch deren Gefahren erkennt, lassen sich viele Tragödien vermeiden.

13. Gefühlsausbeuter klassisch und modern – Othello und Desdemona

Schlag nach bei Shakespeare

Komplementäre Transaktionen, mit Ersatzgefühlen belastet, dazu ein Partner, der die Gefühlsausbeutung maßlos überzieht – was daraus für Tragödien entstehen, führt uns Shakespeare in seinem »Othello« wahrhaft meisterlich vor.

Othello (Typ 2) und Desdemona (Typ 1) passen vorzüglich zusammen. Jedenfalls sieht es so aus. Ihre existentiellen Grundpositionen ergänzen einander nahezu perfekt. Er ist für sie eine Vaterfigur: er ist der Ältere, hochangesehen, besonnen und bestimmend. Und sie ist die mädchenhafte Braut, die kindlich bewundernd zu ihm aufblickt. Die Liebe keimt in beiden, als er ihr von seinem entbehrungsreichen Leben und seinen ungewöhnlichen Abenteuern erzählt: »Sie liebte mich, weil ich Gefahr bestand; ich liebte sie um ihres Mitleids willen.«

Othello klammert sich an seine Abwehrposition; so hofft er, alle Zweifel und Ängste, allen Zorn und alle Wut, selbst die Spuren von Neid und Eifersucht aus seinem Bewußtsein zu verbannen. Er wird völlig abhängig von Desdemonas vorbehaltloser Bewunderung und Unterwerfung. Mit anderen Worten: er wird abhängig von ihrer Abhängigkeit. Es scheint so, als könne er fortan nicht ohne sie leben – doch selbst das vermag er sich nicht einzugestehen. Seine Bitte an den Dogen, Desdemona solle ihn nach Zypern begleiten und nicht in Venedig zurückbleiben, begründet er so: es geschieht, um »ihrem Wunsch willfährig hold zu sein« und nicht um »den Gaum' zu reizen meiner Sinnenlust«. Denn »junge Gefühle« sind in ihm »erloschen«, wie er betont, stattdessen sei er an »eiserne Gewohnheit« und »des Krieges Stahl- und Felsenbett« gewöhnt. Sein Ansehen im Senat beruht darauf, daß »diese edle Natur . . . Leidenschaft nicht regt, daß feste Tugend kein Pfeil des Zufalls, kein Geschoß des Glücks streift und durchbohrt«. Jago, der Schurke, ist vor allem deshalb so erfolgreich in dem Bemühen, den Mohr zur Gewalttätigkeit zu reizen, weil Othello und Desdemona in einem Gefühlsausbeutungsmechanismus dritten Grades befangen sind. Er sagt von ihr: »Als sie vor eurem Blick zu beben schien, war sie in euch verliebt.«

Unter dünner Schale brodelt ein Vulkan

Othellos unbeugsames Verhalten im Typ 2 und seinen Ersatzgefühlen – eiserner Selbstbeherrschung, Festigkeit, unerschütterlicher Treue zu Venedig – mochten in der Vergangenheit seine Strategie zum Überleben gewesen sein. Doch sein starres Verhalten zehrte an seinen inneren Kräften und beraubte ihn jeder Flexibilität, die echten Gefühle, Bedürfnisse und Neigungen seines Kind-Ichs wahrzunehmen – insbesondere seine Verlustängste und seine Anfälligkeit für Eifersucht.

Nach außen erscheint er ruhig und besonnen; doch das ist eigentlich nur die Kehrseite seiner Unfähigkeit, mit Gefühlen zurechtzukommen – außer wenn er aktiv handeln kann, sei es bei Krieg, Heirat oder Mord. Er hat sich nie erlaubt, Emotionen, die in ihm steckten, wahrzunehmen. Jagos Einflüsterungen zur Eifersucht versteifen ihn darum zunächst auch in seiner Grundeinstellung. Er gibt zu erkennen, daß er sich solche in ihm schlummernden Gefühle nie einzugestehen wagte: »Glaubst du, ich würde ein Leben voll Eifersucht führen? Selbst den Wechseln des Mondes mit frischen Verdächtigungen folgen? Es ist nicht angetan, mich eifersüchtig zu machen, daß meine Frau schön ist.«

Doch endlich hat Jago Othello zu der Überzeugung gebracht, Desdemona gehöre nicht mehr einzig und allein ihm. Die Angst, sie zu verlieren, erzeugt bei Othello eine zeitweilige Flucht-Reaktion, einen plötzlichen Umschwung aus seinem selbstbewußten Eltern-Ich in ein verzweifeltes, verwirrtes Kind-Ich. Alle bisher verdeckten brodelnden Gefühle – Zorn, Eifersucht, Verzweiflung – drängen an die Oberfläche und führen zu zweimaligem Krampfanfall (»Mein Herr ist in Epilepsie gefallen, dies ist der zweite Anfall«, sagt Jago). Dem Stück läßt sich entnehmen, daß es Othello von Kindheit an nicht erlaubt war, sich irgendwelche negativen Gefühle bewußt zu machen – schon gar nicht gegen die hellhäutigen, dekadent »herumhurenden« Venezianer, die ihn umgeben, obwohl sie dem »unverschämten Feind« ähneln, an den er in die Sklaverei verkauft worden war. Jetzt aber treten sie ihm auch noch in der Verkörperung der schönen blonden Desdemona entgegen – die er zu besitzen glaubte. Eine Zeitlang kann er all die Enttäuschung und Kränkung seines Kind-Ichs kaum ertragen.

Von Jago dafür verspottet, daß er von seinem gebieterischen Eltern-Ich so in den Zustand eines strampelnden Kindes verfällt (»Indeß ihr ganz von eurem Gram vernichtet, ein Ausbruch, wenig ziemend solchem Mann«), kehrt Othello zu seiner Grundeinstellung als Typ 2 zurück; in seinem herrisch-kritischen Verhalten prägt sich sein Eltern-Ich nun noch stärker aus als bisher. Diese selbstgerechte Haltung läßt ihm bloß eine Wahl: er muß sich »höchst blutig erweisen« – er muß Desdemona töten. Das ist sein letzter Ausweg, um sich das Bewußtsein der absoluten Herrschaft zu bewahren.

Der ehrenwerte Mörder

Im letzten Dialog zwischen Othello und Desdemona vor deren Tod verharren beide in ihrem gewohnten Ausbeutungsmuster. Nur wird Othellos Haltung jetzt noch starrer. Er läßt Desdemona eher negative als positive Streichelkontakte zukommen. Sie schwankt, ihrem Typ 1 entsprechend, zwischen Rechtfertigung und Flehen um Gnade. Doch Othellos unterdrückter Zorn drängt zur Tat. Jetzt reicht die Zuwendung von Desdemonas angepaßtem Kind-Ich nicht mehr aus. Sie kann seine Ersatzgefühle von »grundanständiger Rechtschaffenheit«, die er als Kind stets bei Empfindungen von Schmerz und Ärger anzuwenden gelernt haben muß, nicht mehr befriedigen. Selbst beim Töten zwingt Othello sich zu äußerster Selbstbeherrschung. Er muß befürchten, sonst wieder in den gleichen Zustand des Kind-Ichs zu verfallen, der ihn zuvor namenlosen Gefühlen und Krämpfen ausgeliefert hat.

Desdemona bemerkt es: »Ach, warum nagst du so die Unterlippe? Dein ganzer Bau erbebt in blut'ger Wut.« Ihr Erwachsenen-Ich beobachtet richtig. Und auch früher schon hatte sie Anzeichen der Gefahr wahrgenommen. Trotzdem benutzt sie ihr Erwachsenen-Ich nicht, um nach ihrer Kammerzofe zu rufen. Vielmehr verstärkt sie ihr unterwürfiges Verhalten und befolgt sein »Schweig und sei still«. »Ich schweige«, erwidert sie und stirbt als klassisches Opfer der Gefühlsausbeutung mit den Worten: »Empfiehl mich meinem güt'gen Herrn . . .«

Später, als dem Mörder sein Verlust zum Bewußtsein kommt und Trauer ihn übermannt, flüchtet er für kurze Zeit noch einmal aus der ihm vertrauten Grundeinstellung. Wie ein verzweifeltes Kind wirft er sich über ihr Bett. Doch da naht sein Gefolge – und schon kehrt er wieder in seine charakteristische Haltung als Typ 2 zurück. Mit großer Geste versichert er den versammelten Edelleuten: »Erschreckt euch nicht, obwohl ihr mich bewaffnet seht.« Ihre Anwesenheit läßt ihn ein letztes Mal seine Ersatzgefühle hervorkehren: Ehre, Treue, Entschlossenheit, Liebe – dahinter hat er seinen Schmerz, Kummer und Zorn verborgen gehalten. Sich selber nennt er »einen ehrenwerten Mörder . . . denn nicht in Haß tat ich es, sondern in aller Ehre«. Er erinnert die Umstehenden: »Ich tat Venedig manchen Dienst, man weiß es.« Er bittet darum, nicht als einer angesehen zu werden, der aus Wut, Neid oder Eifersucht gehandelt habe, sondern als jemand, »der nicht klug, doch zu sehr liebte« und der »nicht leicht argwöhnte«.

Auch als er sich ersticht, verleugnet er noch seine wahre Identität. Er brüstet sich mit seiner Loyalität gegenüber dem venezianischen Staat: er schildert, wie er einen »beschnittenen Hund« niederstreckte, einen Türken, der einen Venezianer geschlagen und damit den Staat beleidigt hatte. Geschlagen und beleidigt, wem war das in Wirklichkeit widerfahren? Othello selbst muß sich oft verletzt empfunden haben, wenn man ihn wegen seiner Hautfarbe verspottete, wenn man ihm »Dicklippe« nachschrie oder auf seine »rußige Brust« wies. Auch Eifersucht, Angst und Neid auf die geschmeidigen Venezianer waren ihm verboten – er konnte es ihnen ja nicht gleichtun, denn er war nur ein ungebildeter Mohr (»derb bin ich in meiner Sprache«). Vermutlich verbannte er die Gefühle, die ihn eigentlich erfüllten, aus seinem Bewußtsein mithilfe seines Ersatzgefühls leidenschaftsloser Ergebenheit und solider Loyalität. Dafür bekam er Streichelzuwendung, dank seiner Qualitäten – er war ja mutig, intelligent und energisch. Auch konnte er, ehe er Desdemona kennengelernt hatte, seine unterdrückten Zorngefühle auf die Venezianer zum Teil dadurch entlasten, daß er sie auf ihre Feinde projizierte (wie auf den »beschnittenen Hund«). Ähnelt also der Mohr Othello eigentlich nicht eher jenem Türken als den »herumhurenden« Venezianern, für die er seine Haut zu Markte getragen hatte, sie dabei aber beneidet und gehaßt haben muß?

Othellos und Desdemonas unter uns

Othello ist nicht bloß ein literarischer Fall. Es gibt viele Othellos in unserer nächsten Umgebung. Sie hängen mit Ausdauer an ihren aufgesetzten Gefühlen – Mut, Selbständigkeit, Anständigkeit, Liebenswürdigkeit, Gerechtigkeit, Selbstbeherrschung, Ausgeglichenheit usw. Diese Tugenden treten nämlich oft als Ersatz an die Stelle echter Gefühle wie Verletztsein, Wut, Angst, Trauer. Oder sie ersetzen spontane Impulse wie übersprudelnde Fröhlichkeit und sexuelle Lust, die einfach dadurch entstehen, daß man lebendig ist. So ein Tugendmantel, der Lebendigkeit und Echtheit keusch verbirgt, ist dann vielleicht mit Sprüchen gesäumt wie »Froh erfülle deine Pflicht«, »Lerne leiden ohne zu klagen« oder »Phantasie – das ist doch albern; wozu soll das gut sein?«
So ein Lokal-Othello findet seine Desdemona wahrscheinlich in der Nachbarschaft. Eine Weile ist er mit ihr »glücklich«. Doch es bedarf nicht unbedingt eines Intriganten wie Jago, um solch eine Beziehung zu gefährden. Die Geburt von Kindern, ihr Heranwachsen, Trennungen aufgrund beruflicher oder anderer Veränderungen können ebenso schädlich sein für das empfindliche Gleichgewicht einer Beziehung, die allzu sehr auf komplementäre Streichelkontakte für Ersatzgefühle gegründet ist. Außerdem ist nicht gesagt, daß beide Partner stets gleich stark in der Ausbeutungsbeziehung engagiert sind, da es individuelle Unterschiede gibt. Doch jemand, der wie Othello so viele unterdrückte Gefühle verleugnet, ist in jedem Fall besonders auf diesen Mechanismus angewiesen.

Wenn Desdemona »Emma« liest

In Shakespeare's Stück bleibt Desdemona bis ans Ende Othello und der gegenseitigen Gefühlsausbeutung völlig treu. Die Panik, aus der heraus Othello mordet, hat Jago ausgelöst, nicht Desdemonas Verhalten. Eine moderne Desdemona allerdings könnte die Panik des Partners durchaus mit ihrem eigenen Verhalten auslösen. Stellen wir uns einmal vor: wie sie sich einer Frauenselbsterfahrungsgruppe anschließt und bei anderen Gefühle und Vorstellungen bemerkt, die sie bislang vor sich selbst verborgen gehalten hatte, weggesteckt durch Ersatzgefühle wie totale Unterwerfung, Hilflosigkeit, Depression, Erschöpfung usw. Möglicherweise fängt sie jetzt an, ihre geheimen Wünsche nach Selbstverwirklichung zu entdek-

ken, ihre sexuellen Bedürfnisse oder auch ihre Sehnsucht nach Abenteuern. Selbst Shakespeare's Desdemona läßt eine solche Versuchung nicht kalt. Im Gespräch mit ihrer Zofe Emilia keimt erste, schüchterne Neugierde, was andere Frauen wohl sexuell empfinden mögen. Emilia gibt unverblümt zu verstehen: »Sie (d.h. die Männer) sollen's wissen, wir haben Sinne auch, wir sehn und riechen, wir haben einen Gaum für süß und herbe, wie unsre Männer . . . und haben wir nicht Leidenschaft, nicht Hang zur Lust, und Schwachheit gleich den Männern?«
Desdemona ist ganz verwirrt von der Vorstellung, daß manche Frauen »mit mehr Männern zu Bett gehn« als nur mit ihrem Ehemann. Ganz und gar Gefangene ihrer Ersatzgefühle, besteht sie schnell darauf: »Ich will des Todes sein, tät' ich solch Unrecht auch um die ganze Welt.« Damit demonstriert sie die typische Verwirrung eines von Ersatzgefühlen beherrschten Menschen: sie verwechselt den Wunsch nach Wissen mit der vollbrachten Tat. Trotz allem, was sie eben gehört hat, versucht Desdemona ihre sexuelle Neugier zu verdrängen: »Ich glaube doch, es gibt kein solches Weib.«
Eine moderne Desdemona dagegen wäre vermutlich weniger zurückhaltend, sie würde mit solchen Möglichkeiten experimentieren, in ihrer Phantasie oder in der Realität. Auch würde sie bald die Unterstützung einer modernen Emilia finden. Dadurch verringert sich vielleicht auch ihr bisheriges Bedürfnis nach Ersatzgefühlen. Möglicherweise wird sie mit der Zeit so unabhängig, daß sie sogar bereit wäre, ihren Othello zu verlassen, wenn die Beziehung mit ihm nicht mehr bringt als bloß Streichelaustausch für Ersatzgefühle.

Psychiatrie oder Gefängnis – Othellos Wahl heute?

Ein moderner Othello, mit der Entwicklung seiner Partnerin konfrontiert, würde zunächst wohl ganz wie sein klassisches Vorbild reagieren, als der in Krämpfen lag. Er würde wahrscheinlich in sein Kind-Ich flüchten: verzweifelt zusammenbrechen, vielleicht sogar in psychotische Zustände geraten, Mordandrohungen ausstoßen. Verließe ihn seine Frau tatsächlich, könnte er im Selbstmord enden. Würde ihm zur rechten Zeit die richtige Hilfe zuteil, könnte sein Zusammenbruch dagegen der erste Schritt auf dem Weg zur Gesundung sein – wenn er in kundige therapeutische Hände gelänge. Mit deren Unterstützung könnte er anfangen, das Knäuel unklarer, unbewußter Gefühle in seinem Kind-Ich zu entwirren. Er könnte beginnen wahrzunehmen, was in seinem Inneren vorgeht. Er würde lernen, mit seinen Gefühlen zurechtzukommen, indem er sie zuerst in einer belastungsfreien Situation auszudrücken wagt. Nach einer Weile wäre er dann in der Lage, sein Verhalten mit Hilfe des Erwachsenen-Ichs zu steuern (und weniger mit seinem Eltern-Ich).

Menschen, die wie Othello aus den Fugen geraten sind, werden heute schnell in eine Klinik verfrachtet oder in psychiatrische Behandlung überwiesen. So will man sie vor der Kurzschlußhandlung Selbstmord bewahren. Was meistens fehlt, ist erfolgversprechende therapeutische Hilfe, die es ihnen ermöglicht, *danach* einsichtig zu handeln. Entweder pumpt man sie mit Medikamenten voll oder setzt sie unter Elektroschock. Vielleicht versucht man es auch mit gutgemeintem Zureden – mit demselben Effekt, den Jagos Anläufe bei Othello hatten. Alle diese Versuche stellen dieselbe Form von »Kontrolle« durch das Eltern-Ich wieder her, die dem Zusammenbruch vorangegangen ist. Die zurückgewonnene »Kontrolle« des Verhaltens ohne innere Einsicht kann am Ende zu einem »Verbrechen aus Leidenschaft« oder zu Selbstmord führen wie bei Othello, als er sich scheinbar von seinen Anfällen »erholt« hatte – und sich zur Bluttat entschloß.

Desdemona steht für die zahllosen mißhandelten Frauen, von denen wir immer wieder hören und lesen. Sie haben versucht, sich ein klein wenig zu emanzipieren. Doch hatten sie nicht die Mittel, ihr Ziel auch zu erreichen. Schuld daran sind entweder eigene Ersatzgefühle, die sie daran hindern, ihr Erwachsenen-Ich effektiv einzusetzen (wie bei Desdemona). Oder es fehlen die gesellschaftlichen Alternativen zu der ihnen aufgezwungenen Rolle. In diesem Augenblick, während Sie diese Sätze lesen, greift mancher »mutige« Othello von heute zum Telefonhörer und gesteht der Polizei, er habe seine Frau oder Freundin im Affekt getötet, weil sie »versagt« hätte. Hinter solchen Taten steht wohl, daß die Partnerin seinen Ersatzgefühlen nicht mehr ausreichend Aufmerksamkeit schenkte. Seine Männlichkeit, seine Potenz, sein Durchsetzungsvermögen, egal was, verlangte unablässig nach Streichelkontakten, um jene namenlosen Gefühle zuzudecken, die unter der Oberfläche glimmen. Schließlich brachen sie explosionsartig hervor und richteten sich ausgerechnet gegen den Menschen, dessen unablässige kindliche Bewunderung die Selbstbeherrschung aufrechterhalten zu haben schien.

Als gebe es nur zwei Möglichkeiten

Gefühlsausbeuter dritten Grades handeln so, als hätten sie nur eine von zwei unglückseligen Alternativen, wenn sie den Verlust des Partners befürchten: Kampf oder Flucht, in schnellem Wechsel. Wobei in beiden Fällen genau diejenigen Gefühle mit aller Gewalt in gefährliches Verhalten umzuschlagen drohen, die zuvor von den eigenen Ersatzgefühlen und mit Hilfe der Streichelzuwendung des anderen niedergehalten wurden. Othellos Beispiel zeigt uns, wie dramatisch das bei einem Typ 2 abläuft. Aber auch ein extremer Gefühlsausbeuter vom Typ 1, normalerweise eher passiv und abhängig, kann Kandidat für einen Selbstmordversuch sein – oder wie Desdemona ein williges Opfer (weil sie in ihrer gefühlsausbeutenden Grundeinstellung verharrte). Ein Mensch vom Typ 1 schlägt bei der Vorstellung, den Partner zu verlieren, ins Gegenteil der bisherigen angepaßten Kind-Ich-Haltung um (eine Alternative, die Desdemona nicht wahrnahm, weil sie sich den Verlust des Geliebten gar nicht vorstellen konnte). So jemand könnte, mit einem überheblichen, selbstgerechten Eltern-Ich ausgestattet, reagieren wie der Wurm, der sich aufbäumt: er wendet sich plötzlich aggressiv gegen den Partner oder wer sonst gerade da ist. Doch schon einige Minuten später würde diese Person wieder in ihre gewohnte Grundeinstellung zurückfallen und als angepaßtes Kind-Ich um Entschuldigung und Bestrafung bitten. Der Todesschütze aus Texas und Jean Harris sind Belege dafür, und – etwas weniger dramatisch – auch Anne auf der Party mit ihren schlagartigen Verhaltenswechseln. Der Gefühlsausbeuter dritten Grades verhält sich so, als bestünde für ihn nur eine von zwei tragischen Alternativen. Das Erwachsenen-Ich weiß: es gibt immer noch einen anderen Ausweg aus der Geschichte.

14. Die dritte Partei

»Die ganze Welt ist eine Bühne . . .«
(Shakespeare)

Der Dritte im Bunde

Kein Paar ist allein auf der Welt. So eng eine Partnerschaft auch sein mag, die beiden kommen immer auch noch mit anderen Menschen zusammen. Das gilt für »normale« Leute ebenso wie für Gefühlsausbeuter. Täglich entstehen, für kürzere oder längere Zeit, mehr oder weniger intensiv, Kontakte (und Streichelaustausch) zu Personen außerhalb der Zweierbeziehung: in Familie und Beruf, beim Einkaufen, auf dem Sportplatz oder am Urlaubsort. Kinder, Großeltern, Verwandte und Freunde, Vorgesetzte, Kollegen und Kunden, aber auch Fremde wie Pfarrer, Rechtsanwalt, Ärztin oder Putzfrau, mit wem immer wir geschäftlich, beruflich oder privat in Verbindung stehen – jeder kann zu gegebener Zeit für einen oder beide Partner zur »dritten Partei« werden.

Für eine gute Partnerschaft sind »dritte Parteien« keine Bedrohung. Im Gegenteil, sie stellen eine Bereicherung dar. Gemeinsame Freunde sind ein Vorteil für die Beziehung, kein Nachteil. »Dritte Partei« besagt also: auch wenn eine im Kern stabile Partnerschaft besteht, in der die beiden am meisten voneinander haben, gibt es noch Streichelkontakte zu Menschen außerhalb – für einen oder für beide. (Der Liebhaber, den ein Partner oder beide in manchen Ehen haben, ist natürlich ebenso eine wichtige »dritte Partei«.)

Übrigens: auch wenn zwei Personen ganz allein sind, kann in ihrem Gespräch eine »dritte Partei« eine Rolle spielen. Als Beispiel stellen wir uns zwei Arbeitskollegen vor. Während ihrer gemeinsamen Tätigkeit befinden sie sich im Erwachsenen-Ich. Da fällt dem einen plötzlich ein Witz ein und er erzählt ihn. Damit tritt für diesen Augenblick das spontane Kind-Ich in den Vordergrund. Der andere genießt die Geschichte ebenfalls mit seinem spontanen Kind-Ich. Sie lachen – und es kommt für einen Moment zu einer gewissen Intimität. Nach einer Weile mischt sich vielleicht ein Eltern-Ich ein und erinnert daran, daß die Arbeit drängt. Darauf kehren beide ins Erwachsenen-Ich zurück, um ihr Pensum fertigzubekommen, wenn bei einem das Kind-Ich auch noch etwas zögert. Aber der Wechsel hat zur Entspannung verholfen, und möglicherweise kommt das Eltern-Ich mittendrin auf die gute Idee: Wenn wir die Arbeit schnell hinter uns bringen, können wir uns wiederum einen Spaß leisten.

Wenn die beiden Partner einigermaßen selbständige Persönlichkeiten sind und flexibel in ihren Transaktionen, dann bringt es also Abwechslung und Nutzen, wenn man mal in einen anderen Ich-Zustand geht. Wie ist das jedoch bei einer belasteten Beziehung? Etwa zwischen zwei Gefühlsausbeutern, die unecht miteinander verkehren? Da kann ein solcher Wechsel, wie wir wissen, im anderen Partner eine Kampf/Flucht-Reaktion auslösen; er weckt möglicherweise das »berechtigte« Verlangen, sich nunmehr bei einer »dritten Partei« die Streichelzuwendung zu holen, die der bisherige Partner versagte. Worauf ich hier aufmerksam machen will, ist: die angestaute Wut muß sich nicht unbedingt gegen den bisherigen Partner richten. Sie entlädt sich oft gegenüber der »dritten Partei«, z.B. dem Kind, dem Liebhaber, dem Eheberater, die damit zum Opfer der krankhaften Beziehung werden.

Kommen wir noch einmal auf Inge und Fred aus dem ersten Kapitel zurück. Inge und Fred gerieten in Streit – beim Einparken in die Garage war das Fahrrad des Jungen im Weg. Mal angenommen, ihr Sohn Robbi erscheint gerade jetzt auf der Bildfläche. Inge setzt infolge eines Kampf/Flucht-Umschwungs mit ihrem ärgerlichen Eltern-Ich gerade dazu an, Fred wegen seines falschen Rates auszuschimpfen. Und Fred, noch immer in seinem gewohnten Eltern-Ich, aber ebenfalls verärgert, ist nahe dabei, ins gekränkte, schuldbewußte Kind-Ich zu verfallen. Doch auf einmal steht Robbi in der Tür! Nun ist jemand da, auf den sich die Wut der Eltern richten kann. Auf diese Weise brauchen sie ihre Beziehung nicht weiter zu belasten. Während sie beide Robbi ausschimpfen und *ihm* die negativen Streichelkontakte zukommen lassen, befreien sich Inge und Fred vorübergehend vom Druck ihrer aufgewühlten Gefühle. Beide befinden sich im ärgerlichen Eltern-Ich (denn als Typ 1 hatte Inge schneller ihren Ich-Zustand geändert als Fred, der als Typ 2 etwas länger in seinem typischen Ich-Zustand verharrte). Daher können sie kurzfristig die Allianz zweier Eltern-Ichs gegen Robbi als »dritte Partei« genießen und sich entlasten. Anschließend beruhigt sich Inge wieder. Ihrem »berechtigten« Ärger hat ihr Eltern-Ich Ausdruck verliehen, ohne daß sie ihrer eigenen Verantwortung inne zu werden brauchte. So kann sie leicht Fred gegenüber wieder in ihre Typ 1-Einstellung zurückkehren. Sie versucht sogar, ihn zu besänftigen: er möge mit Robbi nicht zu streng verfahren. Und Fred verspricht ihr großzügig, auf ihren Wunsch einzugehen, wenn nur der Junge seinen Fehler einsieht (d.h. wenn sich der Junge ihm unterwirft). Wir wissen nicht, wie Robbi reagiert. In jedem Fall war er im kritischen Moment ein »Retter«, der seine Eltern vor weiterem Streit bewahrte. Das ging aber auf seine Kosten, und damit wurde er gleich darauf ihr »Opfer«.

Retter, Verfolger, Opfer – Drama ohne Ende

Der Transaktionsanalytiker Steve Karpman hat den Einfall gehabt, krankhafte Beziehungen mit einem »Drama« zu vergleichen, in dem es drei mögliche Rollenzustände gibt: Verfolger, Opfer und Retter. Die Wirkung und Spannung des Dramas besteht darin, daß in seinem Verlauf die Hauptfiguren von einem Rollenzustand zum anderen wechseln. So wird z.B. der Verfolger zum Retter und das Opfer zum Verfolger in einer Sequenz, die er als »Drama-Dreieck« bezeichnet[1].

Auch zwei Personen allein können dieses Drama spielen, mit seiner Dynamik und seinen Wechseln. Inge beispielsweise, die beim Fahren ganz aufgeregt ist, beginnt als »Opfer«. Fred wird beim Einparken zum »Retter«, dann durch seinen schlechten Rat zum »Verfolger«. Darauf übernimmt Inge im Umschwung, mit ihrer Kritik an Fred, die Rolle des Verfolgers. Nunmehr könnte er im Rückzug auf das schuldbewußte traurige Kind-Ich zum Opfer und sie zum Retter werden, indem sie die Beziehung wieder herstellt.

Nimmt man Robbi hinzu, verteilen sich die Rollen anders. Zunächst ist er (in Abwesenheit, durch sein Fahrrad) Verfolger, wird mit seinem Erscheinen zum Retter und schließlich zum Opfer. Der ganze Zyklus des Dreieckumlaufs geht also hauptsächlich auf seine Kosten. Inge und Fred

1. Die Rollenzustände, wie sie hier als Retter, Verfolger und Opfer im Drama-Dreieck beschrieben werden, unterscheiden sich von den Ich-Zuständen und natürlich auch von den Rollen (sozial, beruflich und Kontraktrolle), auf die wir in Kap. 4 eingegangen sind.

dagegen brauchen bis auf ein paar unangenehme Augenblicke, die schnell wieder vergessen sind, die eigene Beziehung nicht weiter zu strapazieren. Ihr Ärger richtet sich mit aller Energie gegen Robbi. Als Abwechslung von ihrem sonstigen Transaktionsmuster können sie sogar für eine Weile die Übereinstimmung ihrer beiden Eltern-Ichs genießen: da sind sie sich einig und ihrem Sohn gegenüber überlegen.

Auf die gleiche Art läßt sich die Dynamik zwischen Anne und Benno verstehen. Wir hatten ihre Beziehung in den Kap. 6 und 12 dargestellt. Anne beginnt als Opfer – das ist typisch für Typ 1 – und Benno als Retter – das ist typisch für Typ 2. Dann wird Benno, von Annes gefühlsausbeutendem Standpunkt her gesehen, zum Verfolger, weil er sich anderen zuwendet. Daraufhin wechselt sie mit ihrer Kritik an ihm in die Rolle des Verfolgers, wodurch er wieder zum Opfer wird. Indem sie sich entschuldigt, gerät Anne in die Position des Retters, und auch Benno wird zum Retter, weil er die Entschuldigung annimmt.

In diesem Moment der Entspannung, in dem beide einander Retter sind, entsteht eine Pseudo-Intimität, die solche Menschen häufig für kurze Zeit in besonderem Maße verbindet. Ähnliches geschieht, wenn sich zwei Personen für eine Weile als Verfolger eines Dritten oder als Opfer vereinigt sehen. Es ist keine echte Intimität, die ja Spontaneität voraussetzt; aber für Leute, die hauptsächlich mit Ersatzgefühlen umgehen, ist dies das Höchstmaß an Intimität, das sie empfinden können.

Freilich, die Partnerschaft von Anne und Benno als beiderseitigen Rettern hat keinen langen Bestand. Conny kommt hinzu (in Annes Augen möglicherweise ein »besserer« Retter). Mit ihrem Angriff und Aufbruch wechselt sie Benno gegenüber in die Position des Verfolgers, und er wird zum Opfer. Conny selbst hat sich indessen nicht in dieses Dreieck eingelassen. Dadurch, daß er der Opferrolle entronnen ist, in die Anne ihn nötigen wollte, sieht sie ihn als Verfolger und sich als Opfer, worauf sie wieder Benno als Retter wählt. Bei ihrer Rückkehr wird sie Benno gegenüber zum Retter, und für eine gewisse Zeit sind sie beide in dieser Retter-Position vereinigt. Jetzt reden sich Anne und Benno vielleicht ein, sie könnten in eins verschmelzen, und alles zwischen ihnen sei in bester Ordnung. Unversehens fallen sie dabei in ihr gegenseitiges typgemäßes Gefühlsausbeuten zurück – bis zur nächsten Runde im Drama-Dreieck.

Theaterstücke zeigen ähnliche Abläufe, sie sind nur besser geschrieben. In der »Antigone« des Sophokles ist zu Beginn der tote Bruder das Opfer und König Kreon der Verfolger. Antigone will als Retter handeln: die Leiche des Bruders soll ordentlich bestattet werden. Dadurch wird sie zum Verfolger des Königs, der nicht Opfer bleiben, d.h. durch Auflehnung gegen seine Weisungen beschämt sein will. Stattdessen versucht er, Antigones Retter zu werden. Er gibt ihr Ratschläge und will sie mit seinem Sohn verheiraten. Das aber gelingt ihm nicht, und so wird er zum Verfolger Antigones und sie zum Opfer, dazu verurteilt, lebendig eingemauert zu werden. Am Ende jedoch übernimmt Kreons Sohn gleichfalls die Rolle des Opfers: er geht mit Antigone zusammen in den Tod. Damit wird auch der König zum Opfer, weil er seinen Sohn verliert. Am Schluß sind also alle zu Opfern geworden.
Dies ist das Grundmuster der meisten griechischen Tragödien: die Götter vereinen sich als »Eltern« und betätigen sich als (verborgene) Verfolger der Menschenkinder. Für die Menschen bleibt am Ende nur die Opferrolle, auch wenn sich die Götter dann und wann gnädig als Retter herablassen. In die Opferrolle lassen die Götter sich nicht hineinziehen. Eben deshalb bildet Jesus eine so hervorragende Ausnahme!
Im »König Ödipus« des Sophokles war Ödipus Verfolger seines Vaters. Er hat ihn auf dem Weg zur Stadt getötet. So wurde der Vater Opfer, nachdem er zuvor Verfolger gewesen war, der seinen Sohn als Opfer wollte. Das geschah vor Beginn der Handlung. Das Schauspiel selbst zeigt eingangs die Stadt als Opfer der Sphinx. Ödipus wird der Retter der Stadt, weil er das Rätsel lösen kann, und zum Verfolger der Sphinx, die sein Opfer wird und stirbt. Ödipus heiratet nun die Königin Jokaste, mit der er (wie Anne und Benno) in der gegenseitigen Retterrolle für eine gewisse Zeit »glücklich« vereint ist. (Jokaste war in früherer Zeit Opfer als Mutter, die ihren Sohn verloren hatte, und als Herrin der Stadt, die von der Sphinx bedroht wurde. Jetzt ist sie für Ödipus Retterin, denn sie macht ihn mit dieser Heirat zum König.) Doch eben dadurch werden beide, ohne es zu wissen, zu Verfolgern der Stadt. Ihr ahnungsloser Inzest schlägt auf die Stadt zurück, die, von den Göttern bestraft, wiederum zum Opfer wird. Als Jokaste die Wahrheit erfährt, erhängt sie sich und kehrt damit wieder in die Opferrolle zurück. Ihre Leiche wird für Ödipus zum Verfolger; sowie er sie erblickt, überkommt ihn die Einsicht. Er blendet

sich (um nicht mehr sehen zu müssen) – so wird auch er ein Opfer, aber als Typ 2 mit Bewußtsein, wie Antigone, und in der Verzweiflung ähnlich wie Othello.

Für die griechischen Tragödien ist kennzeichnend: der tragische Konflikt kommt stets dadurch zustande, daß Heldin oder Held, wie bewundernswert sie auch sein mögen, einen »blinden Fleck« haben. Etwas in ihnen oder über ihnen sehen sie nicht oder begreifen sie nicht. Andere (z.B. der blinde Seher Tiresias im »Ödipus« oder der Chor in der »Antigone«) »sehen« es und versuchen sogar wiederholt den Held oder die Heldin zur nötigen »Einsicht« zu bewegen (ähnlich wie erfolglose Therapeuten, denen ihre Klienten keinen Glauben schenken, wenn sie bestimmte präsentierte Gefühle als Ersatzgefühle bezeichnen).

In der Tat, der Mechanismus, echte Gefühle unter Ersatzgefühlen zu verbergen, ursprüngliche Impulse bei sich nicht »einzusehen« – das entspricht genau jenem »blinden Fleck« in den griechischen Tragödien. Antigone konnte ihren Ehrgeiz nicht erkennen. Sie wußte nicht, was sich dahinter verbarg. Ödipus war sich seiner impulsiven mörderischen Wünsche nicht bewußt. Sie waren von Ehrlichkeit, Klugheit und Gerechtigkeitssinn überdeckt. Sie gewannen dann aber wie »zufällig« die Oberhand, als er mit einem Fremden in Händel geriet und diesen tötete, ohne zu ahnen, daß es sein Vater war.

Maria Braun, Othello, King Lear – blinde Flecken auch hier

Auch Maria in Faßbinders Film »Die Ehe der Maria Braun« (der in Kapitel 4 schon einmal auftauchte) hat wie Antigone einen »blinden Fleck«, den sie mit Ehrgeiz und Aktivität verdeckt. Handelt es sich um uneingestandene Ängste, um Konkurrenzgefühle oder um Scheu vor ihrer Weiblichkeit? Der Film liefert uns nicht genug Anhaltspunkte für begründete Vermutungen. So wissen wir z.B. nichts von Marias Vater und ihrer Kindheitsbeziehung zu ihm (dagegen wissen wir manches von Antigone). Der Film gibt aber die Bewegung zwischen den drei Rollen (Retter – Verfolger – Opfer) klar zu erkennen. Maria beginnt als Opfer, sie verliert ja ihren Ehemann. Dann wird sie Verfolger/Retter gegenüber ihrer Mutter. Danach erscheint der Liebhaber als Retter (gewissermaßen als »dritte Partei«). Er selbst ist nicht unbedingt ein Gefühlsausbeuter, wird jedoch, ohne es zu wissen, in das Dreieck der Beziehungen einbezogen und muß dafür leiden, als der verschwundene Ehemann zurückkommt. Dieser wird durch sein Auftreten zum Verfolger, aber Maria nimmt ihm diese Rolle ab, indem sie den Liebhaber tötet, der damit zum (unschuldigen) Opfer wird. Jetzt soll Maria vor Gericht Opfer sein, aber ihr Mann tritt als Retter an ihre Stelle. Er nimmt die Schuld auf sich, und dadurch wird er zum Opfer. Maria will danach wieder Retter werden und es bleiben. Um so bitterer ist kurz vor dem Ende die Erkenntnis für sie, daß sie eigentlich dem Komplott der beiden Männer, des Gatten und des Liebhabers, zum Opfer gefallen war, die sich als Retter und Verfolger zusammengetan hatten. Am Ende sind, wie in einer griechischen Tragödie, alle tot – alle sind dem Schicksal zum Opfer gefallen.

Ähnlich dem Liebhaber in »Die Ehe der Maria Braun« gerät Kreons Sohn dadurch ins Dreieck zwischen Antigone und Kreon, daß er Antigone liebt. Vielleicht ist er ein Typ 1, weil er sich zu Antigone (Typ 2) hingezogen fühlt. Er geht also nicht unbedingt mit Ersatzgefühlen um. Gleichwohl läßt er sich in das Drama verwickeln, will er doch ihr Retter werden und sie heiraten. Am Ende gerät er ebenfalls in die Rolle des Opfers und geht mit ihr in den Tod. (Ebenso kehrt Jokaste aufgrund ihrer Ehe mit Ödipus in die Opferrolle zurück; aber sie ist die alternative Heldin des Stücks, daher kommt es bei ihr ebenfalls durch einen »blinden Fleck« zur Tragödie.)

Shakespeare's Dramen bieten nicht minder reichlich Gelegenheit, beim Helden den »blinden Fleck« wahrzunehmen, der sie und andere letztlich scheitern läßt. Shakespeare zeichnet von seinen Hauptfiguren ein charakteristisches Bild. So läßt sich hinter den verschiedenen Rollen bei *jedem* der Typ klar erkennen. Das haben wir schon im vorangegangenen Kapitel an »Othello« feststellen können. Außerdem können wir in seinen Stücken gut den Wechsel des Retter-Verfolger-Opfer-Spiels zwischen den Hauptpersonen verfolgen. Zunächst könnte man denken, im »Othello« sei die Einteilung der Rollenzustände ganz einfach: Jago ist der ständige Verfolger und Desdemona das ausschließliche Opfer. Doch *gefühlsmäßig*, unter dem Blickwinkel der Beteiligten, sieht es ganz anders aus. Zu Beginn ist Desdemona Othellos »Retter« (sie liebt ihn, den bisher Ungeliebten). Er ist aber auch ihr Retter (aus der langweiligen Obhut ihres Vaters). So kommt es zwischen beiden zur »Einigung« im gemeinsamen Retterzustand (wie bei Ödipus und Jokaste, oder Anne und Benno, nachdem Conny fortgegangen ist). Dabei wird Desdemonas Vater, der zunächst ihr Retter war, zu ihrem Verfolger und schließlich zu ihrem Opfer (weil er sie durch den Gerichtsspruch verliert). Hier setzt das eigentliche Drama ein: die liebreizende Desdemona wird zum Verfolger (ihres Vaters). Das Drama entwickelt sich in dem Moment, in dem Jago als Opfer auftritt (Othello ist sein Verfolger, weil er ihm nicht den erwünschten Posten verschaffte), während Desdemona weiterhin Othellos Retterin ist (sie versüßt ihm bei allen Sorgen das Leben auf Zypern). Doch dann wechselt Jago in die Rolle des Retters gegenüber Othello (auch wenn er damit ein heuchlerisches Spiel treibt). Er redet diesem ein, er würde betrogen, und verwandelt sich damit in Desdemonas Verfolger. Othello wird, indem er Jago Glauben schenkt, zum Opfer, dann aus verletzter Ehre selber zum Verfolger Desdemonas, die seiner Rache zum Opfer fällt. Vor ihrem Tode ist sie jedoch für einen Moment Retterin (freilich mit einem zusätzlichen Opfer): sie verzichtet darauf, Othello zu beschuldigen, und will ihn so vor der Mordanklage schützen. Da tritt Emilia als Verfolgerin auf, und Othello sowie Jago werden zu Opfern. Dem sterbenden Othello gelingt es allerdings noch, sich als Retter der Stadt Venedig in Erinnerung zu rufen. Man könnte also sagen: er redet mit Desdemona nicht nur im gemeinsamen Opferzustand, sondern ist mit ihr zugleich im ursprünglichen Retterzustand vereinigt (etwa wie Ödipus und Jokaste, die am Ende durch ihr Opfer die Stadt gerettet haben).

Auch Shakespeare's »König Lear« ist ein Drama im Dreieck von Retter, Verfolger und Opfer. Überdies gibt es dort eine »dritte Partei« – Cordelia, die wegen der Ersatzgefühle ihres Vaters, aber auch durch ihr Auftreten als Retterin (Typ 2) als Opfer endet. An König Lear läßt sich aber auch der Gegensatz zwischen Typ und sozialer Rolle studieren. Als Vater und König befindet er sich in einer Machtrolle. Zugleich ist er ein Gefühlsausbeuter vom Typ 1 mit Ersatzgefühlen wie Liebe, Gutmütigkeit und Vertrauensseligkeit, die übermäßige Abhängigkeit, Egoismus und ein Verlangen nach Schmeichelei verbergen (das ist sozusagen sein »blinder Fleck«). Er tritt auf als Retter seiner Töchter, denen er sein Vermögen übertragen will, verwandelt sich jedoch in den Verfolger seiner jüngsten Tochter Cordelia. Sie mag ihm nicht schmeicheln wie die anderen, und er enterbt sie deshalb. Doch dann wird er selber zum Opfer der zwei älteren Töchter: die haben sein Erbe erhalten, kümmern sich aber nicht weiter um ihn, schließlich werden sie sogar seine Verfolgerinnen. Die unschuldige Cordelia begibt sich darauf in die Rolle der Retterin (und der »dritten Partei«) und stirbt am Ende, dem »blinden Fleck« ihres Vaters zum Opfer gefallen.

Typ 1 und 2 im Drama-Karussell

Die Beispiele zeigen: In dramatischen Beziehungen, in dramatischen Situationen dreht sich das Drama-Karussell Retter-Verfolger-Opfer. *Daß* sich dieses Karussell bewegt, hat mit dem Typ der Beteiligten nichts zu tun. Typ 1 steigt ebenso ein wie Typ 2. Bedingung ist nur, daß einer (oder auch mehrere) einen »blinden Fleck« haben. Verschieden ist allerdings, *wie* der einzelne sich dem Drama-Dreieck einfügt, auch wenn er der »unschuldige Dritte« ist. Im einzelnen unterscheiden sich die Persönlichkeitstypen darin, wie sie die Beteiligung am Drama empfinden, und wieviel Zeit sie im einen oder anderen Rollenzustand verbringen.

Personen vom Typ 2 – ob Gefühlsausbeuter oder nicht – bleiben länger im Rollenzustand des Verfolgers oder Retters als in dem des Opfers. Dafür fallen sie um so jäher und dramatischer in die Opferrolle, sei es aufgrund der momentanen Situation oder weil sie die anderen Beteiligten nicht weiter im Griff haben (z.B. Maria Braun, Ödipus, Antigone), sei es weil sie selbst in Verzweiflung umkippen (wie Othello). Dagegen werden Personen vom Typ 1 länger in der Opferrolle verweilen, ja sie sogar wählen (z.B. Lear). Dabei kann es manchmal sein, daß sie zuvor vorübergehend eine Typ 1-Retterrolle angenommen hatten, die anders ist als die bestimmende Retterrolle des Typs 2 (z.B. Maria Brauns Mann, Desdemona, Jokaste).

In die Tragödien, die sich durch den »blinden Fleck« eines oder mehrerer Beteiligter im Drama-Dreieck ergeben, werden oft aber auch unschuldige »Dritte« absichtlich oder unabsichtlich hineingezogen. (Beispiele sind: Maria Brauns Liebhaber, Kreons Sohn in der »Antigone«, die Stadt im »König Ödipus«.) Manchmal möchten sie Retter sein, können sich dann aber nur schwer oder überhaupt nicht mehr aus den Verwicklungen lösen, da sie selber nicht durchschauen, in was sie hineingeraten sind.

Im täglichen Leben geschieht es oft, daß ein Partner, der in einer gefühlsausbeutenden Beziehung lebt, einen Liebhaber findet, der sich in den Rollenwechsel des Drama-Dreiecks hineinziehen läßt und als Opfer endet. Entweder wird er aus Rache getötet oder – wenn es weniger tragisch zugeht – von beiden Partnern betrogen und ausgenützt. Ausgenützt werden auch nicht selten Eheberater und Pfarrer. Sie geraten leicht manchmal aufgrund ihrer starken Rettertendenzen (ob als Typ 1 oder Typ 2) und relativ unschuldig in ein Drama-Dreieck zwischen zwei gefühlsausbeutenden Partnern. Haben sie wenig Erfahrung, sich zu schützen, dann verbrauchen sie ihre Zeit und Energie mit den Streitereien der beiden, die sich währenddessen – wenn auch negativ – »streicheln«. Am Ende ist der Berater übermüdet und frustriert. Die zwei Partner jedoch sind »vereinigt« in der Pseudo-Intimität als Verfolger. Sie stimmen miteinander in der Ansicht überein, daß der Berater »nichts taugt«. Oder sie übernehmen sogar einmütig die Retterrolle und beschließen, den »armen« Berater, der nichts begreift, nicht zu kränken. So mag die Beratung für kurze Zeit »erfolgreich« erscheinen. Doch der Erfolg ist leider nicht von Dauer. Und das alles geht übermäßig auf Kosten des Beraters, der dabei zum Opfer wurde.

Die Kartoffel, die in den Fingern brennt

In Amerika gibt es ein Kinderspiel, das »Heiße Kartoffel« heißt. Es geht so: Im Kreis wird eine »heiße Kartoffel« hin und her geworfen, solange die Musik spielt. Bricht die Musik ab, ist derjenige der Verlierer, der gerade als letzter die »heiße Kartoffel« aufgefangen hatte. Alle anderen atmen erleichtert auf – sie sind der Gefahr entkommen zu verlieren. Deutsche Leser kennen die Spielidee wahrscheinlich vom Kartenspiel »Schwarzer Peter« her. – Kinderspiele wie auch Märchen zeichnen gewöhnlich tiefgreifende dynamische Lebensprozesse nach. In diesem Spiel wird man vorübergehend »von Angst befreit«, wenn ein anderer den »Schwarzen Peter« (der Probleme, Gefahr usw. symbolisiert) zieht und später damit »erwischt« wird – so wie in uralten Zeiten ein »Sündenbock« rituell getötet wurde. Der Sündenbock hatte die Verfehlungen der Gemeinschaft auf sich zu nehmen. Er wurde »bestraft« und geopfert, um die anderen zu entlasten (bis zum nächsten Mal). Der Sündenbock ist demnach eine »dritte Partei«, die für die Schuld (oder Verfehlungen oder den blinden Fleck) *anderer* geopfert wird und selber unschuldig ist. Ursprünglich war es auch nicht ein Bock, sondern ein Mensch, der möglichst »rein« und von den Opfernden geliebt sein sollte (z.B. Iphigenie oder Isaak). Auch Christi Tod am Kreuz wird so gedeutet, daß der Mensch durch dieses Opfer von eigener Schuld befreit leben darf.
Leider werden auch heute noch immer wieder unschuldige Menschen als »Sündenböcke« bzw. als »dritte Partei« in die kranken Beziehungen anderer einbezogen. Ich denke etwa an die vielen Kinder, die von ihren sie »liebenden« Eltern mißhandelt werden, bis hin zu tödlichen Folgen, weil diese Eltern mit ihren eigenen Gefühlen und Problemen nicht zurecht

kommen. Hier möchte ich hauptsächlich an die psychischen Schäden erinnern. Viele Kinder werden auf subtile Weise in negativer Richtung beeinflußt, um die »heiße Kartoffel« der Eltern (oder auch der Lehrer, Nachbarn, Therapeuten usw.) zu übernehmen. Den eigentlichen Verantwortlichen ist ihr »blinder Fleck« zu heiß. Lieber geben sie ihr Problem an jemand weiter, der leicht beeinflußbar ist – in der allerdings vergeblichen Hoffnung, sie könnten damit ihre eigenen Belastungen los werden.
Cordelia im »König Lear«, auf den wir bereits oben zu sprechen gekommen waren, ist so ein Beispiel: eine schon erwachsene junge Frau, die mit ihren Gefühlen aber immer noch an den Vater gebunden ist, der seine eigenen »blinden Flecken« mißachtet, so daß sie ihm zum Opfer fällt. Noch unschuldiger ist Iphigenie, die überhaupt keine Wahl hatte und des Vaters wegen geopfert wird.

Kinder-Selbstmord und -Kriminalität – Geheimauftrag der Eltern?

In vielen Fällen ist der »schwarze Peter«, den Kinder übernehmen, die Tendenz eines Elternteils zu Selbstmord oder Straffälligkeit. Und die Kinder machen dann damit ernst: sie setzen die uneingestandenen Gefühle oder Wünsche der Eltern in die Tat um. Das Kind verhält sich z.B. faul, delinquent, grausam und – in besonderen Fällen – mörderisch oder selbstmörderisch. Die Eltern indessen sind (wie sie sagen und glauben, und wie es auch die Nachbarn, manchmal sogar die Berater glauben) »unschuldig«, »haben alles getan«, um dem Kind ein gutes Beispiel zu geben und ihm zu »helfen«. Typische Altersstufe dafür ist 10–20 Jahre. Manchmal freilich lassen die jungen Menschen die »heiße Kartoffel« nicht schon während dieser Zeit zur Tat werden. Vielmehr entwickeln sie sich zu überbeeinflußbaren Menschen, die unter dem Einfluß einer anderen Person (meist von Typ 2) in der Ehe, im Beruf oder sonst im Leben verhängnisvoll gefährlichen Tendenzen nachgeben. Das kann bei einer Typ 1- wie auch Typ 2-Einstellung geschehen. Eher paßt es allerdings – vom angepaßten Kind-Ich her – zum Typ 1.
Familientherapeuten sind solche Fälle wohlbekannt: ein Kind verübt Selbstmord, weil es die entsprechende Tendenz eines Elternteils übernommen hat. Ein Jugendlicher wird »verrückt« oder delinquent. Auf diese Weise verhindert er, daß die Beziehung der Eltern auseinanderbricht – sie halten zusammen in gemeinsamer Sorge um das »Problemkind«. Oft

ist dem Berater eine solche Dynamik durchaus klar. Er weiß nur nicht, was er machen soll, um eine Tragödie (z.B. beim Kind) zu verhindern. Die Hilfe muß bei dem einsetzen, der ursprünglich seine Ersatzgefühle ins Spiel gebracht hat. Darüber hinaus gilt es, den »Sündenbock« zu stützen, seine eigenen Selbsterhaltungsstrebungen zu stärken, seine Autonomie zu fördern, damit er sich aus der Opfertendenz löst. Der Berater muß jedoch vermeiden, sich dabei selber als Opfer oder als Verfolger anzubieten.

Ibsens »Wildente« ist die hervorragende Darstellung eines Familiendramas: die vierzehnjährige Tochter Hedwig opfert sich für die »blinden Flecken« ihrer Umwelt und nimmt dazu die »heiße Kartoffel« der verborgenen Schuld ihrer Mutter auf sich. Für Leser, die das Stück nicht kennen, will ich kurz die Handlungselemente zusammenstellen, die diese Entwicklung herbeiführen.

Hjalmar Ekdal, der Vater und ein Typ 1, ist ein naiver und für die Lebenswirklichkeiten blinder Mann. Er betrügt sich selbst, sowohl was seine Talente und Fähigkeiten anbelangt als auch seine Liebe zur Familie, einschließlich seines Vaters. Er führt sich wie ein leidendes Opfer auf, legt aber nur eine gehörige Portion Egoismus an den Tag. Die Alltagssorgen überläßt er seiner Frau und der Tochter. Ein kleines Geschenk, das er seiner Tochter versprochen hat, vergißt er und übertönt sein Versäumnis mit Liebesbeteuerungen.

Gina Ekdal, die Mutter, gehört zum Typ 2. Sie sorgt für alles, bemuttert ihren Mann, kann sich jedoch selber nicht durchsetzen, weil ihre Rolle als Frau einfacher sozialer Herkunft und ohne Bildung ihr dies nicht erlaubt. Darüber hinaus verbirgt sie vor ihrem Mann ein Geheimnis: ihr Kind hat sie vor der Ehe von einem anderen Mann empfangen. Hedwig ist wohl ehelich geboren, aber nicht seine blutsmäßige Tochter. Angesichts der untergeordneten Rolle der Mutter und dem Typ 1-Verhalten des Vaters hat Hedwig sich zum Typ 2 bzw. zur Retterin entwickelt. Das hat zum Teil mit der »heißen Kartoffel« ihrer Mutter zu tun: ihre Aufgabe in der Familie besteht darin, den Vater zu trösten, wenn er sich über die Widrigkeiten des Lebens beklagt (während sie selber enttäuscht ist).

Es gehört andererseits zu ihrer familiären Rolle, Auseinandersetzungen zwischen den Eltern beizulegen und sie trotz Geldmangels und sonstiger Sorgen in gute Stimmung zu versetzen. So bewahrt die Familie dennoch ihr Gleichgewicht, zum Teil auch dank der Mutter, die sich mit ihrem Erwachsenen-Ich auf die Realität einzustellen weiß.

Nun aber betritt Gregers Werle die Szene. Er bringt Ersatzgefühle von »Idealismus« und das Bedürfnis mit, dafür sowie für eine (unechte) Retterrolle gestreichelt zu werden. Er ist Hjalmars »Freund« und will ihm »Gerechtigkeit« verschaffen. Er hat nämlich entdeckt, daß sein eigener Vater einst Ginas Liebhaber war und Hedwigs leiblicher Vater ist.
Die beiden Freunde sind vom Typ her komplementär. Während Hjalmar zum Typ 1 gehört, ist bei Gregers der Typ 2 bestimmend. Beide tragen indessen ähnliche Ersatzgefühle zur Schau: »Idealismus«, »Edelmut« und »Ehrlichkeit«, womit Gregers um so stärkeren Einfluß auf Hjalmar auszuüben versucht. Und beide bewegen sich im dritten Grad – nur sind die verborgen gehaltenen Gefühle der beiden verschieden. Hjalmar verbirgt Schwäche, Inkompetenz, Faulheit und Egoismus unter Liebe, Pflicht und Ehrlichkeit. Gregers verdrängt, wie krankhaft er noch immer an seiner toten Mutter hängt, daß sich hinter seiner »Freundschaft« und seinem »Idealismus« eher Neid und Rachegedanken gegen seinen Vater verbergen, vielleicht auch Ekel vor Sexualität. Ferner überträgt er, ohne es zu wissen, Wut, Herrschsucht und Neid gegenüber seinem Vater auf den Freund. Aus »Idealismus« informiert er Hjalmar über Hedwigs wahre Herkunft und sucht die Familie nach seinen Vorstellungen von einer »idealen Ehe« umzuformen. Doch das gelingt ihm nicht. Hedwig kann nicht verstehen, weshalb ihr Vater, von seinem »Freund« inzwischen über ihre uneheliche Herkunft aufgeklärt, sie plötzlich zurückweist und ihretwegen fortziehen will. Nun versucht Gregers auch sie mit seiner Art Idealismus zu beeinflussen. Wie Jago für Othello – nur war Jago ein Schurke und Gregers ist »blind« – wird er zu ihrem verhängnisvollen Ratgeber: sie soll ihre geliebte Wildente, die sie in der Bodenkammer aufzieht, erschießen, um ihrem Vater mit diesem »Opfer« ihre besondere Liebe zu beweisen. Das Kind wehrt sich gegen diese Idee. Sie empfindet (zu Recht): hier stimmt etwas nicht, erfährt aber nirgendwo eine gesunde Stützung. Von dem Eindruck überwältigt, der Vater liebe sie nicht mehr, finden indessen Gregers' weitere Einflüsterungen vom »idealen« Opfer bei ihr zunehmend Widerhall. Als Typ 2-Retterin und als Träger der »heißen Kartoffel«, nämlich der Schuld der Mutter, hat sie das Empfinden, irgendwie müsse sie die Ehre und die Ehe ihrer Eltern retten. Dafür sieht sie keine andere Möglichkeit als sich mit der Pistole des Großvaters zu erschießen. Hedwig ist eine »dritte Partei«; sie wird wegen des Geheimnisses ihrer

Mutter und der Ersatzgefühle des Vaters zum »Sündenbock« und opfert sich selber. Dazu hat sie nicht nur die Dynamik zwischen den Eltern, sondern auch der Einfluß eines Außenstehenden vom Typ 2 (Gregers) getrieben, der mit seinen eigenen unerkannten Gefühlen zum Opfer drängt. Wieder einmal hat ein Sündenbock den gesamten Fluch auf sich geladen.

Sündenbock gesucht

Das ist ein Vorgang, der in Gruppen immer wieder vorkommt. Alle Gruppierungen, ob groß oder klein – Familie, Wohngemeinschaft, Firma, Partei, Nation – suchen sich ihr Opfer. »Heiße Kartoffeln« werden herumgereicht. In dramatischem Tausch wechseln die Rollen von Retter, Verfolger und Opfer. Und mit trauriger Regelmäßigkeit wird dann in der letzten Runde eine Person oder Teilgruppe geopfert: oft tritt sie – wie bei Iphigenie oder Cordelia, Hedwig oder Robbi – das geringste oder gar kein Verschulden an dem betreffenden Konflikt.
Sündenböcke werden meist in ganz bestimmten Situationen gebraucht: wenn sich auf der Gefühlsebene schon viel Hilflosigkeit, Wut oder Angst angesammelt hat; wenn die Beteiligten außerdem davor zurückschrecken, einem Realitätsproblem und den Konsequenzen, die es haben kann, voll ins Gesicht zu sehen. (Beispiele sind die Reparaturkosten für Inge und Fred, der Geldmangel für Hedwigs Eltern, das Altwerden für König Lear oder der ausbleibende Wind für die Flotte Agamemnons, die zum Angriff auf Troja aufbrechen will.) Der innere Zwang zum Gefühlsausbeuten und der Druck der Realitätsprobleme lassen intensive komplementäre Beziehungen zwischen extremen Gefühlsausbeutern entstehen: Personen vom Typ 2, die sich als allwissende Leiter anbieten und behaupten, sie könnten die Lösung finden, treffen auf ebenso extreme Gefühlsausbeuter vom Typ 1, die hilflos zu folgen bereit sind und für ihren Gehorsam gestreichelt werden möchten. Versagt dann aber der allwissende Leiter, und wendet sein Typ 1-Gefolgsmann oder -frau in einem Kampf/Flucht-Umschwung nun alle Wut gegen ihn (wie Inge gegen Fred), so muß oft ein *anderer* als Sündenbock herhalten: der nimmt dann die »Sünde« der Typ 2-Ausbeuter und die »Rache« der Typ 1-Ausbeuter auf sich. Er/sie macht das meist unabsichtlich. Vielleicht wird er – wie Robbi – zufällig wegen eines kleines Versehens in das Drama-Dreieck einbezogen. Oft ist die betreffende Person aber auch völlig unschuldig. Aus sozialen, ökonomischen oder fami-

liären Gründen kann sie sich nicht wehren (wie Iphigenie). Manchmal jedoch hat sie wegen ihrer Typzugehörigkeit auch die Tendenz, die Retter/Opfer-Rolle auf sich zu nehmen (wie Cordelia und Hedwig). Weiter kommt es sogar vor, daß der oder die Betreffende sich in so starkem Maße als Typ 2-Retter anbietet (wie Jeanne d'Arc), daß er oder sie in kritischer Lage und beim Umschwung in die Opferrolle von beiden gegnerischen Parteien zugleich zum Sündenbock erkoren wird. Auf ihn konzentrieren sich dann die Projektionen der gesamten Gruppe: sie befindet ihn zuerst für schuldig und behandelt ihn daher als Verfolger, ehe sie ihn »opfert«. Hierdurch behält die Gruppe das »reine« Gewissen (sie lastet dem Opfer die »heiße Kartoffel« von Fehlleistung und Schuld, Schmerz und Ängsten an) und genießt die Pseudo-Intimität der Selbstrechtfertigung (wie Inge und Fred: Robbi ist an allem schuld!). Zeitweilig sind alle wieder »vereinigt« (statt gegeneinander aufgebracht), so wie die Eltern Ekdal mit dem Großvater und Gregers Werle vereint Hedwigs Tod beklagen.
Solch gemeinsames Erleben bringt die Wärme des positiven Streichelaustausches (»wir haben alle recht«). Damit kann ein jeder beruhigt zu seiner gewohnten Einstellung und den üblichen Ersatzgefühlen zurückkehren – bis zum nächsten Mal.
Damit allerdings sind wir bei einem umfassenden neuen Thema angelangt: der Dynamik von Gruppenprozessen. Das geht über den Rahmen dieses Buches hinaus. Gleichwohl lade ich den Leser dazu ein, sich vorzustellen, wie Partnerbeziehungen mit »dritten« und »vierten« Parteien in einem größeren Rahmen aussehen. Es ist immer das alte Lied: anfangs klappen krankhafte Beziehungen »wunderbar«. Wenn sich jedoch die Enttäuschungen einstellen – weil die Realität nun einmal anders ist, oder weil ausgleichende Zuwendung fehlt –, wächst das Verlangen, den »schwarzen Peter« von Schuld und Wut und Vorwürfen weiterzugeben. Und so wird jemand (der Partner oder ein anderer, der sich als Opfer anbietet) attakkiert und ins Verderben geritten in der vergeblichen Hoffnung, so werde »alles« wieder gut – was natürlich aller Logik widerspricht.

15. Gewalt gegen Dritte – Lady Macbeth und Macbeth

In Gewalt vereint

»Gute Beziehungen halten manchmal nur dadurch, daß die Betreffenden gegen unbeteiligte Dritte gewalttätig werden. Shakespeare's »Macbeth« ist ein klassisches Musterbeispiel dafür.
Macbeth und Lady Macbeth leben in einer fest verknüpften Ausbeuter-Partnerschaft, die zum Mord an König Duncan führt. So gelingt es ihnen, ihre gegenseitige Abhängigkeit noch enger und fester zu gestalten. Zugleich entlasten sie auf diese Weise ihre unterdrückten Gefühle, während ihr gemeinsames Vorgehen ihnen gegenseitige Bestätigung und Streichelkontakte bringt. Am Ende steht jedoch für beide die Katastrophe; denn der »status quo« einer Beziehung kann nie durch einen Dritten (ob tot oder lebendig) Beständigkeit erlangen. Dabei macht es keinen Unterschied, ob der Dritte – wie Duncan in diesem Stück – zum Opfer wird, oder ob er – wie Jago in »Othello« – als falscher Retter oder Verfolger auftritt.
Wir wollen hier einmal dieser Dynamik in »Macbeth« nachgehen. Dabei haben wir auch noch einmal Gelegenheit, den Unterschied von Typ und Rolle zu studieren.

Der feige Held

Wie Othello und Desdemona, so passen auch Macbeth und Lady Macbeth als komplementäre Typen (1 und 2) sehr gut zueinander. Aber im Gegensatz zu Othello und Desdemona stimmt ihre Typzugehörigkeit nicht mit

den gesellschaftlich akzeptierten Rollen von Mann und Frau überein. Macbeth, der Ehemann, ist ein Typ 1-Charakter, während Lady Macbeth dem Typ 2 angehört. Beide haben also alle Hände voll damit zu tun, ihre eigentlichen Gefühle vor sich selbst zu verbergen und überdies andere an der Erkenntnis zu hindern, daß bei ihnen Typ und Rolle auseinanderfallen. Außerdem ersetzen die gleichen Ersatzgefühle ein unterschiedliches Ursprungsgefühl: Feigheit bei Macbeth, Haß bei Lady Macbeth. Sind sie allein, so zeigt sich, daß in dieser Beziehung sie den Ton angibt, ganz im Gegensatz zu ihrer sozialen Rolle als Frau. Von ihr gehen die Initiativen aus (Typ 2). Macbeth dagegen muß die Rolle des Mannes als mächtiger, erfolgreicher und ehrgeiziger Kriegsheld tragen. Zu Beginn des Stückes spricht man von ihm als »der tapfre Macbeth – er verdient den Namen«. In Wirklichkeit aber ist er ein abhängiger Typ 1, voll namenloser Ängste und auch noch von Hexen bedroht.
Lady Macbeth weiß das ganz genau. Hinter seiner aufgesetzten Männlichkeit verbirgt sich ein furchtsames, unsicheres Kind, das vor Verantwortung zurückschreckt. Hartnäckig leugnet er seine Ängste, auch wenn Außenstehende seinen Körperausdruck richtig deuten: »Was schreckst du, Mann? Erregt dir Furcht, was doch so lieblich lautet?«, fragt Banquo, als die Hexen prophezeien, er werde König.
Macbeth läßt sich von seiner Frau überreden, Duncan zu ermorden. Aber sein Kind-Ich ist von diesen Gedanken zutiefst entsetzt und sucht ihn zu verdrängen, statt ihn realistisch abzuwägen (»Mein Traum, daß Mord nur noch ein Hirngespinst, erschüttert meine schwache Menschheit so, daß jede Lebenskraft in Ahnung schwindet«). Er ist von dem Rat und den Weisungen seiner Frau völlig abhängig. Sie weiß, was für ein Kind sich hinter seiner Krieger-Fassade verbirgt (»dein Gemüt, es ist zu voll von Milch der Menschenliebe«). Halb hofft er, daß sie jeden Antrieb zum Handeln bei ihm »erstickt«. Sie jedoch verfolgt stattdessen den Plan, ihn zum Mord anzustacheln; indem »ich meinen Mut ins Ohr dir gieße« – Resultat ihrer eigenen unbewußten Haßgefühle gegenüber Männern, insbesondere Vaterfiguren. Sie bringt Macbeth dazu, die Phantasien seines Kind-Ichs so umzumodeln, daß er auch in Wirklichkeit Duncan ermorden möchte, nachdem er dem Bankett, das dem Mord vorangeht, noch ferngeblieben war.

Lady Macbeth sperrt sich als Typ 2 gegen die Wahrnehmung aller warmen, weichen Gefühle, die herkömmlich als weiblich gelten. Sie handelt gewöhnlich aus dem Zustand ihres ziemlich resoluten Eltern-Ichs heraus (darin gleicht sie wahrscheinlich ihrem Vater). Sie möchte die Macht ausüben, die üblicherweise Männern zuerkannt wird. (»Kommt, Geister, . . . entweibt mich hier . . . sperrt jeden Weg und Eingang dem Erbarmen . . . Kommt an die Weibesbrust, trinkt Galle statt der Milch.«)

Sie erhält ihr Ersatzgefühl von Entschlossenheit und ihre überstrenge Selbstbeherrschung aufrecht, weil sie sich der Gefühle ihres Kind-Ichs nicht bewußt werden will – der weichen wie der grausamen Gefühle, die sie dann tatsächlich dazu veranlassen, Macbeth zum Mord an Duncan anzutreiben. Denn wahrscheinlich war nicht Machtgier ihr ausschlaggebendes Motiv für Duncans Ermordung. Man kann annehmen, daß ihre Ersatzgefühle – Entschlossenheit, Mut und Ehrgeiz –, die sie durch ihren Mann in die Tat umgesetzt sehen möchte, eigentlich Ersatz sind für starke Liebes– und Haßgefühle gegenüber ihrem eigenen Vater. Dieser hat ihr vermutlich dann keine Beachtung geschenkt, wenn sie weiche, »weibliche« Gefühle äußerte. Darum lehnt sie sie jetzt ab[1].

Als Duncan zu ihnen zu Besuch kommt, wird Lady Macbeth erneut in den Konflikt ihrer Liebes- und Haßgefühle ihrem eigenen Vater gegenüber gestürzt. Sie sagt: »Hätt' er nicht geglichen meinem Vater, wenn er schlief, so hätt' ich's selbst getan.« Doch auch jetzt erkennt sie nicht, daß sie *alle* ihre widerstreitenden Gefühle zu ihrem Vater auf Duncan überträgt – auch ihre Haßgefühle, die ihr völlig verborgen bleiben. Macbeth sieht das ebenfalls nicht. Voller Bewunderung lobt er ihre Zielstrebigkeit und ihren Ehrgeiz: »Gebär mir Söhne nur! Aus deinem unbezwungenen Stoffe können nur Männer sprossen.«

Nach dem Mord an Duncan bringt es Macbeth – ganz seinem Typ getreu – nicht über sich, die blutigen Dolche gut sichtbar neben die Wachen zu legen und so das Verbrechen zu verschleiern. Er verläßt sich darauf, daß

1. Königin Elisabeth I., Tochter des blutigen Königs Heinrich VIII., die zu Shakespeare's Zeiten regierte, hatte gewisse Ähnlichkeiten mit Lady Macbeth. Doch ihr kam die soziale Rolle der Machthaberin zugute. So durfte sie ihre Rachegefühle gegenüber Frauen (z.B. Maria Stuart) ausleben, statt sich der üblichen Frauenrolle unterworfen zu sehen und Konkurrenzgefühle gegenüber Männern zu empfinden.

seine Frau wieder nachforschen wird, wie alles gelaufen ist. Und sie ist es auch, die sich kaltblütig noch einmal an den Ort des Verbrechens begibt und die Dolche austauscht. Macbeth ist völlig außer Fassung.
Ähnlich gerät Macbeth durch das Erscheinen von Banquos Geist gänzlich durcheinander. Lady Macbeth kümmert sich um die Gäste und hat die Situation unter »elterlicher« Kontrolle.

Gefühle der Gewalt

Lady Macbeth wie auch Othello sind einander ähnlich. Nicht nur gehören beide zum Typ 2, sondern bei beiden dienen Robustheit und Entschlossenheit als Ersatz und Kompensation für die Haß- und Zorngefühle aus der Kindheit, als sie in der Gewalt von Menschen waren, die sie unterdrückten und beleidigten. Bei Othello ist es der versteckte Zorn auf alle hellhäutigen Menschen – obwohl ihn seine Ersatzgefühle auch dann noch glauben lassen, er sei der hellhäutigen Rasse gegenüber loyal, als er – in der Gestalt Desdemonas – schon Rache an ihr genommen hat. Im Fall der Lady Macbeth richtet sich der verborgene Haß gegen Duncan, in dem sie ihren Vater sieht, den sie nie beherrschen konnte. Als Kind wurde wahrscheinlich von ihr erwartet, sich dem weiblichen Rollenbild entsprechend ihm gegenüber unterwürfig zu zeigen. Sie betrügt sich selbst, wenn sie sich für eine pflichtbewußte Ehefrau hält. Daß sie an der Seite ihres Ehemanns eventuelle Rivalität oder Neid empfindet, weil er als Mann Vorteile hat, will sie nicht wahrhaben. Sie spielt mit ihm das gleiche Spiel wie Othello mit Desdemona, der ebenfalls leugnete, Neid oder Rivalität wegen ihres venezianischen Erbes zu empfinden.
In »Othello« ereignet sich der Mord erst am Ende des Stückes: der Mohr gibt schließlich seinem verdrängten Zorn nach, den er bisher unter dem Deckmantel der Liebe verbarg (»einer, der zu sehr liebte«). In »Macbeth« findet der Mord früher statt – ebenfalls aufgrund verdrängter Wut: im Gewande der treu ergebenen Ehefrau teilt Lady Macbeth den Plan ihres Mannes, auf den Königsthron zu gelangen.
So lange Macbeth das Bedürfnis nach einem kontrollierenden Partner zum Ausdruck bringt, bleibt Lady Macbeth völlig im Eltern-Ich – wie Othello, solange er spürt, daß er von Desdemona gebraucht wird.
Mit Hilfe von Macbeth' Bewunderung und Zuwendung kann Lady Macbeth den Haß gegen alle Angehörigen des männlichen Geschlechts aus ih-

rem Bewußtsein verdrängen, ebenso ihre Ängste, nur eine wertlose, wenig geschätzte Frau zu sein. An der Seite ihres Mannes hindert ihr Ersatzgefühl »unerschrockner Geist von echtem Schrot und Korn« das Aufbrechen verachtenswerter »weicher« oder verworrener Gefühle in ihnen beiden. Voller Sarkasmus tröstet sie Macbeth nach dem Mord an Duncan: »Der Kindheit Aug allein scheut den gemalten Teufel.«
Doch als Macbeth »ins Feld« gerufen wird, fehlen ihr plötzlich die Streichelzuwendungen für ihren Mut, und es wird ihr zunehmend schwerer, ihre Kind-Ich-Gefühle zu zähmen. Derselbe Schmerz, den sie schon empfand, als ihr Vater sie nicht beachtete, und für den sie das Ersatzgefühl »Mut« entwickelt hatte, überwältigt sie unaufhaltsam, nachdem »des alten Mannes Blut« geflossen ist. Wie Othello hat sie sich im wachen Zustand nie das Gewahrwerden solcher »weichen« Gefühle gestattet. Sie kann sie nur als Schlafwandlerin äußern, genau wie Othello, dessen Schmerz erst während seines Anfalls und im Trance-Zustand zum Ausdruck kommt, als er erkennt, was geschehen ist. Beim Schlafwandeln gerät Lady Macbeth zum absoluten Gegenteil ihrer bisherigen strengen Selbstbeherrschung. Zum ersten Mal in diesem Stück sehen wir ihr unglückliches Kind-Ich, das zuvor unter ihren Ersatzgefühlen und ihrer Typ 2-Grundeinstellung versteckt geblieben war.

Gewalt der Gefühle

Am Schluß des Stückes erfahren wir, daß sie »gewaltsam selbst ihr Leben geendet«, wie es auch Othello tat. Sie wählt also eine Form der Selbstvernichtung, wie sie beim Zusammenbruch eines zum Typ 2 gehörenden Menschen zu erwarten ist. Ihr Selbstmord stellt ein letztes (erfolgreiches!) Bemühen dar, das eigene verzweifelte Kind-Ich unter Kontrolle zu bringen.
Recht aufschlußreich ist auch, wie Macbeth während eines kurzen Zwischenspiels in das genaue Gegenteil seiner gewohnten Typ 1-Grundeinstellung umschwenkt. Er weiß nicht, ob er sich mehr vor Banquos »Königssinn« oder »diesem unerschrocknen Geist« fürchten soll. Seine Ängste drängen an die Bewußtseinsoberfläche. Sie wollen wahrgenommen werden (»In Banquo wurzelt tief unsre Furcht«). Doch Macbeth kann sie, wenn sie zutage treten, nur durch solche Handlungen verarbeiten, von denen er glaubt, sie bewiesen seine Furchtlosigkeit. Banquo muß sterben,

weil Macbeth auf ihn seine Ängste projiziert. Dadurch erspart sich dieser eine erneute Erfahrung von Angst (»Außer ihm ist keiner, vor dem ich zittern muß«). Ganz im Gegensatz zu seiner sonstigen Unsicherheit hält Macbeth für kurze Zeit die Zügel in der Hand – zwar nicht über seine Frau, doch über Banquo, der im Sinne des »Jetzt hab ich dich endlich, du Schweinehund« als der »an allem schuldige« Dritte daran glauben muß. Ein gedungener Mörder muß die Aufgabe übernehmen, und Macbeth brüstet sich vor seiner Frau – wie ein Kind, das den starken Mann spielt –, daß sie ihm später »für diese Tat Beifall zollen« werde, ohne sie jedoch wissen zu lassen, was für eine Tat er meint.

Wenn Angst die Szene beherrscht

Zum Ende hin schwenkt Macbeth schließlich noch einmal in das genaue Gegenteil seiner sonst verworrenen und unsicheren Typ 1-Grundeinstellung um. Als ihm der Arzt mitteilt, daß Lady Macbeth unheilbar krank ist, zeigt er sich völlig aufgelöst – der Schock hat ihm klar gemacht, daß er sich nicht länger auf seinen Gefühlsausbeutungspartner stützen kann. Völlig unsinnig und übertrieben herrscht er daraufhin den Arzt und alle Umstehenden an: »Nicht Tod und nicht Verderben ficht mich an!« Und als er das Jammern über den Tod seiner Frau vernimmt, überkompensiert er seine bisherige Abhängigkeit, Furchtsamkeit und Unsicherheit, indem er sich mit übertriebener Zuversicht brüstet: »Verloren hab' ich fast den Sinn der Furcht.« Er wiederholt die Prophezeiung der Hexen, er sei unbesiegbar, selbst wenn seine Feinde vor ihm stünden. Er weigert sich, wahrzunehmen und herauszufinden, was um ihn herum geschieht, wenn er befiehlt: »Bringt keine Nachricht mehr . . . ist Furcht mir nichts«, obwohl es gerade jetzt an der Zeit wäre, das Erwachsenen-Ich einzuschalten, um die notwendigsten Vorbereitungen zum Kampf zu treffen.
Zu spät macht sich jetzt Macbeth jene Empfindungen bewußt, die von seiner aufgesetzten Männlichkeit verdeckt waren. Er erinnert sich plötzlich an jene namenlosen Ängste, die er schon beim Schrei der Eulen in der Nacht empfand (»Es gab 'ne Zeit, wo kalter Schau'r mich faßte, wenn der Nachtvogel schrie«). Man gewinnt den Eindruck: die Rolle des männlichen Kriegers, die er ausfüllte, lief seinem Typ und Naturell zuwider. Er war voller Phantasie und Ängste und hätte besser künstlerisch und kreativ leben sollen, statt diese Seite bei sich zu unterdrücken. Bevor er auf dem

Schlachtfeld stirbt, erkennt er, daß sein Leben falsch und leer war: »Leben ist nur ein wandelnd Schattenbild . . . ein Märchen ist's erzählt von einem Dummkopf, voller Klang und Wut, das nichts bedeutet.«

Im »Othello« ist das tragische Ende – wenn auch von Jago in Gang gesetzt – sowohl für den Mohr als auch für Desdemona nur ein letzter Schritt in einem Zweier-Prozeß der Gefühlsausbeutung. Im »Macbeth« tritt im Gegensatz dazu die Katastrophe für beide dann ein, als nach ihrer Trennung jeder in das extreme Gegenteil seiner früheren Grundeinstellung verfällt. Damit enden alle gegenseitigen Streichelkontakte für ihre Ersatzgefühle – und die erhielten ja das empfindliche Gleichgewicht ihrer Partnerschaft aufrecht. Ihr tragischer Tod ist nicht direkt durch den Partner verursacht wie beim Mord an Desdemona. Der Tod der Lady Macbeth folgt indirekt dem Mord an Duncan, dessen Ursache im verdrängten Haß gegen ihren Vater lag – bis der Umschwung zur Verzweiflung erfolgte, die sie in den Selbstmord trieb. Der Tod von Macbeth hingegen ist im Zusammenhang mit seiner verdrängten Angst zu sehen, die ihn daran hinderte, sich als erfahrener Feldherr schließlich doch noch mit seinem Erwachsenen-Ich auf die Gegebenheiten einzustellen.

So zeigt sich eine Parallele zwischen dem Mord an Duncan und Othellos Mord an Desdemona. Weder Lady Macbeth noch Macbeth hätten Duncan je aus eigenen Stücken getötet. Ihre Tat ist Folge ihrer gegenseitigen Gefühlsausbeutung. Sie ist die Konsequenz des inneren Zwanges, sich gegenseitig in der jeweiligen Abwehrposition zu bestärken, bis zu dem Augenblick, wo die so lange verdeckten unerlaubten Gefühle auf katastrophale Weise die Oberhand gewannen.

16. Erkenntnisse für die Beratungspraxis

Ehe es zu spät ist

Mord und Selbstmord, Haß, Eifersucht, Intrigen – wie sind wir nur an so viel Gewalttätigkeit, an so viele Tragödien geraten? Dieses Buch sollte doch in erster Linie von den eigenen Beziehungen handeln. Es sollte Spaß machen! Probleme gehören zum Leben aber nun einmal dazu. Wir sollten uns Gefahren vorher anschauen. Da können wir uns ohne schlimme Folgen auf sie einlassen. Schlimme Folgen sind oft nur der letzte einer Reihe von ganz kleinen Schritten. »Es sieht ja böse aus – wie kann das nur gut gehen?« sage ich bisweilen, in Umkehrung des Titels dieses Buches. Wenn wir mit einem Partner zusammenleben, suchen wir die Änderung meist nur beim anderen, statt zu fragen: Was kann ich für mich selbst ändern, damit es mir in Zukunft besser geht?

Soll etwas anders werden, so ist freilich manchmal fachgerechte Hilfe vonnöten. Es ist zu schade, wenn falsche Scham oder vorschnelle Resignation (»da kann man ja doch nichts mehr machen«) Sie daran hindern, rechtzeitig kompetente Hilfe in Anspruch zu nehmen. Es beginnt eigentlich sehr oft mit »Kleinigkeiten«, mit kleinen Krisen, die nach einem ganz bestimmten Muster ablaufen. Erkennen Sie die Zeichen und warten Sie nicht, bis es zu spät ist.

Fachleute können helfen

Therapeuten und Berater können helfen. Und ich möchte mit diesem Buch auch die Fachleute unterstützen: damit sie gleich zur Hauptsache kommen können und sich nicht erst bei einer Unzahl anderer Daten aufhalten. Angaben über die Kindheitsgeschichte des Klienten beispielsweise sind sicher ganz nützlich. Nur kann sich der Klient bei der wichtigen Altersstufe von zwei bis vier Jahren meist nicht an das Wesentliche entsinnen. Er erinnert sich wohl an ein »Trauma«, das er erfahren hat. Die Beziehungsmuster jener Zeit und die unausgesprochenen Verbote gewisser Gefühle jedoch kann er nicht beschreiben. Die erkennt der Berater eher, wenn er die »typischen« Verhaltensweisen des Klienten anderen gegenüber, einschließlich des Beraters selbst, im Hier und Jetzt aufmerksam beobachtet. Auf diese Weise erkennt man schneller den »roten Faden« beim Klienten: wie

- sein *Verhalten* in der gegenwärtigen Krise (die ihn in die Beratung geführt hat) und
- die Ängste und Überlebensstrategien aus seiner frühen Kindheit zusammenhängen,
- welche psychischen – und gegebenenfalls auch realen – Probleme für die Zukunft absehbar sind, und
- wie man am wirkungsvollsten helfen kann, ohne selbst als »dritte Partei« mit hereingezogen zu werden, was entweder keinen Nutzen bringt oder sogar schadet.

Das Ziel, den roten Faden zu finden, gilt unabhängig davon, ob der Gesprächspartner schwerwiegende oder bloß »ganz einfache« Probleme hat. Meine eigenen Erfahrungen als Therapeutin stammen ursprünglich aus der Einzelarbeit. Heute bevorzuge ich die Arbeit mit Gruppen. Da kann ich die Beziehungsmuster der Klienten nicht nur in den Transaktionen mit mir, sondern auch mit anderen Teilnehmern der Gruppe beobachten, auch weil ich nicht die ganze Zeit an den Interaktionen beteiligt sein muß. Ich schreibe hier also aus der Perspektive der Gruppentherapie. Alles Gesagte läßt sich aber auch auf die Therapie mit einzelnen und auf die verschiedenen Berichte therapeutischer Arbeit anwenden.
Hier ist nicht der Ort, ein umfassendes therapeutisches Behandlungsprogramm darzustellen. Vielerlei Gründe veranlassen die Klienten, zur Beratung zu kommen. So müssen auch viele verschiedenartige Faktoren berücksichtigt werden: soziale, wirtschaftliche, genetische, körperliche, psychische. Weiter können die Probleme mit unterschiedlichen Entwicklungsphasen in Zusammenhang stehen[1].

1. An anderer Stelle (s.F.English, What shall I do tomorrow, in: G.Barnes u.a., Transaktionsanalyse seit Eric Berne, 1980) habe ich mich eingehender mit den sieben »Subsystemen« des Denkens und Fühlens im Kind-Ich befaßt, die verschiedenen Entwicklungs-

In diesem Kapitel beschränke ich mich auf therapeutische Hinweise, die mit der Dynamik des Gefühlsausbeutens zu tun haben. Ich wende mich damit an Leser, die als Therapeut, Berater, Psychologe, Sozialarbeiter, Lehrer oder Pfarrer in der psychischen Lebenshilfe tätig sind. Sie alle spreche ich von jetzt an einfach als »Berater« an. Ich hoffe, meine Hinweise helfen Ihnen, daß Sie in Ihrer Arbeit – zumal bei regelrechten Gefühlsausbeutern – »Steuermann« bleiben, statt überwältigt zu werden oder hilflos und untätig dabeizusitzen wie der Chor in einer antiken Tragödie.

Die Stufen der Erkenntnis – für Berater

Die Stufen der Arbeit sind also folgende:

1. Vorstufe und Selbstvergewisserung: Was für ein Typ bin ich?
Wenn Sie als Berater tätig sind, sollten Sie sich über sich selbst im Klaren sein: Was für ein Typ bin ich? Welche »Streichel-Tendenz« habe ich: Welche Zuwendung wünsche ich mir? Welche Zuwendung bin ich bereit zu geben? Ihre eigenen Reaktionen werden Ihnen nämlich oft die besten Aufschlüsse über den Typ des Klienten vermitteln. Weiter: Welche »blinden Flecken« habe ich? (Hoffentlich nicht zu viele!)
Daneben ist wichtig, daß Sie Ihre »Kontraktrolle« genau kennen und sich Ihrer entsprechenden Rechte und Pflichten bewußt sind (vgl. Kap. 4).

2. Ist mein Klient ein Gefühlsausbeuter?
Es wird Ihnen nicht schwer fallen, einen ausgeprägten Gefühlsausbeuter zu erkennen. Ihr Gefühl sagt Ihnen das schon, noch ehe Sie daran denken,

phasen in der Kindheit entsprechen. Diese Subsysteme des Kind-Ichs bringen unterschiedliche »Überlebensstrategien« mit sich, die unsere Gefühle, Gedanken und Verhaltensweisen im Leben beeinflussen. Das Subsystem der »zweiten Natur«, das der Entwicklungsphase von zwei bis vier Jahren entspricht und dem auch die Tendenzen zur Gefühlsausbeutung entstammen, ist also nur eines von sieben, jedoch eines der wichtigsten, zumal für die Festlegung von Beziehungen und damit auch möglicherweise für deren gewalttätigen oder tragischen Ausgang (oder auch für den Mangel an Beziehungen). Ferner muß man auch die Rollenwahl berücksichtigen, wie sie in Kap. 4 dieses Buches beschrieben wurde. So haben z.B. Einwirkungen durch die Eltern im Alter von sieben bis zehn Jahren einen nachhaltigen Einfluß auf unser weiteres Leben, und dementsprechend entwickeln wir auch den Eltern-Ich-Zustand in uns, der eine weitere Reihe von Subsystemen des Denkens und Fühlens umfaßt.

eine solche Diagnose zu stellen. Beginnen Sie selbst, sich ungeduldig, gereizt, überfordert oder gelangweilt zu fühlen, dann fragen Sie sich einmal: Bin heute *ich* (aufgrund eigener Probleme) überfordert oder ermüdet, oder kommen die Gefühle, die ich wahrnehme, hauptsächlich bei der Arbeit mit *diesem* Klienten in mir auf und weniger bei anderen? Erinnert er mich vielleicht an jemanden, über den ich mich einmal geärgert habe, oder lasse ich mich zu mehr Streichelzuwendungen nötigen, als ich will? Im letzten Fall reagiere ich auf Ausbeutungstransaktionen. Anders gesagt: ich habe es mit einem Gefühlsausbeuter zu tun.

3. Was für ein Typ ist der Klient?
Falls Sie einigermaßen davon überzeugt sind, daß Sie einen Gefühlsausbeuter vor sich haben, sollten Sie herausbekommen, zu welchem Typ er gehört. Denn dann

- können Sie Ihren Klienten und seine Beziehungsprobleme besser verstehen,
- wissen Sie, wie Sie ihm helfen können, für sich selbst mehr Gleichgewicht zu finden.
- Davon hängt auch Ihre Entscheidung ab, wie Sie sich weiterhin ihm gegenüber verhalten (z.B. werden Sie in Streichelkontakten bei einem
15 Typ 1 anders vorgehen müssen als bei einem Typ 2).

a) *Gefühlsausbeuter vom Typ 1* (Untersicher) werden Sie zu einem Übermaß an *Antworten* veranlassen, zu *Zuwendung und Mitleid* (wenn der Betreffende den *Modus a* mit positivem Streicheln bevorzugt) oder zu *Kritik* (wenn er den *Modus b* mit negativem Streicheln vorzieht).
Jeder Klient, der in Beratung oder Therapie geht, hat Probleme. Es ist daher sein gutes Recht, Hilfe in Anspruch zu nehmen, also auch Zuwendung, Rat und sogar Mitgefühl zu erwarten. Ebenso steht ihm zu, Zweifel und Fragen zu äußern. Das macht ihn noch nicht zum Gefühlsausbeuter. Von einem untersicheren Gefühlsausbeuter jedoch werden Sie sich, wie gesagt, sehr bald gedrängt fühlen, mehr zu geben als Sie eigentlich wollten (an Zuwendung oder an Zweifeln). Im Behandlungsverlauf werden Charaktere vom Typ 1 so mit Ihnen reden, als könnten sie in Ihren Gedanken lesen oder Fragen beantworten, die nichts mit der Behandlung zu tun haben. Wenn sie ihre Gefühle und Gedanken schildern, werden sie hin und wieder überflüssige Wendungen einflechten wie »Wissen Sie . . .«. Sie werden übertriebene Bewunderung und Zutrauen zeigen, vielleicht aber

auch Fragen und Zweifel äußern, die Ihre zusätzliche Zuwendung herausfordern sollen. Erhalten sie solche Aufmerksamkeit nicht, können sie (in momentanem Umschwung) plötzlich äußerst kritisch reagieren, sich dann aber einige Minuten später ganz demütig dafür entschuldigen.
Aufgrund Ihrer eigenen Reaktion fragen Sie sich daraufhin möglicherweise: War ich zu wenig einfühlsam, zu kurz angebunden usw.? Sind *Sie selber ein Typ 1,* werden Sie sich bei so einem Klienten in der Rolle des Beraters ermüdet, inkompetent oder schuldig fühlen, daß Sie nicht genug verstanden haben; wenn der Klient klug ist, aber auch erfreut und geschmeichelt, bis Sie selbst verärgert in einen Umschwung geraten.
Gehören *Sie zum Typ 2,* werden Sie sich bei Klienten vom Typ 1 anfangs möglicherweise sehr viel Mühe geben. Sie werden viel von sich aus einbringen, werden vom Dank und von der Anerkennung des Klienten ermuntert sein oder befriedigt, wenn Sie wahrnehmen, wie Sie ihm in seiner Belastung Beistand leisten. Doch allmählich werden Sie ebenfalls eine gewisse Ermüdung verspüren und sich überfordert fühlen. Sie beginnen kritisch und ärgerlich zu reagieren und empfinden sich selbst schließlich (im Umschwung) als inkompetent oder geradezu als Versager[2].

b) *Gefühlsausbeuter vom Typ 2* (Übersicher) suchen die Beratung selten zu Beginn einer Krise auf. Lange Zeit glauben sie, alles allein lösen zu

2. Im Dezember 1980 hat die American Medical Association eine neue Statistik über Selbstmordfälle bei Ärzten veröffentlicht. Dabei zeigt sich, daß Suizid bei Ärzten dreimal so häufig vorkommt wie im Durchschnitt der Bevölkerung. Eine andere Tatsache: Selbstmord ist in jedem dreißigsten Sterbefall von Ärzten als Todesursache angegeben. Man vermutet, daß es in Wahrheit noch viel schlimmer steht, weil nicht wenige Suizidfälle bei Ärzten von ihren Kollegen mit Rücksicht auf die Familie anders (z.B. als Herzschlag) bezeichnet werden. – Auch ohne diese Statistik wußte man in professionellen Kreisen schon seit Jahren, daß Ärzte (und noch um einiges mehr Psychiater) in häufigen Fällen Suizidkandidaten sind, und zwar auch zu Zeiten, in denen sie nach außen hin durchaus erfolgreich erscheinen. Für mich ist dies gar nicht so erstaunlich, da dieser Beruf vorwiegend von Typ 2-Personen gewählt wird, die in besonderem Maße auf dankbare Zuwendung und bestimmendes Auftreten eingestellt sind. Nach einer gewissen Zeit, wenn sie erkennen müssen, daß sie nicht wie ein Übermensch über Leben und Tod verfügen können, geraten sie in immer größere Verzweiflung. In dieser Hinsicht sind Psychiater (und sonstige Berater) besonders verletzlich, nicht zuletzt weil sie sich den Ausbeutungstransaktionen ihrer Klienten ausliefern – in der vergeblichen Hoffnung, *immer* helfen zu können, statt sich die eigenen Grenzen bewußt zu machen. So enden sie dann selber als verzweifeltes Opfer, denen angesichts ihres »Versagens« und ihrer Schuldgefühle (die uneingestandene Wut verdecken) nur noch der Selbstmord übrig bleibt.

können. Und wenn sie kommen, fällt es ihnen schwer, sich einzugestehen, daß sie wegen der eigenen Probleme da sind. Sie sagen, sie wollten die Therapiemethoden kennenlernen oder dem Partner einen Gefallen tun. Oder sie möchten »lernen«, wie man mit Mitarbeitern beruflich »besser« umgeht. Sie behaupten, sie hätten am meisten davon, wenn sie andere beobachten, statt eigene Probleme zu bearbeiten.

Melden sie sich mit einem Problem an, sind sie oft an einem Tiefpunkt der Verzweiflung angelangt: etwa weil ihr Partner sie »ohne Grund« verlassen hat oder mit Trennung droht, falls der Betroffene nicht zur Beratung geht. Es kann auch sein, daß an der Arbeitsstelle Druck auf sie ausgeübt wurde: der Job sei in Gefahr, wenn sie nicht ihr Verhalten ändern; was, so die Betreffenden, ganz ungerecht sei, weil sie »alles« richtig gemacht hätten. Ein Klient vom übersicheren Typ 2 unterscheidet sich, auch wenn er schwer depressiv, in sich gekehrt oder voller Schuldgefühle zur Therapie kommt, doch augenfällig vom Verhalten, das bei einem Typ 1 üblich ist. Weint solch ein Klient einmal, so wird er beispielsweise die Tränen aus uneingestandener Angst oder Scham schnell wieder ungeschehen machen wollen: er zündet hastig eine Zigarette an, macht sich sonstwie zu schaffen, behauptet, das käme normalerweise bei ihm nicht vor usw. Kennzeichnend für Personen vom Typ 2 ist auch, daß sie, selbst wenn sie in größten Schwierigkeiten sind, sehr bald versuchen werden, sich Ihnen oder der Therapiegruppe gegenüber als hilfsbereit oder bestimmend zu erweisen, etwa durch Ratschläge oder die Bereitschaft, etwas zu tun. (Neulich hatte ich einen Klienten, der sich nach dieser Sitzung umbringen wollte; während er in tiefster Verzweiflung sprach, erhob er sich plötzlich, um einem anderen Gruppenteilnehmer einen Aschenbecher zu reichen, der sich ganz in dessen Nähe befand.) Dabei tauchen überflüssige Wendungen auf wie »Vielleicht hilft es, wenn ich Ihnen erkläre . . .« »Meines Erachtens sollte man. . .«»Natürlich. . .« »Bestimmt. . .«.

Ein Klient vom Typ 2 in seinem üblichen Ich-Zustand wird (insgeheim oder offen) Ihre berufliche Kompetenz in Frage stellen, seine kritische Einstellung aber häufig durch übertriebene Höflichkeit, herablassende »Toleranz« und intellektuelle Äußerungen verdecken. Manchmal behandelt er Sie wie ein nettes (oder ungezogenes) Kind, auf das er sich einläßt, um höflich oder gütig zu erscheinen. Dementsprechend werden Sie irgendwann merken, daß Sie mehr Ratschläge und Ermutigung entgegennehmen, als Ihnen lieb ist.

Sind *Sie selbst ein untersicherer Typ,* werden Sie auch in der Kontraktrolle des Beraters nicht selten Schwierigkeiten haben, einem solchen Klienten ins Wort zu fallen, wenn er die schweigsame Zurückgezogenheit des Verzweifelten und die Position des »Beobachters« aufgibt und ins Reden kommt. Teilweise sind Sie vielleicht froh darüber, daß er nun »mitmacht«. Dann aber werden Sie doch merken, daß Sie sich ihm gegenüber »angepaßter« verhalten, als es für die Gruppe oder die Beratung wünschenswert ist. Möglicherweise akzeptieren Sie ihn gar als eine Art Co-Therapeut – entweder unbewußt oder aus der irrtümlichen Vorstellung heraus, das könne ihm helfen.

Gehören *Sie selbst zum Typ 2*, werden Sie, wenn er sich seinem Typ entsprechend verhält, oft Ungeduld und Ärger verspüren: Sie selbst wollen, weil es der Absprache entspricht, über das Vorgehen oder den angemessenen Arbeitsstil entscheiden. Sie werden den Wunsch verspüren, die (falsche) Allianz, die ein Gefühlsausbeuter vom Typ 2 dem Therapeuten anbietet, zurückzuweisen. Doch das ist leichter gesagt als getan, wenn man nicht grob und verletzend werden oder sich in Konkurrenz begeben will, besonders wenn der Betreffende intelligent ist. »Ich bin die Therapeutin, nicht Sie!«, platzte ich einmal verärgert heraus, als ich merkte, daß so ein Typ 2-Klient nahezu die ganze Gruppe mit seinen Ratschlägen in die Hand bekommen hatte, und ich mich bedroht fühlte!

Achten Sie auch auf die Gruppenmitglieder. Deren Reaktionen können Ihren Eindruck bestätigen, welchem Typ Ihr Klient angehört. Ein untersicherer Typ 1 löst bei anderen Retter-Impulse oder Kritik aus. Ein übersicherer Typ 2 weckt in den anderen Konkurrenzgefühle. Oder er versucht, vereint mit anderen Teilnehmern vom Typ 2 in der Gruppe ein »Opfer« zu finden. Das gilt es dann zu »retten« oder zu »verfolgen«, in Konkurrenz zu Ihnen oder angeblich gar um Ihnen zu »helfen«.

4. Ist mein Klient akut gefährdet?

Es ist nicht immer leicht, den Typ des Klienten herauszufinden. In den ersten Stunden kann sich auch ein erfahrener Therapeut täuschen. Denn Umschwünge, Entlastungsverhalten, soziales und berufliches Rollenverhalten können den Typ verdecken. Anfangs verwechselt man zum Beispiel einen trotzigen Klienten vom Typ 1 leicht mit einem bestimmt auftretenden Typ 2. Das ist aber nicht weiter schlimm, Sie werden den Unterschied schon nach einiger Zeit merken.

Gefährlich ist es jedoch, wenn man einen verzweifelten Klienten vom Typ 2 für einen überabhängigen Typ 1 hält; wenn man die unausgesprochenen

Mord- oder Selbstmordabsichten nicht rechtzeitig erkennt. Denn bei Kampf/Flucht-Reaktionen zeigt sich ein ansonsten ängstlicher und abhängiger Klient vom Typ 1 rebellisch und kritisch; oder er explodiert sogar gegenüber dem »rechtmäßigen« Eltern-Ich, das heißt gegenüber dem, von dem er sich abhängig fühlt. Falls ernstlich Gefahr für ihn besteht, wird er aber eine Warnung abgegeben oder Drohungen ausgestoßen haben. Ein Klient vom Typ 2 wiederum erscheint in seinem Umschwung verzweifelt, hoffnungslos, mit Schuldgefühlen belastet, zeigt aber auch starke Abhängigkeitsbedürfnisse, obwohl er sich sonst in seinem Leben meist überverantwortlich wie ein Retter (oder Verfolger) verhalten hat.

Ich kann nicht genug betonen, wie wichtig es ist, festzustellen, ob man möglicherweise einen Typ 2-Klienten vor sich hat, der am Verzweifeln ist. Wie »ruhig«, »schweigsam«, »allwissend« oder »intellektuell« er sich auch verhalten mag, dahinter können sich Selbstmordabsichten verbergen. Und er hat die Entschlußkraft und »Kompetenz«, sie in die Tat umzusetzen, wenn sie nicht zur rechten Zeit erkannt werden. Kurz und gut, wir sollten uns als Berater nicht von Rolle oder Verhalten eines Klienten derart beeinflussen lassen, daß wir seinen wahren Zustand hier und jetzt nicht erkennen.

Drängt sich Ihnen als Therapeut die Vermutung auf, der Klient hege Mord- oder Selbstmordabsichten, so ist es besser, das auszusprechen. Befürchten Sie nicht, Sie wirkten dadurch »suggestiv«, »unhöflich« oder »überängstlich«. An der Reaktion des Klienten läßt sich rasch ablesen, ob Sie sich mit Ihrer Vermutung getäuscht haben. Dann können Sie mit dem Erwachsenen-Ich den Rückzug antreten: »Ich bin froh, daß ich falsch vermutet habe. Ich war mir nicht sicher. Hoffentlich nehmen Sie es mir nicht übel, daß ich danach gefragt habe.« Oder Sie sehen im Gegenteil, daß er erstaunt, betroffen oder traurig reagiert (»Wie kommen Sie auf so einen Gedanken?«). Dann läßt sich eine wirksame Absprache treffen. Oder Sie verlangen zumindest das Versprechen, daß er eine solche Tat nicht verüben werde. Weigert sich der Klient, dann ist das um so mehr ein Hinweis, daß Sie darauf bestehen sollten. Solch einen »Vertrag« schließen Sie am besten für einen begrenzten, überschaubaren Zeitraum ab (etwa drei Monate). Damit lassen Sie dem gemeinsamen Vorgehen Zeit. Doch Sie dürfen nicht vergessen, das Ganze erneut durchzusprechen, bevor die Zeit abgelaufen ist. Vereinbaren Sie weitere »Kontrakte«, bis Sie sicher sind, daß die Gefahr vorüber ist: daß sich der Klient seines Typs und der darunterliegenden Gefühle bewußt geworden ist und mit ihnen besser umgehen kann; oder daß er zumindest in der Lage ist, seine Freunde oder den Therapeuten anzusprechen, wenn er Gefahr empfindet.

5. Wie stark ist das Gefühlsausbeuten beim Klienten?
Während Sie die Typzugehörigkeit des Klienten erkunden, können Sie sich auch bereits ein Bild darüber machen: Wie stark beutet der Klient Gefühle aus? In welchem Ausmaß ist er innerlich gezwungen, bestimmte Gefühle und Einstellungen bei sich überhaupt nicht mehr wahrzunehmen und sie stets dann durch andere zu ersetzen, wenn sie aus seiner tieferliegenden Gefühlsebene hervorzubrechen drohen? Also: Handelt es sich um einen Ausbeuter ersten oder zweiten Grades? Da liegen die Hauptprobleme nicht unbedingt in seinen Ersatzgefühlen und im Gefühlsausbeuten. Oder ist bereits der dritte Grad eingetreten? Das ist weitaus gefährlicher.
Ein hochgradiger Gefühlsausbeuter braucht am Anfang ein gewisses Maß an Streichelzuwendung – wenn nicht von Ihnen, dann von anderen. Denn seine Zwanghaftigkeit gleicht einer Sucht. Er kann sich nur entwöhnen, indem er nach und nach Fähigkeiten erwirbt, mit seinen unerkannten Gefühlen besser umzugehen. Bei einem vereinsamten Gefühlsausbeuter (egal ob vom Typ 1 oder 2) kann es eingangs ebenfalls notwendig sein, daß Sie in bestimmtem Umfang auf sein Bedürfnis nach Streichelkontakten eingehen, auch wenn das Nahrung für seine Ersatzgefühle ist und nicht gleich zu einer Änderung führt. Immerhin bauen Sie so eine Beziehung zum Klienten auf und mindern damit die Gefahr, daß es aus Kontaktmangel zu Kurzschlüssen kommt. Eine gewissenhafte therapeutische Behandlung wird sich natürlich nicht auf Streichelzuwendungen für die ausbeutenden Transaktionen des Klienten konzentrieren. Das gäbe ja eine Therapie ohne Ende, und Sie selbst wären den Gefühlsausbeutungen ihres Klienten ausgeliefert.
Zu Beginn der Behandlung begreift der Klient noch nicht, daß das Verhalten der anderen mit seinem zusammenhängt. Er leidet unter den Reaktionen der anderen, erkennt aber nicht, wie er diese mit seinen Provokationen selbst auslöst. So sieht er nur zwei Auswege, zumal wenn ihn z.B. in einer Therapiegruppe unangenehme Gefühle überwältigen: entweder er macht weiter wie bisher und verstärkt mit seinen Ersatzgefühlen, Verhaltensweisen und Stellungnahmen seinen Typ. Oder er kippt aufgrund einer Kampf/Flucht-Reaktion ins Gegenteil um. Danach wird ihn jedoch die Angst vor einer gefährlichen Explosion um so stärker überfallen.

Wie kann ein Klient nun Gefühle, die ihm bisher verborgen waren, besser wahrnehmen und neues Verhalten zeigen? Indem er, im Schutzraum der Therapie, die echten Empfindungen, Wünsche und Ängste auszusprechen lernt. Auf diese Weise kann er sie dann auch mehr bei sich akzeptieren und bewußt mit ihnen umgehen. Und zwar ohne die Befürchtung, daß sie ihn wieder so stark überfallen, daß er in ein gefährliches *Verhalten* rutschen könnte.

6. Was sind die wichtigsten Ersatzgefühle des Klienten?
Vergewissern Sie sich anhand der folgenden Fragen:

- Welche Gefühle und Gesprächsbeiträge präsentiert der Klient am häufigsten, und bei welchen Gelegenheiten? Oder: welche Gelegenheiten führt er herbei, damit er sie äußern kann? Zeigt er übertriebene Liebenswürdigkeit, Neugier, Hilfsbereitschaft, Hilflosigkeit, Verletzlichkeit, Aufmerksamkeit, Ängstlichkeit, Fröhlichkeit, Mut, Sexualität, Selbstkritik, Depression, Feindseligkeit, Zorn, Rebellion, forcierte Spontaneität, Leistungsdruck, Perfektionismus, Rationalisieren usw.?
- Worüber beklagt er sich immer wieder in auffälliger Weise? (Dazu gehören auch somatische Gefühle wie »Druck im Magen«, trockener Hals, Zittern in den Gliedern usw., ohne daß eine physische Erkrankung vorliegt.) Wozu drängt er Sie (und andere), um positive Zuwendung, Bestätigung oder Kritik zu erhalten?
- Fühlen Sie sich von den geäußerten Gefühlen oder Gedanken bewegt bzw. angesprochen, oder wirken sie auf Sie zunehmend künstlich und überflüssig?
- Wie reagieren andere in der Gruppe auf diesen Klienten? Erweckt er bei Ihnen Mitgefühl oder Ärger und Langeweile?

Die Antworten auf diese Fragen helfen Ihnen, die unausgesprochenen und unerkannten Gefühle Ihres Klienten zu entdecken. Wenn Sie die allgemeine Gefühlskategorie seiner Ersatzgefühle kennen, wissen Sie: in seiner Kindheit waren ähnliche Empfindungen erlaubt. Wahrscheinlich wurden sie in reichem Maße durch Streichelzuwendung belohnt. So können Sie diese Kategorie beim Suchen der unerkannten Gefühle ausschließen. Zum Beispiel: wer mit Depression, Wehmut usw. ausbeutet, versteckt ganz *andere* Gefühle vor sich, wie Spaß an Vergnügen, Freude oder Fröhlichkeit. Oder: jemand, der (wie Gerd) ständig Feindseligkeit präsentiert, verbirgt vielleicht Liebe, Zärtlichkeit oder den Wunsch zu weinen vor

sich. Dagegen kann hinter übertriebener Liebenswürdigkeit Eifersucht, Angst, Wut oder Wehmut stecken.
Gefühlsausbeuter äußern gelegentlich auch *echte* Gefühle, die den Ersatzgefühlen ähnlich sind. Ein »Depressiver« gerät durchaus in Situationen, die ihn wie einen anderen Menschen Gefühle echter und tiefer Trauer erleben lassen usw. Nicht selten jedoch wird er die Äußerung solcher Gefühle übertreiben, eben weil sie sich in der ihm »erlaubten« Kategorie bewegen. Damit bekommen sie wieder leicht einen falschen Klang, so daß man ihm das normale Mitgefühl verweigert und der Betreffende aufs neue in die Isolation gerät.

7. *Soll man Ersatzgefühle beim Namen nennen?*
Dem Gefühlsausbeuter ist nicht damit geholfen, wenn man ihm seine Ersatzgefühle aufzählt. Schon gar nicht, wenn man präsentierte Empfindungen kritisiert oder mit dem Finger auf sie zeigt. Das wird ihn vielmehr an Vorwürfe erinnern, die er in seiner Jugendzeit (also lange nach dem Entstehen der Ersatzgefühle) von seinen Eltern und anderen Leuten zu hören bekommen hat. Die Wiederholung von Vorhaltungen ruft eher trotzigen Widerstand und weitere gefühlsausbeutende Transaktionen hervor. Manchmal weckt es auch so etwas wie falschen Stolz, wenn man Ersatzgefühle benennt. Fragt z.B. in der Gruppe einer den anderen gereizt: »Ach, sind Sie immer so . . . (liebenswürdig, gemein, eifrig, eifersüchtig usw.)?«, kann das ein kurzes »Na und?«, »Warum nicht?« oder »So bin ich eben« provozieren.
Vergessen Sie nicht: *Der Gefühlsausbeuter empfindet alle seine Gefühle als echt,* auch wenn Sie selbst und andere in bestimmten Äußerungen Ersatzgefühle erkennen. Er verspürt sie »stets« oder »regelmäßig« – er selber würde sogar sagen: »normalerweise«. Das ist ja gerade die Verwirrung: In bestimmten Situationen erlebt der Gefühlsausbeuter »automatisch« Ersatzgefühle anstelle anderer Gefühle. Er wird eher glauben, die Ersatzgefühle seien echt und die darunterliegenden Gefühle falsch!
Wie echte Gefühle haben auch Ersatzgefühle somatische Begleiterscheinungen: Weinen, Lachen, Bauchschmerzen, erhöhten Blutdruck usw. Gelegentlich tritt auch die *entgegengesetzte* Körperreaktion auf. Ein Klient wird rot, ballt die Faust und macht ein wütendes Gesicht – gleichzeitig bekundet er Mitleid. Er weint bitterlich – und lächelt zugleich. Oder er wird auf dem Höhepunkt sexueller Erregung plötzlich impotent. Oder er beginnt zu husten, während er jemanden mit aufgesetzter Wut anbrüllt.

Es bringt also nichts, wenn man einen Klienten unvermittelt auf seine Ersatzgefühle anspricht. In einer Gruppe werden es die Teilnehmer ohnehin gelegentlich tun (vielleicht mit einem gewissen Ärger über die ständigen Wiederholungen des Klienten). Solche Beobachtungen können Sie ruhig bestätigen, wenn Sie gefragt werden. Allerdings sollte es nicht in Verfolgung ausarten oder die gegenseitigen Projektionen unter den Gruppenmitgliedern fördern.

Gegen Ende der Behandlung hingegen ist es sehr hilfreich, wenn der frühere Gefühlsausbeuter selber dahinter kommt und *ausspricht,* welche Art von Ersatzgefühlen er benutzt und welche Art von Gefühlen er verdeckt hat. Etwa so: »Mir ist aufgegangen, daß ich, wenn sich ein Anlaß bietet, dazu neige, ins Weinen (oder in Verstimmung, Depression) zu verfallen, *ehe* ich Ärger (oder Wut, Angst, Verletztsein) in mir wahrnehme. Dadurch nehme ich mir ja die Möglichkeit abzuwägen, *was* ich mit dem echten Gefühl anfangen will, oder zu entscheiden, *ob* ich es *zeige, wem* ich es zeige, und *wie* ich es zeige.«

Mit diesem »ausgesprochenen« Erkennen fügt sich der Klient in sein Erwachsenen-Ich eine wichtige neue Stütze ein. Das kann ihn in künftigen Belastungssituationen davor schützen, auf die alten Ersatzgefühle zurückzugreifen. Eine »Heulsuse« zum Beispiel, die auf wirklich gemeines Verhalten ihres Freundes immer mit neuen Tränen reagierte und trotz »Nachhilfe« einer ganzen Gruppe keinen Ärger bei sich wahrnahm, sich sogar erstaunt zeigte, daß man überhaupt ärgerlich antworten könne, sie sei noch »nie« ärgerlich gewesen – eine solche »Heulsuse« also könnte sich sagen: »Hoppla, ich merke, ich heule wieder öfter. Offenbar mache ich mir nicht bewußt, wann und worüber ich mich ärgere. Was war los, bevor ich anfing zu weinen?« Auf diese Weise könnte sie sich selber helfen, nicht in alte Muster zurückzufallen. Sie brauchte sich dann nicht mehr selbst anzuklagen wie bisher: »Nun heulst du wieder, du doofes (oder du armes) Ding. Auch die Therapie hat nichts genützt: Es muß sich doch jemand finden lassen, der dich tröstet . . .« – womit der alte Trott von neuem losginge.

8. Was sind die echten Gefühle?

Mit dieser Frage kommen wir zum Kern der Behandlung. *Was sind wohl die unerlaubten Gefühle,* für die der Klient blind ist, die er sich nicht anzuschauen traut? Und: Welche Möglichkeiten, *welche Reserven hat er,* andere Dinge zu tun als Gefühle auszubeuten und Rückzug zu inszenie-

ren? Denn solange er dermaßen damit beschäftigt ist, »gefährliche« Gefühle zu unterdrücken, können sich auch seine Kräfte und seine Kreativität, die mit echter Gefühlsäußerung einhergehen, nicht entfalten.
Der Berater selber weiß allerdings auch noch nicht, welche Gefühle unter den Ersatzgefühlen liegen. Zunächst scheint es auch eine unmögliche Aufgabe zu sein: die Gefühle eines anderen zu erraten, die *außerhalb* seines Bewußtseins liegen. Die Aufzählung in Kapitel 8 indessen kann Ihnen vielleicht weiterhelfen. Und wenn Ihnen die Gefühlsliste dort zu kompliziert ist, erinnern Sie sich: *Die verdrängten Gefühle gehören ziemlich oft zu den folgenden allgemeinen Gefühlskategorien: Trauer, Verletzlichkeit, Freude, Sexualität, Begierde (einschließlich Neid) und Wut.* Hinzu kommen *Angst und Scham,* die ihrerseits oft der Motor dafür sind, »wahre« Gefühle zu verbergen.
Fragen Sie sich jedesmal, wenn Ihnen Ersatzgefühle präsentiert werden:

- Welche echten Gefühle könnte die jetzige (oder eben geschilderte) Situation bei dieser Person ausgelöst haben?
- Gibt es körperliche Anzeichen für Angst oder Scham?
- Wie würde ein freies Kind-Ich anstelle dieser Person reagieren? Das heißt: Was könnte der Betreffende fühlen und äußern, wenn er keine Zurückweisung befürchten würde?
- Was würden Sie an seiner Stelle empfinden? Nehmen Sie sich die Freiheit, mit Ihrer Phantasie denselben Gefühlsbereich zu umkreisen. Erkundigen Sie sich auch nach den Empfindungen der anderen Gruppenmitglieder (wie im obigen Beispiel mit der weinenden Klientin; allen war klar, daß sie in dieser Situation eher Ärger als Trauer verspürt hätten).

Sie werden, wenn Sie aufmerksam dabei sind und sich etwas gedulden, beim Klienten viele Anhaltspunkte finden. Insbesondere nonverbale Äußerungen sind aufschlußreich. Verfolgen Sie daher die blitzschnellen Umschwünge im Hier und Jetzt. Ein Beispiel: Thea, deren »Depression« Ersatz für Frohsinn war, würde für einen Moment ganz begeisterte Augen machen, wenn die Leute in ihrer Umgebung ein lustiges Vorhaben planen; dann aber wird sie den anderen sehr schnell ins Wort fallen und sagen, daß sie leider zu müde, zu krank usw. sei, um daran teilzunehmen.
Wenn Sie ein vermutetes echtes Gefühl benennen und dem Klienten vorschlagen, darüber nachzudenken, ob er es gehabt habe, so kann ihn das dazu veranlassen, Ihrer Vermutung mit Nachdruck zu widersprechen. Machen Sie sich aber nichts daraus. Nehmen Sie jede Gelegenheit wahr,

vermutete Gefühle anzuerkennen und zu bestätigen, selbst wenn sie negativ sind. Was ich an früherer Stelle den Lehrern vorgeschlagen habe, bringt auch in der Erwachsenentherapie Erfolg: »Ich würde unter solchen Umständen in Zorn geraten, Sie nicht?« »Also, auf mich wirkt das aber mächtig traurig und gar nicht komisch.« »Jemand anderes würde in so einer Situation ausgesprochen . . . (eifersüchtig, neidisch, stolz, aufgeregt usw.) sein.«
Erinnern Sie sich auch daran: manchmal kann es sich um eine ganze Reihe unerlaubter Gefühle handeln. Weiter: oft werden Gefühle nicht nur ersetzt, sondern es sind auch unbewußte Ängste und Schamgefühle beim Entstehen (und sodann beim Entdecken) der »verbotenen« Gefühle mit im Spiel. Ferner besteht die Möglichkeit, daß Furcht und Scham *an sich* die unerlaubten Gefühle sind, dadurch verdoppelt sich die Angst vor dem Entdecken geradezu[3].

9. Was mache ich mit Schamgefühlen?[4]

Auch Schamgefühle entwickeln sich im Alter von zwei bis vier Jahren. Deshalb verwickeln sie sich nicht selten mit Ersatzgefühlen (»Ich schäme mich, daß ich so weinen muß«, sagt die »Heulsuse«) oder mit dem Unterdrücken von darunterliegenden echten Gefühlen. (»Jetzt schäme ich mich so schrecklich, daß ich gezeigt habe, wieviel Spaß mir Berühren und Berührtwerden macht«, sagte eine Klientin, die erleichtert ihre Rückenschmerzen als Ersatzgefühle wahrgenommen hatte.)
Die Behandlung von Schamgefühlen ist verhältnismäßig einfach, sobald der anfänglich starke Widerstand des Klienten abklingt. Wichtig ist: Er

3. Es empfiehlt sich, zwischen Furcht und Angst zu unterscheiden. *Furcht* ist ein Gefühl oder eine Reaktion, die mit einer gegenwärtigen Situation zu tun hat. Dagegen ist *Angst* auf die Zukunft gerichtet und geht – im Kind-Ich – mit dem Empfinden einher, es drohe eine undurchschaubare Lebensgefahr. Wenn sich in uns also Gefühle regen, die in der Kindheit verboten waren, kann uns Angst überfallen: das ursprüngliche Empfinden lebensgefährlicher Bedrohung stellt sich wieder ein, weil wir als Kinder dann ja vermuteten, die Eltern mögen uns nicht mehr und könnten uns verlassen.
Auf diese Weise läßt sich Furcht durch andere Gefühle ersetzen, ursprünglich aus Angst vor Furcht!

4. An anderer Stelle bin ich ausführlich auf das Entstehen und die Funktion von Schamgefühlen eingegangen: »Scham und soziale Kontrolle«, in: Fanita English, Transaktionsanalyse. Gefühle und Ersatzgefühle in Beziehungen, Hamburg 1980, 63–70.
Schamgefühle kommen übrigens (mit Ausnahme einiger besonderer Tiere wie Hunde und höher entwickelte Affen) nur beim Menschen vor.

soll nicht nur seine Schamgefühle erkennen lernen, sondern – zunächst in der Therapiegruppe, dann aber auch anderen gegenüber – mit den eigensten Gefühlen sogar angeben und *protzen,* bis er von der Angst, dafür abgewiesen zu werden, frei geworden ist. So mußte die eben erwähnte Klientin nicht nur lernen, ihr Vergnügen an sinnlichen (und sexuellen) körperlichen Empfindungen wahrzunehmen, sondern sie auch anderen einzugestehen. Dabei konnte sie entdecken: »Die verachten mich ja gar nicht dafür. Ich muß ja gar nicht vor Scham sterben« – wie sie es als Kind befürchtet hatte, als ihre Schamgefühle entstanden.

10. Welche Transaktionen setze ich bei Gefühlsausbeutern ein?

Das hauptsächliche und endgültige therapeutische Ziel ist es, dem Klienten zu helfen, seine echten Gefühle zu entdecken. Auf dem Wege dahin haben Sie fortwährend mit seinen Transaktionen zu tun. Wie Sie damit umgehen, bestimmt entscheidend den Erfolg Ihrer Arbeit.

Ich hatte schon darauf hingewiesen, daß Sie zu Beginn der Beratung die Ausbeutungstransaktionen des Klienten möglicherweise ein wenig »mitspielen«, damit er nicht verzweifelt fortgeht. Später jedoch werden Sie ihm Ihrerseits *ganz bewußt* manche *Frustration zumuten* müssen. Zugleich aber werden Sie alle seine echten Äußerungen reichlich mit Streichelkontakten erwidern. Wie ein Drogensüchtiger ursächlich nicht unter der Droge leidet, sondern unter den Ängsten und Entbehrungen, die ihn zur Droge haben greifen lassen, später jedoch mit seinem ganzen Streben einzig und allein damit beschäftigt ist, an die Droge heranzukommen, so ist auch der Gefühlsausbeuter von dem Drang beherrscht, immer mehr Streichelzuwendung zu bekommen. Erreicht er trotz angestrengter Bemühungen sein Ziel nicht, so wird er enttäuscht und wütend reagieren. Wollen Sie Ihrem Klienten weiterhelfen, so werden Sie sich so bald wie möglich aus der Ausbeutungsbeziehung zurückziehen. Das wird den Klienten frustrieren und er wird sich ärgern – damit müssen Sie rechnen und diesen Ärger auf sich nehmen, ohne sich zu rechtfertigen. Methodisch tun Sie das, indem Sie auf Ausbeutungsversuche des Klienten mit Ihrem Erwachsenen-Ich antworten und dadurch seine Transaktionen kreuzen.

Einem *Gefühlsausbeuter vom Typ 1* machen Sie wiederholt klar, daß Sie die Antworten nicht parat haben, daß Sie ihn nicht verstehen, wenn er Sie stereotyp mit seinem naiven, hilflosen, bewundernden oder rebellischen Kind-Ich anredet. Klagt er dauernd über seine Probleme, werden Sie ihm nicht allzuviel Sympathie entgegenbringen. Aber Sie streicheln ihn, wo er

Initiative, erwachsene Fähigkeiten und Kompetenz beweist. (Darum kann bei einem Typ 1-Klienten stützende Beratung ganz falsch am Platz sein: sie läßt ihn in den fest eingefahrenen Gleisen seiner »typischen« Interaktionen mit dem »verklärten« Berater verharren. Auch scheinbar erfolgreiche »Selbstsicherheitstrainings« wirken sich später oft schädlich aus: sie veranlassen jemanden vom Typ 1 leicht, unangemessen häufig plötzliche Schwenkungen gegen den Partner vorzunehmen statt Eigeninitiative zu entwickeln.)

Bei einem *Gefühlsausbeuter vom Typ 2* besteht die »Konfrontation« darin, daß Sie ihm erklären, auch wenn sein Ratschlag besser sein sollte, wollten Sie so und nicht anders handeln; es sei nicht nötig, Ihnen zu helfen usw. (Freilich sollte dies nicht in einen Ringkampf ausarten, wer seinen Willen durchsetzt.) Sie werden also die Hilfsbereitschaft und Kompetenz eines Typ 2 nicht sonderlich honorieren. Stattdessen braucht sein leidendes Kind – das er ja versteckt – viel Mitgefühl. Sie werden ihn ermutigen, Hilfe anzunehmen und Zutrauen zu gewinnen, daß andere auch etwas für ihn (und für sich) tun können. (Darum können bei Leuten vom Typ 2 »Aggressionstrainings« fragwürdige Auswirkungen haben, wenn man sie z.B. in ihren destruktiven Verhaltensmustern bestärkt. Bringt man einen Typ 2 dazu, sich mehr im b-Modus der negativen Transaktionen als im a-Modus des »Rettens« auszudrücken, ohne den anstehenden Problemen auf den Grund zu gehen, so kann das bei ihm gefährliches Verhalten auslösen, wie es etwa Jago bei Othello bewirkte.)

Ein ausgeprägter Gefühlsausbeuter, ganz gleich welchen Typs, wird Ihre Konfrontation anfangs ignorieren. Er wird so tun, als hätten Sie doch aus dem von ihm angesprochenen Ich-Zustand heraus geantwortet. (Das habe ich in Kapitel 6 am Beispiel von Anne gezeigt.) Wenn nämlich einer seine Transaktionen kreuzt, reagiert er innerlich mit Panik. Seine Grundeinstellung verhärtet sich, er schaltet auf »Nicht-hören« oder »Nicht-fühlen«. Wollen Sie für den Klienten heilsam darauf eingehen, so ist etwa folgender Beratungsablauf vorgezeichnet:

Wieder und wieder müssen Sie die Ausbeutungstransaktionen des Klienten mit Ihrem Erwachsenen-Ich durchkreuzen. Dadurch frustrieren Sie ihn fortgesetzt und bereiten ihm Schmerzen, denen er sich eigentlich entziehen möchte. Seien Sie sich also jedesmal, wenn Sie eine Transaktion kreuzen, dessen bewußt: Sie befinden sich in einer äußerst heiklen Phase. Achten Sie darauf, wenn der Klient einen Augenblick stutzt. Fragen Sie ihn dann: »Wie ist Ihnen jetzt, im Moment, zumute?« Denn genau dieser

Augenblick ist die Stelle, an der ein aufmerksamer Therapeut seinem Klienten helfen kann, mit echten Gefühlen in Berührung zu kommen, ehe bei ihm wieder eine Kampf/Flucht-Reaktion einsetzt. Sofort danach fahren Sie mit Wärme und Verständnis fort. Verhalten Sie sich also wie ein gewissenhafter und einfühlsamer Zahnarzt, der sich nach jedem Bohren erkundigt, wie es einem geht. Er ist dann in der Lage, abzuschätzen, wieweit er bei dieser einen Sitzung gehen kann. Er bietet jedoch keinen Kuchen als Trost, wenn Sie sich beklagen. Sein Ziel wird sein, mit dem kranken Zahn irgendwann fertig zu werden, auch wenn der Patient hin und wieder jammert und er das berücksichtigen muß.
Haben Sie ein paarmal Transaktionen gekreuzt und sofort nachgefragt, wie er sich fühlt, wird der Klient wahrscheinlich zögernd eingestehen, daß Sie ihn frustriert oder in Ärger versetzt haben. Insgeheim hofft er, Ihre Nachfrage lasse darauf schließen, daß Sie Schuldgefühle bekommen haben und wohl doch bereit seien, wieder auf die von ihm gewünschten Transaktionen einzugehen (Typ 1: »Warum enttäuschen Sie mich so? Haben Sie dafür einen Grund?« Typ 2: »Gut, daß Sie einsehen, wie Sie mich geärgert haben, das sollte es doch nicht geben.«)
Es folgen jedoch weitere Enttäuschungen. Denn wie ich hoffe, bleiben Sie unbeirrt bei Ihrer Linie und erwidern etwa: »Ich möchte wissen, wie Sie sich jetzt *fühlen*, (zu Typ 1) da ich Sie nicht verstehe . . ., (zu Typ 2) da ich nicht zugebe . . .« Meistens präsentiert der Klient dann als nächsten Schritt *Gedanken*, beispielsweise (Typ 1): »Ich denke mir, Sie müssen einen Grund dafür haben, daß Sie so mit mir umgehen« oder (Typ 2): »Ich denke mir, Sie benutzen da eine bestimmte Strategie, von der ich aus der Literatur weiß, die mir hier aber nicht angebracht zu sein scheint« usw. Bestehen Sie weiter darauf, daß Gefühle und Reaktionen geäußert werden, die sich *gegen* Sie als Berater richten, der nicht einfühlsam ist (Typ 1) oder der Grenzen setzt (Typ 2). Endlich stellen sich ganz bestimmte Gefühle heraus: Enttäuschung, Ärger, Angst, vielleicht sogar Scham, sich lächerlich gemacht zu haben usw. Dies sind nicht unbedingt die eigentlichen, unterhalb der Ersatzgefühle verborgenen Empfindungen, oft aber deren Begleiter.
Gelingt es dem Klienten, seine Gefühle gegenüber dem Berater diesem auch mitzuteilen, so macht er wichtige Erfahrungen: er kann seine Enttäuschung über den Berater und dessen Vorgehen äußern, und dieser akzeptiert es. Der Berater nimmt es nicht übel und macht auch nicht den Versuch, den Klienten bloßzustellen (was der aufgrund der Kindheitserfah-

rungen, die seine Ersatzgefühle hervorgebracht haben, ja befürchten muß). Im Gegenteil, der Berater bringt ihm volles Verständnis für seine momentane Enttäuschung entgegen. Er erlaubt ihm, ungeduldig zu reagieren. Ja, er mutet ihm zu, ehrlich allen Ärger und Zorn auszusprechen – und der Klient muß dafür nicht in den Boden versinken (sterben). All diese Schritte eröffnen ihm den Weg, auch andere unerkannte und ursprünglich verbotene Gefühle bei sich zuzulassen.

11. Was kann ich tun, bevor ich den Klienten entlasse?
Im schützenden Raum der Therapie kann der Gefühlsausbeuter es sich schließlich erlauben, sich seiner eigenen, echten Gefühle bewußt zu werden. Er wird nicht mehr durch ihre Sprengkraft in gewalttätiges Handeln getrieben. In verstehender Umgebung kann er sich – zunächst probeweise – auf neue Verhaltensweisen einlassen. Diese Erfahrung wird nach und nach die Einsicht in ihm bekräftigen: »*Alle* Gefühle sind normal – selbst mörderische Wut. Doch erst der bewußte Umgang mit diesen Gefühlen bringt bessere – nicht schlechtere – Verhaltensmöglichkeiten.«
Ich kann es nicht oft genug wiederholen: Sie müssen dem Klienten dabei helfen, eine Brücke zwischen seinen Gefühlen und seinem Erwachsenen-Ich zu bauen. Der eine Arm dieser Brücke besteht darin, dem Betreffenden die Benennung und Identifizierung der eigenen echten Gefühle zu ermöglichen, noch *bevor* er der Macht dieser Gefühle zu stark ausgesetzt ist. Der zweite Brückenarm besteht darin, die Verbindung zwischen Benennung und Identifizierung durch das Erwachsenen-Ich herzustellen – *nach* dem Durchbruch und der erneuten Erfahrung dieser Gefühle in der schützenden Behandlungssituation.

12. Und was kann ich für die Partner meiner Klienten tun?
Ehe- und Partnerschaftsberatung ist ein eigenes großes Thema. Viele Konflikte rühren daher, daß Typ und soziale Rolle nicht übereinstimmen. Oft haben sich ein – oder beide – Partner ein Leben lang bemüht, sich ihren Rollen anzupassen. Unterdessen wuchsen Ängste und Frustrationen. Vielfach blieben bei beiden grundlegende Bedürfnisse unbefriedigt. Ziel der Beratung wird es sein, *bei beiden* die unerkannten Gefühle und Wünsche an die Oberfläche des Bewußtseins zu bringen und durchzusprechen.
Ich will jedoch auf die Probleme der Paarberatung hier nicht weiter eingehen, vielmehr noch zwei Bemerkungen für die Beratung Ihrer Klienten anfügen.

Häufig ergeben sich dadurch Probleme, daß sich einer der beiden Partner (vielleicht dank der Therapie) in den Augen des anderen stark verändert hat. Und gerade wenn sich der »veränderte« Partner viel besser fühlt als zuvor und an Selbstgefühl gewonnen hat (z.B. wenn er starke Ersatzgefühle los geworden ist), fällt diese Veränderung dem Partner schwer. Er fühlt sich »zurückgeblieben«. Da ist es nützlich, sich mit dem Klienten ausführlich anzuschauen, welchem Typ sein Partner angehört. So kann er Reaktionen des Partners vorhersehen, vor allem wenn er etwas ändern möchte, und sich darauf einstellen.

Schließlich ist es wichtig, daß Sie die Mitglieder Ihrer Therapiegruppe davor warnen, die hier erprobten Techniken zuhause an ihren Partnern auszuprobieren. Ich denke vor allem daran, den Partner zu konfrontieren, indem man eine Transaktion mit dem Erwachsenen-Ich kreuzt. Der andere lädt vielleicht gerade zum Streichelaustausch ein, auch wenn dabei Ersatzgefühle im Spiel sind. Was in der Therapie vom Therapeuten in einem bestimmten Rahmen behutsam und sorgfältig eingesetzt wird, kann zuhause zu gefährlichen Explosionen führen. Der Klient soll im Gegenteil lernen, in Krisensituationen selber sein Erwachsenen-Ich einzusetzen statt seinen Partner zu belasten. So kann auch die Beratung des *einen* beiden die Möglichkeiten eröffnen, die ihnen ihre Lebensprobleme erleichtern und mehr Freude verschaffen, indem sie z.B. fähig werden, häufiger ihr spontanes Kind-Ich sprechen zu lassen.

Zum Schluß: Kann man sein eigener Therapeut sein?

Eric Berne hat einmal gesagt: Selbstbehandlung, das ist so, als wolle man sich selber die Haare schneiden. Zweifellos ist es schwer, wirklich an alle Ecken und Winkel heranzukommen. Aber ich meine, es ist möglich, sofern man einen zuverlässigen Spiegel benützt und mit sich selber etwas Geduld hat (statt sich über die Partien im Spiegelbild zu ärgern, die nicht ganz so sind, wie man sie haben möchte).

Fritz Perls hat behauptet, alles, was uns an anderen mißfällt, sei eigentlich Projektion. Wir werfen einen unerkannten Teil von uns gleichsam nach vorn und heften ihn einem anderen Menschen an – vielleicht um ihn vor Augen zu haben. Doch plötzlich beeindruckt uns dieser andere über alle Maßen. Oder wir kritisieren ihn im Gegenteil für irgendetwas, was uns nicht an ihm gefällt. Möglicherweise hassen wir ihn sogar und wollen ihn loswerden – statt daß wir uns selber in ihm erkennen. Es ist tatsächlich so: grundsätzlich haben die meisten unserer Probleme damit zu tun, daß unsere ursprünglichen Spiegel die Reaktionen unserer Bezugspersonen in der Kindheit waren. Nur ist uns als Erwachsene oft immer noch nicht bewußt, daß wir inzwischen andere Spiegel benützen könnten, um uns selber wahrzunehmen. Dabei ginge uns vielleicht auf: wir sind zu mehr Selbständigkeit imstande, als wir meinen. Wir können uns unsere gegenwärtige Realität anschauen, so wie sie ist, statt nur rückwärts zu blicken, etwa in der Hoffnung, unser Kopf ließe sich von hinten betrachten. Es ist wahrhaftig nicht ganz einfach: oft gestatten wir den Gespenstern der Vergangenheit, daß sie den Spiegel den Händen unseres Erwachsenen-Ichs entreißen.

Ich habe mir in diesem Buch erlaubt, auch von mir selbst zu schreiben – von den eigenen Ersatzgefühlen und wie lange es gedauert hat, bis mir ei-

niges an mir selbst aufging. Doch ich bin damit sicher noch längst nicht fertig . . .
Die Funktion eines guten Beraters oder Therapeuten besteht darin, uns beim Hantieren mit dem Spiegel zu helfen, sogar hier und da etwas für uns zu tun und es uns dann im Spiegel zu zeigen. Meines Erachtens ist jedoch jede Therapie letzten Endes zugleich eine Selbstbehandlung. Sicher sind dazu auch andere Menschen nötig und das Hinhören und Hinsehen auf das, was sie sagen und tun. Es reicht nicht, sie sich nur in Wünschen oder Ängsten vorzustellen.
Ist Liebe dann nur eine Illusion? Ich glaube nicht, auch wenn auf der Hand liegt, daß vieles, was man als »Liebe« bezeichnet, ganz andere Dinge verdecken kann. Dagegen bin ich davon überzeugt, daß Haß und Gewalttätigkeit mit mangelndem Selbstwertgefühl zusammenhängen und daß es Möglichkeiten gibt, sich – eben mit Hilfe eines guten Spiegels – von ihnen zu befreien, und daß neue Liebe und echte Toleranz – zunächst mit sich selbst, und dann um so mehr anderen gegenüber – wachsen können.
Viele Freunde haben mir geholfen, mich besser zu sehen, haben mir echte Liebe entgegengebracht und auch zu den neuen Einsichten beigetragen, die in diesem Buch ihren Ausdruck fanden.
Von Eric Berne und Fritz Perls habe ich zu deren Lebzeiten viel gelernt. Hoffentlich spürt man es diesem Buche ab. An dieser Stelle möchte ich auch David Kupfer würdigen, einen Kollegen von Eric Berne, der in den dreißiger Jahren als Flüchtling aus Deutschland nach Amerika kam und 1971, bald nach Berne starb. Kupfer war ein ideenreicher und einfühlsamer Transaktionsanalytiker. Ich selbst wie auch der ganze Ursprung der Transaktionsanalyse verdanken ihm viel. Leider hat er nichts veröffentlicht, und so ist er der nachfolgenden Generation nicht mehr bekannt.
Durch ihn ist mir zum ersten Mal der Unterschied zwischen Selbständigkeit und Autonomie aufgegangen. Ehe ich mit ihm zusammenarbeitete, war ich schon längere Zeit selbständig tätig gewesen und hielt mich für »frei«. Doch dann lernte ich bei ihm, daß man nie autonom, d.h. wirklich frei sein kann, so lange man mit den Gespenstern der Kindheit lebt. Und so hoffe ich, daß ich auch mit diesem Buch den Weg, den mir Berne, Kupfer und Perls gewiesen haben, meinen Lesern vermitteln konnte.

Zum Abschied nun ein Zitat von Julius Caesar, das ich oftmals den Teilnehmern meiner Kurse mit auf den Weg gebe. Als er aus Gallien zurückgekehrt war, lautete sein Bericht an den Senat in Rom: »Ich kam, ich sah, ich siegte!« In ähnlicher Weise hoffe ich, lieber Leser, daß Sie mithilfe dieses Buches einiges bei sich selbst erkannt haben, daß Sie etwas vom Sieg über Ängste und Blockierungen verspüren konnten, und daß Sie weiterhin Ihren Weg zu neuen Einsichten und Aussichten gehen mögen. Solche Siege wünsche ich Ihnen von ganzem Herzen.

Anhang: Ein Blick in die Transaktionsanalyse

In den letzten zehn Jahren hat die Transaktionsanalyse (TA) eine außergewöhnliche Verbreitung gefunden. Einige ihrer Vorstellungen und Begriffe sind heute nahezu Allgemeingut geworden. Ich denke dabei in erster Linie an die Einsicht: unsere Persönlichkeit besteht nicht aus einem einschichtigen Ganzen, sondern aus verschiedenen *»Ich-Zuständen«*, die man in TA als Eltern-Ich, Erwachsenen-Ich und Kind-Ich bezeichnet.

Das Ich hat verschiedene Gesichter

Eigentlich ist es von altersher bekannt, daß sich ein und dieselbe Person in ganz verschiedenen Zuständen empfinden und darstellen kann. Bei Ethnologen und Schriftstellern ist viel darüber nachzulesen. So erscheinen die Götter der griechischen oder indischen Mythologie in wechselnder Gestalt: Paraswate, Shiwas Gattin, ist von ganz anderer Art, je nachdem, ob sie als Kali oder als Durga auftritt. Im Märchen (und in der Oper) kann sich ein Prinz in einen Frosch oder einen Schwan verwandeln und dann wiederum zum Prinzen werden. In den amerikanischen Comic-Serien ist »Superman« einesteils der allmächtige Übermensch, der über die Häuser hinwegfliegen kann, andernteils der scheue, kurzsichtige Beamte. Und im »Steppenwolf« hat uns Hermann Hesse einen Mann beschrieben, der sich zugleich als »Wolf« wahrnimmt.
In der Alltagssprache gibt es zahlreiche Redewendungen, die die Wandlungen des »Ich« ausdrücken: »Ich war nicht ganz bei mir, als ich . . .«, »Das paßt nicht zu dir« oder »In diesem Zustand kenne ich dich nicht wieder«. Sicher haben auch Sie manchmal über einen Entschluß, ein Gefühl

oder einen Gedanken von gestern oder vor einer Stunde oder vor einem Jahr den Kopf geschüttelt: Ihrem jetzigen Empfinden nach »stimmt« er nicht. Am nächsten Morgen aber ist Ihnen wieder anders zumute, und er »stimmt« wieder.
Im Mittelalter oder in primitiven Gesellschaften hieß es, man sei »verhext« oder von einem fremden Geist besessen, wenn man Stimmen in sich vernahm. Heutzutage hat man Angst, man sei »schizophren« (= gespaltener Kopf), wenn man in sich völlig gegensätzliche Gefühle oder Gedanken wahrnimmt.
Freud hat uns mit dem Unbewußten und der inneren Stimme des Gewissens (dem »Über-Ich«) bekannt gemacht. Freilich ging er immer noch von der Vorstellung aus, daß die funktionierende, wache Person nur *eine* ist, daß sie also nicht aus unterschiedlichen, voneinander unabhängigen Teilen besteht.
Dementsprechend hielt man in der Psychologie an der Anschauung fest, es sei nicht normal, ja es sei sogar krankhaft, wenn jemand meint, seine Persönlichkeit bestünde aus unterschiedlichen, getrennt funktionierenden Teilen. Und als normal galt, war man einmal erwachsen, nicht mehr »kindlich« zu sein.

Kind-Ich + Eltern-Ich + Erwachsenen-Ich = Ich

Die eigentliche Wende erfolgte durch den amerikanischen Psychoanalytiker Eric Berne (1910–1970). Er wies als erster nach, daß es durchaus normal ist, in sich verschiedene Ich-Zustände wahrzunehmen. So gehört unser *»Kind-Ich«* nicht nur zu unserer Vergangenheit, sondern es lebt im erwachsenen Menschen auch weiter in der Gegenwart. Es ist ein lebendiger, kreativer (manchmal auch ängstlicher) Teil unserer Persönlichkeit. Außerdem besitzen wir ein *»Eltern-Ich«*, das vielen Gedanken und Gefühlen unserer einstigen Eltern, die sich uns eingeprägt haben, weiterhin Geltung verschafft. Unser *»Erwachsenen-Ich«* schließlich hat sich erst um einiges später herangebildet. Es dient vor allem dem Informationsaustausch, kann uns aber nicht allein vertreten. Die entscheidenden Impulse, die uns zu Beziehungen und »Transaktionen« mit anderen Personen veranlassen, gehen nämlich vom Kind-Ich und vom Eltern-Ich aus. Eric Berne hat sein Persönlichkeitsmodell mit den drei Ich-Zuständen folgendermaßen skizziert:

Eltern-Ich

Erwachsenen-Ich

Kind-Ich

Mit jedem Ich-Zustand verbindet sich ein *eigenes Denk- und Gefühlssystem,* zu dem auch bestimmte Erinnerungen und Erwartungen gehören. Wir können uns in den Zustand des Eltern-Ichs versetzen: dann empfangen wir Hilfe und Unterstützung oder auch Kritik. Oder wir versetzen uns in den Zustand des Erwachsenen-Ichs: es nimmt Informationen auf und verarbeitet sie und versucht, Probleme realistisch zu lösen. Oder wir gehen in den Zustand des Kind-Ichs: da reagieren wir spontan, geben der Phantasie Raum, handeln kreativ, erleben Wunder, passen uns aber auch ängstlich und furchtsam an oder rebellieren trotzig.
Je nachdem wie eine Situation oder ein neuer Anreiz im Hier und Jetzt es erfordert, versetzen wir uns in den einen oder anderen Ich-Zustand. Dabei wechseln wir manchmal innerhalb nur weniger Minuten, ja sogar Sekunden hin und her.
Berne's Modell geht ferner davon aus, daß die Kommunikation zwischen einzelnen Menschen eher von diesen unterschiedlichen Ich-Zuständen ausgelöst und in Gang gehalten wird als von der gesamten Persönlichkeit. Jeder Ich-Zustand aber hat besondere Bedürfnisse. Daraus ergibt sich, daß sich die Kommunikation zwischen einzelnen Menschen auf eine neue Art und Weise analysieren läßt. Vor Berne war man davon ausgegangen, daß Kommunikation hauptsächlich in einem Austausch von Information besteht. Das trifft zu, wenn wir uns im Erwachsenen-Ich befinden. Aber auch in der erwachsenen Person leben Bedürfnisse nach Zuwendung, und gerade diese lassen uns mit anderen Menschen Kontakt aufnehmen.

Streicheln verbindet

Säuglinge (und auch kleine Kinder) können nicht überleben, wenn sie nicht genügend körperliche Zuwendung bekommen. Das haben Forschungen erwiesen. In Ergänzung dazu haben auch Eltern das elementare Bedürfnis, ihr Kind zu streicheln. Diese Bedürfnisse bleiben weiterhin im

Kind- und Eltern-Ich wirksam und finden in diesen Ich-Zuständen ihren Ausdruck.

Um von solchen Kontakten in präziser Form als zählbaren Einheiten sprechen zu können, hat Berne den Begriff »strokes« eingeführt. Im Deutschen ist er mit *»Streicheln«* zu übersetzen. Dabei ist jedoch zu bedenken, daß dieser Begriff in TA nicht nur in positiver Bedeutung benutzt wird, also liebevolle Berührung und Zuwendung bezeichnet, sondern auch im negativen Sinn für Schlagen verwandt wird. Außerdem ist dieser Ausdruck nicht bloß wörtlich zu verstehen, sondern auch im übertragenen Sinn. Das heißt: beim Reden streicheln wir durch Ausdrucksweise, Stimmlage, Gesten, usw. und werden gestreichelt bis dahin, daß wir uns selber durch bestimmte Erinnerungen oder Vorstellungen im Hier und Jetzt streicheln können.

Wenn in diesem Buch von »Streicheln«, »Streicheleinheiten«, »Streichelkontakt« und »Streichelaustausch« die Rede ist, gilt es sowohl positiv (das nenne ich Modus a), als auch negativ (Modus b).

Soll sich ein Kind entwickeln, soll es lernen und Beziehungen aufbauen, so ist natürlich positives Streicheln erforderlich: Liebe, Wärme und Vertrauen oder Trost und Bestätigung. Doch wir wissen inzwischen, daß selbst negative Kontakte besser für die Überlebens- und Entwicklungschancen eines Kindes sind, als wenn Streichelkontakte völlig fehlen. Viele Menschen, die unter Schelten und Schlägen aufgewachsen sind, finden sich später damit ab (wenn sie nicht gar diese negative Art von Streichelkontakt bevorzugen und deshalb provozieren). Sie haben sich daran gewöhnt, und sie erscheinen ihnen vertraut[1].

Zum Leben im Elternhaus gehört, daß Kinder und Eltern sich berühren, zunächst leibhaftig und dann symbolisch, durch Küssen und Schlagen, Lächeln und Schreien, Fragen und Antworten auf neugierige oder verletzende Art. Sich zu berühren ist ein elementares Bedürfnis. So lernen wir »Streicheln« auszutauschen, und diese Methode übertragen wir auf unsere Beziehungen mit anderen Menschen unserer Umwelt. Das sachliche Lernen geschieht dann nebenbei durch Erfahrung, so wie Kinder wie von selbst sprechen und gehen lernen.

1. Dies ist eine für Pädagogen wichtige Frage: Wie lernen solche Kinder besser? Soll man ihnen auch mit Schimpfen und Bestrafen begegnen? Fürs Lernen ist das manchmal wirksamer. Wie verhält man sich bei Kindern, die negatives Streicheln provozieren? Wie kann man ihnen helfen, daß sie positives Streicheln wahrnehmen und sich damit weiter entwikkeln?

Kommunikation besteht also aus »Transaktionen« eines Ich-Zustandes einer Person mit einem Ich-Zustand der anderen Person. »Transaktion« ist ein Begriff aus dem Wirtschaftsleben und bedeutet: es wird ein Tauschhandel abgewickelt. Hier wird er im übertragenen Sinn gebraucht: »Streicheleinheiten« werden ausgetauscht.
Eine Transaktion bietet gegenseitigen Streichelkontakt, wenn man sich im angesprochenen Ich-Zustand befindet (und bleibt), dann seinerseits reagiert und den Ich-Zustand anspricht, in dem sich die andere Person befindet. Transaktionen lassen sich dadurch abbilden, daß man Linien oder Pfeile zwischen den agierenden und reagierenden Ich-Zuständen der beiden Partner einzeichnet.

Transaktionen diagonal: Wenn die Ich-Zustände sich ergänzen

Das folgende Schaubild zeigt eine einander ergänzende Transaktion, die in TA als *»komplementär«* bezeichnet wird:

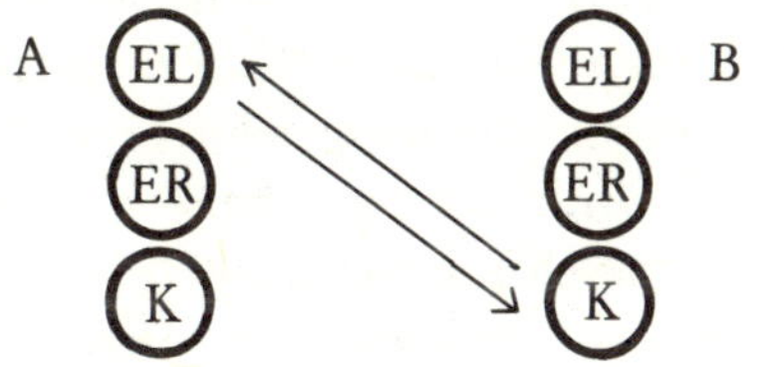

Diagonal parallele komplementäre Transaktion

Partner A ist im Zustand des Eltern-Ichs und wendet sich an das Kind-Ich von Partner B. Da Partner B sich gerade darin befindet, wurde der richtige Ich-Zustand angesprochen. Er richtet seine Antwort wiederum an das Eltern-Ich von Partner A, der sich nach wie vor darin befindet, und so haben diese beiden Partner einen Streichelaustausch zustande gebracht. Wenn jeder im selben Zustand bleibt, kann sich dieser Austausch weiter fortsetzen. Im Schaubild kann man das daran erkennen, daß die Transaktionslinien parallel verlaufen.
Mit den diagonalen Linien zeigt uns das Schaubild außerdem, daß sich *einer der beiden Partner* (in diesem Fall A) *im Eltern-Ich* und *der andere* (in diesem Fall B) *im Kind-Ich* befindet. Wir bezeichnen solche Transaktionen als »komplementär« und *»diagonal«*, wenn sich beide Partner in dieser Konstellation von Eltern-Ich und Kind-Ich bewegen.

Solche Schaubilder sind nützlich, wenn man die Kommunikation zwischen einzelnen Partnern erklären will. Auf diese Weise läßt sich feststellen, welche Ich-Zustände im Verlauf einer Transaktion miteinander im Spiel sind. Man kann auch sehen, was geschehen ist, wenn die Kommunikation mit einem Partner, zu dem man eben noch einen guten Kontakt hatte, mit einem Mal verworren wird.
Die Schaubilder zeigen auch, welcher Ich-Zustand bei dieser oder jener Person durch eine bestimmte komplementäre Transaktion »gestreichelt« wird. Weil wir über getrennte Ich-Zustände verfügen, kommt die jeweilige Streichelzuwendung bei jeder Transaktion nämlich nur *einem* Ich-Zustand und nicht der ganzen Person zugute. So ist es möglich, daß eine Person oftmals reichliche Bestätigung in einem bestimmten Ich-Zustand empfängt, aber nicht genug in einem anderen. Ein Arzt oder ein Pfarrer z.B. bekommt viel Bestätigung für sein Eltern-Ich: man zollt ihm für seine Arbeitsleistung und sein Wohlwollen Anerkennung, läßt dagegen sein geängstetes oder trauriges Kind-Ich außer acht. Oder ein »ordentlicher« Beamter wird dafür gelobt, daß er stets gutwillig die ihm zugewiesene Arbeit erledigt. Das Streicheln gilt seinem angepaßten Kind-Ich, nicht aber dem Eltern-Ich mit seinem Verantwortungsgefühl.
Was die Transaktionsskizze nicht zeigen kann, ist die *Qualität* eines komplementären Streichelaustausches. Und darauf kommt es in Partnerschaft, Familie und Beruf natürlich besonders an. Ob z.B. der Wortwechsel »Wie geht's?« (Eltern-Ich) – »Danke, ganz gut« (Kind-Ich) mit stark gegenseitiger Zuwendung, echtem Interesse oder nur als eine alltägliche Grußformel (die wir auch brauchen, aber nicht allein) gesagt wird, geht daraus nicht hervor. Wir können also, ohne Dialog und Stimme zu hören, vom Schaubild nicht ablesen, ob die aufgezeichnete Transaktion unter positivem (Modus a) oder negativem Streichelaustausch (Modus b) abläuft, wobei Modus a und b oft miteinander abwechseln. Das Schaubild vermag uns indes die Ich-Zustände der beiden Partner während einer bestimmten Transaktion zu zeigen. Solange sich die Transaktionslinien als komplementär parallel einzeichnen lassen, ist ein Streichelaustausch im Gange, ganz gleich von welcher Qualität.

Schaubilder sind auch nützlich, wenn man eingeschliffene Transaktionsmuster zwischen zwei Partnern beobachten will, besonders wenn es kritisch wird. Denn dadurch lassen sich die typischen Verhaltensweisen deutlich erkennen.

Der folgende Dialog ist ein Beispiel für eine komplementäre Transaktion mit wechselndem a- und b-Modus:

B (fürsorgliches Eltern-Ich): »Ich hoffe, es geht dir gut.«

A (launisches Kind-Ich, aber im a-Modus): »Nein, ich habe Kopfschmerzen. Was fange ich bloß damit an?«

B (Eltern-Ich, im b-Modus) »Hättest du gestern nicht so viel getrunken!«

A (Kind-Ich, im b-Modus): »Warum kritisierst du so an mir herum?«

B (Eltern-Ich, wieder im a-Modus): »Weil ich es gut mit dir meine.«

A (Kind-Ich, wieder im a-Modus, hoffnungsvoll): »Also, was rätst du mir für meine Kopfschmerzen?«

B (Eltern-Ich, weiterhin wohlwollend, fürsorglich im a-Modus oder kritisch im b-Modus): »Du solltest . . .«, und so geht der Streichelaustausch fort und fort.

Transaktionen horizontal: Wenn die Ich-Zustände sich gleichen

Ein Schaubild kann auch parallele Transaktionslinien aufweisen, die *horizontal* verlaufen. Das heißt: beide Partner befinden sich im gleichen Ich-Zustand, entweder im Kind- oder Eltern-Ich. Ein komplementärer Dialog zwischen dem *beiderseitigen Kind-Ich* könnte ebenfalls mit »Wie geht's?« (Kind-Ich) einsetzen und so weitergehen:

»Schrecklich, ich habe Magenschmerzen.«

»Du, mir tut auch der Magen weh.«

»Gestern hat es bei mir angefangen.«

»Genau wie bei mir, und Kopfschmerzen habe ich auch.«

»Gehst du trotzdem mit ins Kino?«

»Nun ja, wenn es ein ordentlicher Horror-Film ist.«

»Wieso?« usw.

Hier tritt kein Eltern-Ich dazwischen, Kind-Ich streichelt Kind-Ich. Das kann so weitergehen und durchaus eine gewisse Intimität vermitteln, wenn die Schmerzen nicht zu stark sind und der eine oder andere nicht unbedingt ein Eltern-Ich zum Trösten oder ein Erwachsenen-Ich zur medizinischen Behandlung braucht, bei sich selbst oder bei anderen.

Als Abwechslung – wenn der Partner sich ins fürsorgliche Eltern-Ich versetzen kann, ohne dadurch frustriert zu sein – ist auch der Übergang zum diagonal komplementären Streichelaustausch möglich.

Ein komplementärer Dialog im *beiderseitigen Eltern-Ich* könnte nach dem »Wie geht's?« folgendermaßen weitergehen:

»Ganz gut, hätten mich die Nachbarn nicht mit ihrem Krach die ganze Nacht hindurch wachgehalten.«
»Ja, mit meinen Nachbarn habe ich auch allerhand Probleme.«
»Welche denn?«
»Stellen Sie sich vor, gestern haben sie . . .«
»Nein, wie schrecklich, da müßte doch die Polizei eingreifen!«
»Ach die Polizei, die richtet doch nichts aus . . .« usw.
Streicheln sich zwei Eltern-Ichs, so reden sie häufig über andere – auch wenn es sich um die Polizei handelt –, als wären es Kinder, und zwar entweder positiv (»die sind ja so tüchtig«) oder negativ (»die taugen nichts«). Solche Transaktionen können wir ebenfalls als komplementär bezeichnen. Denn sie können sich so lange fortsetzen, wie beide Partner im gleichen Ich-Zustand verbleiben, auch wenn die Transaktionslinien hier horizontal verlaufen. Im ersten Fall handelt es sich um eine horizontale Transaktion zwischen dem beiderseitigen Kind-Ich.

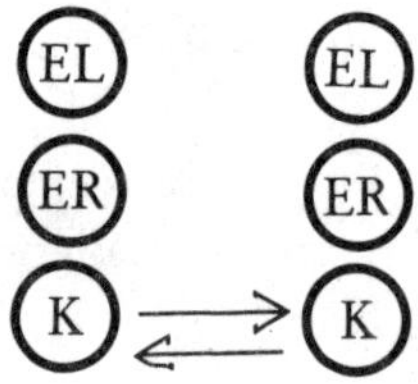

1. Transaktion zwischen beiderseitigem Kind-Ich

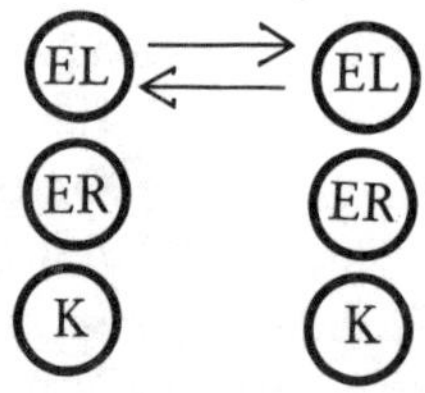

2. Transaktion zwischen beiderseitigem Eltern-Ich

Natürlich gibt es auch horizontal parallele Transaktionen im *beiderseitigen Erwachsenen-Ich*. Die beschränken sich aber in der Regel auf einen Informationsaustausch. Die meisten von uns bleiben ungern länger als nötig in diesem Zustand. Da geht es nämlich verhältnismäßig trocken und gefühlsarm zu. Doch das Beispiel von Lore und Jan im ersten Kapitel zeigt uns, daß zwei Partner, die miteinander gewöhnlich in komplementären Ich-Zuständen verkehren, nicht allein darauf angewiesen sind. Sie können gegebenenfalls auch wechseln, ohne daß dies zu Streit führt. Vielleicht weiß Lore, obwohl sie sich mit Jan oft im Kind-Ich befindet, ihr Eltern-Ich gut einzusetzen und streichelt gelegentlich Jans Kind-Ich. Bei ihnen vollzieht sich der Übergang vom einen zum anderen Ich-Zustand dann überwiegend harmonisch. Hin und wieder gibt es einen kleinen Zwischenaufenthalt im Erwachsenen-Ich, was den Wechsel erleichtert. So

entwickelt sich ein ganz anderes Verhalten als bei Inge und Fred, die zu plötzlichen Kampf/Flucht-Umschlägen fliehen mußten. Auch wenn es dabei etwas sachlicher zugeht, nehmen Lore und Jan öfter ihr Erwachsenen-Ich zu Hilfe. Sie haben erkannt, daß ihnen das die Möglichkeit verschafft, einander Informationen darüber mitzuteilen, wie sie reagieren und sich fühlen: z.B. was sie freut oder ärgert bei Mahlzeiten, Ausflügen, Wohnungswahl, bis hin zu ihrer sexuellen Beziehung. Um so mehr Befriedigung verschafft ihnen anschließend der Streichelaustausch zwischen ihren anderen Ich-Zuständen.
Wenn wir nur einzelne Transaktionen – auch mithilfe von Schaubildern – betrachten, wissen wir noch nicht, ob es sich um »typische« Transaktionen für A oder B handelt. Vielleicht befinden sich A oder B nur gerade zufällig und ausnahmsweise in dem betreffenden Ich-Zustand. Da hilft eine Serie solcher Schaubilder weiter, die Transaktionen zwischen einzelnen Partnern unter verschiedenen Umständen und auch in Krisensituationen darstellt.

Transaktionen über Kreuz: Wenn es nicht weiter geht

Damit komme ich zu den *»gekreuzten«* oder *»Überkreuz«-Transaktionen.* Hier bricht der Streichelaustausch, vom einen oder anderen Partner eröffnet, sehr schnell oder nach einiger Zeit ab. Das heißt: die komplementären Ich-Zustände ergänzen einander nicht mehr. Die Beteiligten kommen miteinander nicht zurecht. Die »gekreuzte« Transaktion wird so veranschaulicht:

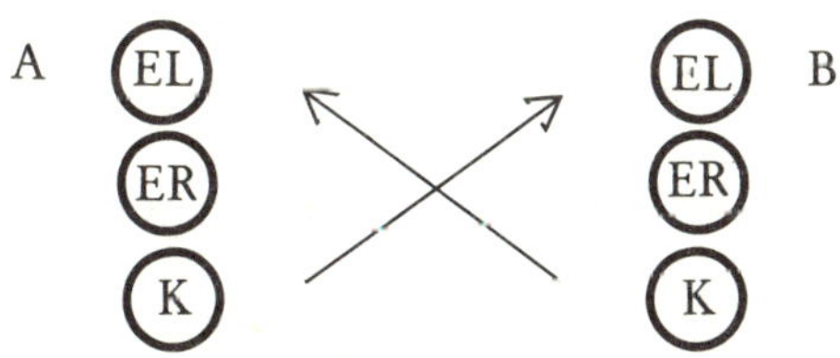

Gekreuzte Transaktion

Dieses Schaubild mit gekreuzten Transaktionslinien läßt erkennen: der Streichelkontakt wurde abgebrochen, obgleich einer der beiden Partner eine komplementäre Transaktion einzuleiten versuchte (gewöhnlich eine diagonal komplementäre Transaktion, die den ergänzenden Ich-Zustand

des anderen anspricht). Er hatte nicht bemerkt, daß sich der Partner nicht im angesprochenen Ich-Zustand befindet.
Gekreuzte Transaktionen lassen sich mit Telefonverbindungen vergleichen, die nicht funktionieren. Auch da kann es verschiedene Gründe geben, weshalb der Kontakt nicht zustande kommt oder nach gewisser Zeit abbricht.

1. Man ruft an, erhält aber *keine Verbindung:* Jemand versucht, eine Transaktion zu eröffnen, aber kein Ich-Zustand der angesprochenen Person reagiert. So eine Verweigerung auf der ganzen Linie wirkt sich äußerst frustrierend aus. Für Kinder, die so etwas öfter erleben, kann es schädlichere Folgen haben als jedes Schimpfwort, denn das bedeutet immerhin Zuwendung, wenn auch negativer Art.

2. *Falsche Nummer:* Eine fremde Stimme antwortet. Mit anderen Worten: es wird nicht derjenige Ich-Zustand »angerufen«, in dem sich der Partner befindet. Die Antwort kommt daher unerwartet aus einem anderen Ich-Zustand.

3. *Die Verbindung* ist gut, *bricht* aber *plötzlich ohne ersichtlichen Grund ab.* Dem entspricht: einer der beiden Partner wechselt überraschend in einen anderen Ich-Zustand. Dafür gibt es viele mögliche Gründe: die Qualität der Streichelzuwendung entspricht nicht den Erwartungen des anderen; oder einer reagierte spontan mit Kampf/Flucht, so daß er unvermittelt vom bisherigen zum entgegengesetzten Ich-Zustand umgeschaltet hat und darum den komplementären Streichelaustausch nicht fortsetzen kann.
Ganz gleich, weshalb die Kreuzung zustandekam: abgebrochener Streichelaustausch verursacht bei beiden Partnern eine schockartige Erschütterung und Enttäuschung, zumindest bei dem, der die Fortsetzung dieses Austauschs erhoffte.
Eine Transaktion kann auch *vom Erwachsenen-Ich* eines Partners aus *durchkreuzt* werden: die betreffende Person hat sich ansprechen lassen oder ist bei vorangegangenen komplementären Transaktionen mitgegangen; nun aber will sie aufgrund einer bewußten Entscheidung nicht mehr weitermachen und antwortet mit einer Information statt mit der erwarteten Streichelzuwendung. Sie verharrt im Erwachsenen-Ich, auch wenn der Partner bei ihr einen anderen Ich-Zustand anspricht.

Im Schaubild sieht das folgendermaßen aus:

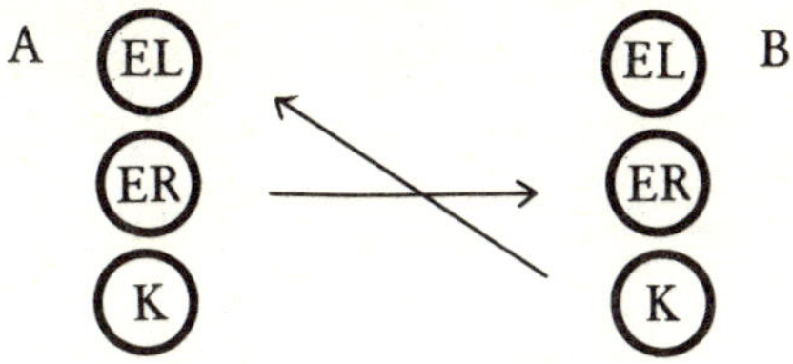

»Erwachsene« Kreuzung

Hier hat B vom Kind-Ich aus das Eltern-Ich bei A erreichen wollen, aber A hat mit dem Erwachsenen-Ich geantwortet, und damit ist die Möglichkeit eines Streichelaustauschs abgebrochen.
Als Therapeut muß ich manchmal, um meine Klienten zu bestimmten Erkenntnissen zu bringen, komplementäre Transaktionen bei ihnen von meinem Erwachsenen-Ich aus durchkreuzen. Therapeutisch kann das von beträchtlichem Nutzen sein, wenn man weiß, auf was man sich einläßt. Ich empfehle dieses Vorgehen aber keinesfalls für private oder berufliche Beziehungen – es sei denn, Sie wollen den Partner mit Krach loswerden. In persönlichen Beziehungen soll man dann »erwachsene« Kreuzungen nur mit Vorsicht herbeiführen, das heißt, nur im Notfall (wie beim Einparken des Autos). Sonst wählen Sie besser einen Moment, in dem sich der Partner ebenfalls im Erwachsenen-Ich befindet oder bereit ist, ins Erwachsenen-Ich zu wechseln, damit Sie informatorische Fragen oder Entscheidungen besprechen können.
»Liebst du mich?« fragt der eine Partner vom Kind- oder Eltern-Ich aus. Antwortet der andere vom Erwachsenen-Ich mit Informationen zum Thema »Projektionen in der Liebe« und entsprechender Literatur, so wird das die Beziehung der beiden nicht gerade weiterbringen. Wenn Sie Spaß daran haben, können Sie selbst eine kleine Übung machen: Aus welch verschiedenen Ich-Zuständen kann man fragen: »Liebst du mich?« Aus welchen Ich-Zuständen heraus kann man sie beantworten? Zeichnen Sie die dazugehörigen Schaubilder. Können Sie sich nun auch die Umstände vorstellen, die zu Änderungen im Ich-Zustand führen, bei dem einen und beim anderen Partner?

Namenverzeichnis

Hier sind die Vornamen, die im Buch teilweise öfter beispielhaft erwähnt werden, in alphabetischer Reihenfolge aufgeführt.